O MÉDICO DOS POBRES

PAULO VALADARES

O MÉDICO DOS POBRES
Aventuras do último malê da Bahia

O MÉDICO DOS POBRES
AVENTURAS DO ÚLTIMO MALÊ DA BAHIA
© Almedina, 2023
AUTOR: Paulo Valadares

DIRETOR DA ALMEDINA BRASIL: Rodrigo Mentz
EDITOR: Deonísio da Silva
ASSISTENTES EDITORIAIS: Alessandra Costa e Mary Ellen Camarinho Terroni
ASSISTENTES DE PRODUÇÃO: Larissa Nogueira e Letícia Gabriella Batista
ESTAGIÁRIA DE PRODUÇÃO: Laura Roberti

REVISÃO: Daboit Textos
CONCEPÇÃO GRÁFICA: Eduardo Faria/Officio
FOTO DO AUTOR: Agência Brasil Fotografias/Wikimedia

SUPERVISÃO GERAL: Deonísio da Silva e Marco Pace

ISBN: 9786554271783

Setembro, 2023

Dados Internacionais de Catalogação na Publicação (CIP)
(Câmara Brasileira do Livro, SP, Brasil)

Valadares, Paulo
O médico dos pobres : aventuras do último malê
da Bahia / Paulo Valadares. -- São Paulo, SP :
Edições 70, 2023.
Bibliografia.

ISBN 978-65-5427-178-3

1. Bahia - História 2. Brasil - História
3. Médico - Biografia 4. Política - Aspectos sociais
5. Souto, Salustiano Ferreira, 1814-1887 I. Título.

23-162545   CDD-610.92

Índices para catálogo sistemático:

1. Médicos : Biografia 610.92
Tábata Alves da Silva - Bibliotecária - CRB-8/9253

Este livro segue as regras do novo Acordo Ortográfico da Língua Portuguesa (1990).

Todos os direitos reservados. Nenhuma parte deste livro, protegido por copyright, pode ser reproduzida, armazenada ou transmitida de alguma forma ou por algum meio, seja eletrônico ou mecânico, inclusive fotocópia, gravação ou qualquer sistema de armazenagem de informações, sem a permissão expressa e por escrito da editora.

EDITORA: Almedina Brasil
Rua José Maria Lisboa, 860, Conj.131 e 132, Jardim Paulista
01423-001 São Paulo | Brasil
www.almedina.com.br

D. da S., ارکش (obrigado).

SUMÁRIO

1. Os mistérios do Conselheiro Souto   23

2. Origens e formação, 1814-1834   35

3. Nos primeiros anos: entre a guerra e a peste   73

4. A consolidação da carreira pública, 1850-1862   95

5. Encontro com o cigano Lagartixa   121

6. As palavras de um deputado baiano, 1862-1881   135

7. O Conselheiro Souto vai à Guerra   183

8. O abolicionista enriquecido pela escravidão   203

9. O amor apresenta a sua conta   217

10. Não estou hoje cristão...   235

11. Em nome de Deus: uma gente cismada   261

12. A cidadela de muitas portas   281

APRESENTAÇÃO

ESTE LIVRO SURGIU DUMA LEITURA inesperada e despretensiosa. Eu não conhecia o conselheiro Salustiano Ferreira Souto (1814-1887) até encontrar acidentalmente na Biblioteca Octávio Ianni do IFCH da UNICAMP, alguns anos depois de publicado, o livro do escritor baiano Antônio Monteiro, *Notas sobre os negros malês na Bahia* (1983), onde a sua vida ocupa um trecho muito instigante para quem se interessa sobre o destino de minorias brasileiras silenciadas, cristãos-novos (judeus), malês (muçulmanos) e ciganos (calons).

É a história de alguém que ocupou um espaço importante no *establishment* brasileiro no final do século XIX. Médico da elite soteropolitana e também das crianças expostas da Santa Casa da Misericórdia, lente da primeira faculdade de medicina no Brasil, alguém que recrutou uma companhia de soldados negros para a Guerra do Paraguai (Zuavos), deputado eleito a espera da cadeira senatorial, Comendador da Ordem da Rosa e finalmente Cavaleiro da Ordem de Cristo. O título de Conselheiro era dado ao lente que completasse vinte e cinco anos de docência superior[1]. No seu tempo ele era tão conhecido em Salvador que

---

1 *"Foram agraciados com este título o Diretor da Faculdade o Sr. Dr. Antônio Januário de Faria e o Sr. Dr. Salustiano Ferreira Souto"* – GAZETA MÉDICA DA BAHIA n° 163 e 164, 15 e 31 de maio de 1874, p. 307.

a correspondência para lhe ser entregue bastava estar endereçada apenas ao "Souto"[2,]. Nada mais.

É escrito também que ao lado destas atividades e títulos honrosos, também mantinha uma atividade oculta, desconhecida dos seus pares: ele seria o imame da mesquita secreta dos Malês estabelecida na Rua da Alegria nos Barris, nº 3, em Salvador. Apesar de serem conhecidos como Malês eles preferiam o etnônimo *muçurumins*, que utilizaremos no texto. Optei pela forma portuguesa, imame, para evitar confusões linguísticas, em árabe é "aquele que guia", título honorífico ou sacerdotal, dado a quem dirige o culto numa mesquita ou conduz uma comunidade islâmica.

O autor Antônio Monteiro (Feira de Santana, 25 de dezembro de 1918- Salvador, 14 de fevereiro de 1998)[3], funcionário público, profundo conhecedor do mundo afro-baiano e cronista do jornal *A Tarde*, fez a identificação etnoreligiosa do conselheiro Souto através da mediação de Manoel do Nascimento Santos Silva, conhecido como Gibirilu (do árabe Gibril, Gabriel), filho de José Maria dos Santos Silva, o alufá Salu, natural da cidade de Ifé, Nigéria. Eu reconstruí os passos de Antônio Monteiro nesta Salvador desconhecida para ver a procedência de suas afirmações, investiguei quem eram os seus informantes e verifiquei que eles pertenciam as sociedades mutualistas étnicas, como a Sociedade Protetora de Desvalidos, dentre outras, e que através da memória dos membros destas sociedades,

---

2   Carta de Rui Barbosa a Maria Augusta Viana Bandeira, Rio de Janeiro, 29 de maio de 1876. Em: BARBOSA, Rui. Cartas a noiva, p. 72.

3   Agradeço a Srª Jacyara Monteiro, filha dele, a disponibilização da data do falecimento.

APRESENTAÇÃO

chegava-se a Sociedade Libertadora Sete de Setembro, cujo presidente fora o conselheiro Souto.

O construtor Gibirilu tornou-se o seu mediador cultural, assim como Martiniano Eliseu (Ojeladê) do Bonfim (c. 1860-1943), fora do Dr. Nina Rodrigues[4]. Gibirilu já fora ouvido por Pierre (Fatumbi) Verger (1902-1996), imigrante francês; mas, descendente pelo costado materno dos Vaz, cristãos-novos portugueses, outro grande estudioso do tema[5]. Antônio Monteiro foi apresentado a Gibirilu por Edgard Alfredo de Barros, diretor do Liceu de Artes e Ofícios, local onde ainda se concentrava alguns destes remanescentes dos *muçurumins* e para onde foi o maior tesouro do conselheiro Souto, o seu álbum de gratidão recebido na guerra do Paraguai. Edgard era filho do Dr. Alfredo de Barros, médico que atendia os velhos muçulmanos de Salvador. Foi ele quem assinou, dentre outros, a certidão de óbito do Igô dos Ossurumins em 1905[6] e do último alufá da mesquita da Rua da Alegria nos Barris, em 1907[7], documentos que estão reproduzidos em seu livro, páginas 37 e 115. A partir destes informantes, Antônio Monteiro entrou no universo subterrâneo dos *muçurumins*.

---

4   Para uma biografia de Martiniano (e também de Mãe Aninha, citada adiante), leia-se: "O candomblé da Bahia na década de 1930", de Vivaldo da Costa Lima, em Estudos Avançados 18 (52), 2004, pp. 201-221.

5   VERGER, Pierre. Fluxo e refluxo. Do tráfico de escravos entre o golfo do Benin e a Bahia de todos os Santos, p. 508.

6   Luís Felisberto da Silva Horta (o correto é Couve) - Certidão nº 146, fls. 161v, livro nº 10 – Cartório do Registro Civil de S. Pedro, 30 de julho de 1905. Quem dirigiu o seu sepultamento foi o comerciante Miguel Champloni, filho de um negreiro do mesmo nome. Este Miguel será testemunha de casamento do sacerdote do candomblé Domingos Sodré, personagem do livro homônimo de João José Reis, mencionado adiante.

7   Luís José Firmino de Araújo – Certidão nº 66, fls. 93, livro nº 11 – Cartório do Registro Civil de S. Pedro, 17 de março de 1907.

A identificação do conselheiro Souto como muçulmano foi referendada e ampliada um pouco mais tarde pelo belíssimo texto comemorativo do seu aniversário, "A dupla vida de um médico", escrito pelo historiador baiano Cid Teixeira, publicado no *Jornal da Bahia* em 17 de março de 1983, que intrigado por esta trajetória, perguntava surpreso:

> *"Como podia aquele médico solteirão, morando só na enorme casa do Largo dos Aflitos, conciliar a sua condição de preferido pela mais fechada sociedade da época com as obrigações de oficiante do culto maometano da Bahia?*
> *Como pode um homem, em tempos tão exclusivistas e preconceituosos, receber o título de Conselheiro do Império entre uma e outra leitura de suratas do Livro de Maomé?"*[8]

O personagem incomum e desconhecido, revelado por eles, despertou o meu interesse. Fui buscar um livro que contasse a sua vida e vi com surpresa que não há nada escrito sobre ele que ultrapasse a segunda página, apesar de suas extensas atividades, como médico, político e amigo íntimo de personalidades como a elegante Condessa de Barral, o pragmático Rui Barbosa e o romântico Castro Alves, que passeiam gloriosos pelas páginas de História do Brasil[9]. De surpresa em surpresa, descobri também que não há nenhuma rua ou mísera travessa para homenageá-lo na cidade onde ele foi um protagonista importante. Assim ele desapareceu historicamente, erodido junto a memória dos correligionários que morreram e que não tiveram sucessores.

---

8   MONTEIRO, Antônio. Notas sobre negros malês na Bahia, p. 77.

9   As exceções são: SILVA, Inocêncio Francisco. Diccionario Bibliographico Portuguez, VII, p. 193; XIX, 34; SACRAMENTO BLAKE. Diccionário Bibliographico Brasileiro, VII, p. 183.

APRESENTAÇÃO

A ausência de estudos sobre a sua vida estimulou-me a procurar mais informações. Busquei e quando percebi já estava com um corpus documental adequado para ser transmutado em narrativa biográfica. Este foi o quarto episódio que me aconteceu, aparentemente sem ligações entre si, mas que resultaram neste livro. Os precedentes começaram com o amigo Guilherme Faiguenboim, parceiro em dois livros, já publicados, presenteando-me com a biografia de *Francisco Félix de Souza, mercador de escravos* (2004) do embaixador Costa e Silva. Depois as viagens que fiz de Barão Geraldo a S. Paulo em companhia do engenheiro líbio Hadi A. Khalifa, muçulmano praticante, quando no intervalo de suas orações pelo caminho, discutíamos a incipiente bibliografia sobre os Malês e finalmente o diálogo rápido, num corredor onde acontecia um simpósio de história judaica no Brasil, com o engenheiro baiano Carlos Kertesz sobre a antiga tradição cosmopolita de Salvador, quando aparentemente num espaço exclusivamente católico romano podiam ser encontrados práticas religiosas islâmicas ou judaicas entre pequenos círculos familiares desenvolvidas clandestinamente. Ele só me disse: Escreva!

Montei uma estratégia de pesquisas para escrever sobre personagem tão esquivo ou deslembrado. Como ele escreveu apenas relatórios e teses, para conhecer o seu pensamento busquei suas manifestações no parlamento e assim compreender a sua visão de mundo. Para a sua movimentação na sociedade busquei nas memórias dos amigos célebres, na correspondência entre personagens próximos a ele, desde a "certidão" do seu nascimento em termos políticos

O MÉDICO DOS POBRES

nacionais, a carta de apresentação do Barão de Cajaíba para o Marquês de Olinda em 14 de dezembro de 1863, pedindo para ouvi-lo na condição de procurador e amigo, até a sua correspondência espalhada em instituições diferentes na Bahia e no Rio de Janeiro. No seu *Testamento* e no *Inventário*, tipo de literatura que só interessa aos sobrinhos pobres e historiadores desconfiados, encontrei a chave de alguns segredos, que vislumbrei. Aproveitei os jornais contemporâneos disponíveis na WEB, graças a Biblioteca Nacional, para conhecer o Souto-público. Os jornais estão citados no rodapé e quando são transcrições de documentos também na bibliografia final. Tive até o cuidado de fazer a pé o percurso que ele fazia rotineiramente, isto nas "trovoadas de novembro"[10], mês em que ele foi sepultado, somente para conhecer as distâncias do seu cotidiano e de seus interlocutores. O método que usei no trabalho de pesquisa e redação estão expostos nas linhas e entrelinhas acima. Acrescento só uma coisinha a mais: nomeei os personagens com os nomes que eles eram conhecidos no cotidiano e no caso de titulares, usei o último título nobiliárquico recebido.

Escrever sobre convicções e comportamento é muito difícil. Principalmente quando ele é estigmatizado e mantém-se clandestino, ou numa linguagem mais polida, discreto. É algo que já sentira quando pesquisei para compor a minha dissertação de mestrado, *A presença oculta. Genealogia, identidade e cultura cristã-nova brasileira nos séculos*

---

10 As chuvas de Salvador tem nomes: chuvas do caju em Janeiro, de S. José em Março, veranico de Maio, de S. Pedro em Junho, ventanias de agosto e finalmente as trovoadas de novembro. V. VALLADARES, José Antônio do Prado, Bêaba da Bahia: guia turístico, p. 21.

APRESENTAÇÃO

XIX e XX, sob a orientação da professora Anita Novinsky na FFLCH-USP e procurei os últimos descendentes de cristãos-novos no cotidiano brasileiro. Como uma mesquita brasileira no século XIX é algo informal, não há atas ou registros que procurar, fiar-me-ei nas evidências que encontrei, nos depoimentos de autores, como Antônio Monteiro, Nina Rodrigues e Cid Teixeira, e construí uma convicção baseada nisto tudo, seguindo a recomendação que o conselheiro Souto deu ao colega de partido Joaquim Nabuco numa situação análoga: "É preciso que se atire ao pássaro e não á *sombra*" [11].

Busquei no início resolver o nó inicial do seu segredo. O conselheiro Souto tinha o jenipapo no corpo? Aquele sinal de ascendência negroide colocado pela natureza no dorso humano, descrito por Gilberto Freyre. A literatura militante contemporânea não tem dúvidas, ele era um homem negro[12], no que é respaldada pelos memorialistas da Faculdade de Medicina da Bahia (FMB), "*homem de cor e de origem simples*", segundo o Dr. Rodolfo Teixeira [13]. Mas a questão não é tão simples assim, já que ela não fazia sentido pra Souto, enquanto viveu. No *Livro de Registros de Enterramentos do Campo Santo* ele foi identificado como "branco" e também o fora no registro eclesial do óbito:

"*Cons⁰ Souto. Em dezenove de novembro de oitenta e sete faleceu e sepultou-se no Campo Santo o Cons⁰ Salustiano Ferreira Souto,*

---

11 NABUCO Joaquim. Um estadista do Império. Nabuco de Araújo. Sua vida, suas opiniões, sua época por seu filho Joaquim Nabuco, tomo II, 1857-1866, p. 148.

12 LOPES, Nei. Dicionário Escolar Afro-Brasileiro, p. 150.É personagem incidental na ficção do mesmo autor: Mandingas da mulata velha na cidade nova.

13 TEIXEIRA, Rodolfo, Memória Histórica da Faculdade de Medicina, p. 72.

BRANCO (grifos do autor), *solteiro, de setenta e trez annos, medico, natural da Bahia e residente nos Afflitos, do que se fez este termo. O Vigº* (ilegível) *Ribeiro Martins"*[14].

Nos retratos que sobreviveram, Souto é tão branco como o misterioso homem que em alguns momentos identificou-se como Wallace Fard (1877-1934): que construiu a seita americana *Nation of Islam*, formada por negros muçulmanos nos anos Trinta em Detroit e foi o seu primeiro imame. Branco ou negro depende de quem lhe veja.

O cenário do livro é o Brasil do século XIX, tempo de transição, das mudanças dos modos de governar e de produzir. É o nascimento da nação como a conhecemos. Aqui a escravidão brasileira é uma realidade mais complexa do que a apreendida pelos manuais ginasianos de história, ela não é uma luta dos maus contra os bons, mas, uma forma de organizar a mão de obra, que redundará posteriormente no trabalho assalariado. Ela não é uma opção portuguesa deliberada de discriminação racial, tanto que antigos escravos que se tornaram proprietários, utilizavam-na quando precisavam de trabalhadores. A dinastia de sacerdotisas afro-baianas da Casa Branca do Engenho foi proprietária de escravos[15]. Vinte e sete dos quarenta e seis dirigentes da Ordem Terceira do Rosário dos Homens Pretos tinham os seus escravos[16]. A origem servil não impedia a ascensão

---

14 Livro de Óbitos da Paróquia de Nsª Srª da Vitória, 1886-1890, p. 13.
15 CASTILLO, Lisa Earl; PARÉS, Luís Nicolau. "Marcelina da Silva e seu mundo: novos dados para uma historiografia do candomblé ketu". Em: AFRO-ASIA, 36 (2007), pp. 111-151.
16 FARIAS, Sara Oliveira. Irmãos de cor, de caridade e de crença. A irmandade do Rosário do Pelourinho na Bahia no século XIX, p. 86.

APRESENTAÇÃO

social de alguns, pois podiam ser nobilitados pelo Estado, tanto que o mulato Francisco Gomes Brandão (1794-1870), filho ou neto de escravos, um dos fundadores do Instituto dos Advogados do Brasil (futura OAB) recebeu um título de nobreza brasileira, Visconde de Jequitinhonha em 1854. Só para comparação, o primeiro negro a receber um título britânico foi em 1964, através do esportista Barão Constantine de Maraval (Learie Nicholas Constantine, 1901-1971), estrela do críquete.

Os africanos de Salvador se juntavam pela língua, pela religião e pelo grupo de origem, que lhes dava solidariedade interna. Basta examinar os cantos da cidade, onde se postavam os ganhadores para oferta dos seus serviços, divididos entre os gruncis (Galinhas), dos tapas, dos haussás, dos jejes, etc. Era mais importante para eles, adorar os mesmos deuses, nomear as coisas com as mesmas palavras e comer os mesmos alimentos, que a cor da pele. Imagine, alguém cujo tabu alimentar é o porco, ver o vizinho comendo o alimento interdito, a repulsa é a mesma, não importando se branco ou negro. Isto explica a existência de um imame branco num universo fechado de escravos e libertos muçulmanos. O imame tinha os mesmos costumes que eles.

São as aventuras do conselheiro Souto e neste cenário, a quem vi como um *abencerragem invisível*, pelas razões que estão na epígrafe deste livro e que cabem na explicação de sua vida, que vos trago. Muitas pessoas me ajudaram neste trabalho, fornecendo documentos e informações, discutindo o tema, viajando comigo aos cenários em que viveu o personagem central ou apenas conversando sobre ele. Sem eles não conseguiria terminar este projeto tão pessoal. Não tenho o nome de todos os que me ajudaram, alguns ficaram anônimos, mas guardo o nome da maioria, a quem agradeço por mais esta contribuição:

Agradeço a minha irmã Sara que administrou o cotidiano neste período. A Fábio Koifman (UFRRJ), que foi o primeiro a me alertar que o personagem dava samba. Marli Antonicelli e Edson Joaquim dos Santos, com quem dividi inúmeras viagens e conversas sobre a "igreja da diretoria", dentre outras coisas – Marli criou esta tipologia ao frequentar as igrejas de Espanha. Ângelo Emílio da Silva Pessoa (UFPB), com quem discuto há anos as velhas famílias brasileiras – ele é autor de tese doutoral sobre o Morgado da Torre na Bahia. Marcelo Meira Amaral Bogaciovas e Marcos Antônio Filgueira (UFERSA), meus confidentes em genealogia. Suzanna Severs (UNEB) e Marco Antônio Nunes da Silva (UFRBA), que me convidaram para o *Simpósio Internacional de Estudos Inquisitoriais: História e Historiografia* (UFBA, 2011), onde pude amadurecer o projeto. Cacau Nascimento que indicou o que e onde procurar informações em Cachoeira. Leandro Almeida (UFRBA) que me trouxe farta documentação colhida no Arquivo de Cachoeira. Aldrin A. S. Castelucci (UFBA), que me cedeu dados sobre os Soutos-operários. Guilherme Faiguenboim, Hadi A. Khalifa e Carlos Kertesz, já citados anteriormente. Agradeço também ao Caio Manoel de Paranaguá Moniz, por dividir comigo a história de sua família, esclarecendo o episódio da saída do Visconde de Monserrate do STJ, que aparece de várias formas na bibliografia já publicada.

APRESENTAÇÃO

É bom chegar num prédio confortável, com sombra e água fresca disponível, ter a liberdade de movimentos e de escolher os livros e revistas nas prateleiras, como na Biblioteca Florestan Fernandes (FFLCH-USP) e na Octávio Ianni (IFCH-UNICAMP), as minhas bibliotecas preferidas. Agradeço aos seus dirigentes e funcionários por criá-las e mantê--las tão acolhedoras. Agradeço também aos funcionários de outras instituições pelo interesse e presteza em responder as minhas questões – alguns interlocutores estão nominados e outros não, mas, a gratidão é a mesma. E são eles: o Arquivo Público Estadual da Bahia, o Instituto Histórico e Geográfico Brasileiro, a Biblioteca Nacional (Daniel Felismino e Anna Maria Naldi), a Fundação Casa Rui Barbosa (Cláudia Resende e Cláudio Vitena), a Biblioteca Gonçalo Moniz: Memorial da Saúde Brasileira (Leonor Dantas Halla), a Biblioteca Universitária de Saúde – UFBA (Maria de Fátima Mendes Martinelli), o Laboratório Reitor Eugênio Veiga / PUC-Salvador (Renata Soraya Bahia de Oliveira) e o Centro de Memória Jorge Calmon / Santa Casa de Misericórdia da Bahia (Adriana Bastos Santos).

Como escrevi no introito, comecei o trabalho despretensiosamente; mas, a medida que a investigação avançava, percebi que esta biografia é uma espécie de réquiem, não de uma pessoa; mas, de uma cultura mestiça, a dos lusodescendentes no Sertão baiano, região que chamo de "Dantas-landes" e que se espalharam pelo Brasil nas suas deambulações. Os pais empurraram a fronteira portuguesa para o interior, abrindo fazendas nos ermos e os filhos retornaram ao litoral para governar o país. Foram eles os primeiros brasileiros e continuaram assim por séculos. Os seus corpos e almas deram sentido ao gentílico brasileiro.

Vilém Flusser (1920-1991), filósofo brasileiro nascido em Praga, chamou atenção para a mudança estrutural do país, com a entrada de imigrantes extra-ibéricos, algo como se várias camadas em lâminas fosse cobrindo as anteriores até fazê-las desaparecer completamente[17]. É claro que isto é feito com a ajuda da media eletrônica, principalmente a TV, estabelecidas nas áreas receptoras de imigrantes. Algo que se percebe no sumiço dos valores distintivos desta gente, que mesmo vivendo entre a poeira e o suor, possuía uma postura requintada; pela cordialidade, que se manifestava na hospitalidade ao viajante; no cultivo da poesia oral e que em nenhum momento afirmaria: *"vergonha é roubar e não poder carregar"* tão a gosto nos dias de hoje. Macunaíma é malvisto ali. Seguindo a isto, a transformação da língua portuguesa, perceptível não só no desaparecimento de palavras; mas, até na colocação das vírgulas na literatura contemporânea. A redução vocabular não se deu apenas pelo descarte de palavras, mas, fundamentalmente do caráter polissêmico, eliminando o efeito irônico ou outros sentimentos que faziam parte da fala. Sobrevivendo apenas o *português semântico*, estrito, tanto que já há uma demanda paulistana para se "traduzir" autores, como Machado de Assis (1839-1908) para esta nova forma de expressar-se.

---

17 Leia-se o perfil biográfico "José Bueno", pp. 163-7. Em: FLUSSER, Vilém. Bodenlos: uma autobiografia filosófica.

APRESENTAÇÃO

Isto deixou de ser apenas uma elucubração quando revi eletronicamente o sepultamento do cineasta Gláuber Rocha e o elogio fúnebre feito pelo antropólogo Darcy Ribeiro, ambos personagens incidentais deste trabalho, assim como as suas famílias. Eles não ressuscitarão; mas, que fique o trabalho como lembrança destes dias e destas pessoas. E que a biografia do conselheiro Souto possa chegar ao público, como registro de sua vida e tirar do silêncio várias minorias que viveram no sertão brasileiro: cristãos-novos (judeus), *muçurumins* (muçulmanos) e ciganos (calóns). Concluo afirmando apenas que cumpri com prazer a ordem divina no pardes[18]: "*Mi-kol ha-gan akhol tokhel / Utiliza-te de todos os frutos do jardim*" (Gênesis, 2:16).

18 de maio de 2017,

Campinas, S. Paulo, Rio de Janeiro, Dantas-landes e Salvador

P. V.

---

18 Pardes é uma palavra de origem persa que significa pomar ou jardim. É também um acrônimo em hebraico para indicar os quatro níveis de exegese do texto bíblico.

CAPÍTULO 1

Os mistérios do Conselheiro Souto

Naquela tarde de domingo, 20 de novembro de 1887, as 16 horas – data que seria posteriormente dedicada a "Consciência Negra" em homenagem a Zumbi[19], enquanto os coveiros preparavam o carneiro nº 293 para sepultar o morto no cemitério do Campo Santo no Alto das Pombas, em terras que foram propriedade de Diogo Álvares *Caramuru* (c. 1475-1557), o "Abraão da Bahia"[20]. O defunto deixou sua casa no Largo dos Aflitos nº 6 onde morou por muitos anos, para fazer a sua última viagem pela cidade de Salvador, atravessando uma região que ele conhecia bem.

O morto a ser inumado tinha nome e sobrenome conhecidos na cidade e até na Corte, pois era o conselheiro Salustiano Souto e morrera aos setenta e três anos, de septicemia causada por broncopneumonia no dia anterior, 19 de novembro de 1887. Ele tinha sido médico e professor na Faculdade de Medicina da Bahia (FMB), fora a guerra do

---

19 O escravo Francisco renomeado ZUMBI, nascido na Serra da Barriga, Alagoas e morto em Viçosa (1655 – 1695), ao que se diz neto materno de Aqualtune, da família real do Congo, dirigiu o quilombo dos Palmares e foi derrotado por tropas do capitão André Furtado de Mendonça. A Lei nº 10.639, promulgada em 9 de janeiro de 2003, consagrando o dia 20 de novembro, dia de sua morte em combate, como o Dia da Consciência Negra, foi proposta pelo poeta gaúcho Oliveira Silveira (1941-2009).

20 VALLADARES, José Antônio do Prado. Bêaba da Bahia: guia turístico, p. 24.

Paraguai e ao que se murmurava a boca pequena, frequentava a mesquita dos Barris, próximo a sua casa e seria um dos últimos *muçurumins* (malês) remanescentes na cidade. Outros diziam até que ele fora o Imame (Limano), o chefe religioso deste pessoal quase invisível para a elite, formado por carregadores, ganhadores, pedreiros, marceneiros de origem africana, mas que não se esperava encontrar entre figuras de projeção social.

Numa época em que a difusão das imagens ainda era restrita, alguns dos presentes esperavam chegar o ataúde para ver o falecido, pois só o conheciam de renome e queriam vê-lo para saber se era branco, saruabo ou negro? Se tinha bigode ou não?

Os muçulmanos secretos reconheciam-se pela forma de barbear-se.

Escreveu o imame turco Abdurrahman que viveu discretamente em Salvador entre eles, nos anos sessenta daquele século, um modo de identificá-los:

"Todos os muçulmanos raspam o bigode e deixam a barba crescer. Quem faz o contrário é como alguém que abertamente se tornou infiel. Por conseguinte, eles não o cumprimentam"[21].

O conselheiro Souto não usava bigode, tinha o lábio superior escanhoado, mas cultivava a barba agarena. O que se encaixava na descrição do imame turco, como um muçulmano local.

O sepultamento foi dirigido pelo médico cachoeirano Cincinato Pinto da Silva (1835-1912), provedor da Santa Casa

---

21 FARAH, Paulo Daniel Elias. Deleite do estrangeiro em tudo que é espantoso e maravilhoso: estudo de um relato bagdali, p. 87.

CAPÍTULO 1 OS MISTÉRIOS DO CONSELHEIRO SOUTO

de Misericórdia de Salvador, autor de um livro sobre o malogrado poeta e monge Junqueira Freire e que até o final da vida dirigiria três províncias brasileiras, Alagoas, Sergipe e Maranhão. Se ele tinha a confiança do Imperador para dirigir estas províncias, era visto com reservas pela Igreja, como um católico estatístico e Espírita reservadamente, fato conhecido por muitos que ali estavam presentes. Era amigo do morto, de quem tinha sido paciente quando fizera uma paralisia das pernas, combinação de beribéri e artrite e convivera com ele desde os tempos de aluno na Faculdade.

O Dr. Cincinato era casado com Dona Maroquinhas, irmã do Dr. João Vaz de Carvalho Sodré, proprietário do Engenho Aratu em Paripe. Dona Maroquinhas e o Dr. João pertenciam a velha parentela dos antigos Morgados do Sodré, gente rica e antiga até na Metrópole lusitana, que ainda contava no cortejo com o Dr. Jerônimo Sodré Pereira (1840-1909), casado com Dona Naninha, Ana Carolina Dantas (1859-1921), filha do conselheiro Manoel Dantas, chefe dos Liberais na Bahia. O Dr. Jerônimo, professor da FMB, seria também presidente da província de Sergipe e foi dele o primeiro discurso sobre a Abolição no Parlamento.

No desenvolvimento da história o leitor verificará que a elite é aparentada entre si, e dentro dela também prevalece a mesma orientação partidária, cindidos em Conservadores ou Liberais. O falecido apesar de ser amigo intimo deste pessoal, notadamente dos Liberais, não pertence a esta genealogia afidalgada. Ele é parecido com aqueles personagens misteriosos de quem não se conhecem os ancestrais, como o Melquisedeque bíblico.

"Meus ascendentes são fallecidos e não tenho descendentes" [22].

Sem nomear ninguém. O parentesco lembrado por ele em todos os momentos de sua vida sempre foi o espiritual (afilhados, compadres/comadres e padrinhos), construído dentro do compadrio católico, estabelecidos com membros da burguesia soteropolitana. Era compadre dos Dobberts (Barbosas-de-Oliveira), dos Castros-Alves, dos Pereiras-de-Aguiar, dos Sodrés-Vaz-de-Carvalho, parentesco construído durante a sua vida social como médico e professor na capital. Somente na correspondência econômica e no testamento ele mencionou os consanguíneos, mesmo assim de forma truncada e muitas vezes indiretamente.

Depois do dobre de finados no bronze claro da igreja dos Aflitos, ouvido apenas no Largo, saiu o cortejo, primeiro o carro funerário puxado a seis cavalos, dirigido por um escravo vestido de negro, seguido por mais oito carros para levar os acompanhantes ilustres. Eram carros alugados a empresa fúnebre de Ernesto Pereira Coelho da Cunha. O cortejo seguiu em direção ao Forte de S. Pedro, atravessando as primeiras aglomerações, muitas pessoas nas janelas espiando o movimento. O cortejo era formado por antigos pacientes e médicos que foram os seus alunos. Na altura do Forte um grupo de homens negros tomou o caixão nos ombros e desceu a rua, atravessou a roça do Canela, que pertencia a família de Laura Macedo de Aguiar (1860-1948), afilhada do falecido e esposa do seu advogado Manoel Joaquim Liberato de Matos (1839-1910). O cortejo

---

22 Testamento de Salustiano Ferreira Souto, Salvador, 1886. Em: Arquivo Público da Bahia, localização: 07/3257/06.

CAPÍTULO 1 OS MISTÉRIOS DO CONSELHEIRO SOUTO

teve que se cuidar para não se molhar nas poças das águas das trovoadas de novembro.

O jornal norte riograndense *O Macauense*, editado por Elias Antônio Ferreira Souto, que transcreveu o obituário do *Jornal de Notícias da Bahia*, traz a descrição deste momento de reconhecimento popular ao morto:

"Houve uma grande concurrencia, sendo o corpo conduzido a mão até sua última morada, acompanhando os carros o fúnebre prestito. Ao chegar à rua do Forte de S. Pedro, pessoas do povo disputarão o dever de carregar os restos mortaes do humanitário cidadão"[23]

O féretro entrou no Campo Santo, o esquife subiu as escadas com dificuldades, pois os carregadores já estavam extenuados pela subida da ladeira. O cadáver foi encomendado na capela e dali seguiu para a cova já aberta. Doze coroas de flores cobriam o ataúde de madeira. Ao seu lado estava Luís Antônio Pereira da Silva, funcionário da Santa Casa da Misericórdia, proprietária do Cemitério, que escolhera o local e vendera a sepultura e que era amigo também do falecido nos corredores da Santa Casa.

Enquanto isto o orador anônimo continuava o elogio fúnebre ao Dr. Souto:

"(...) Entretanto, se os negócios do paiz absorvião-lhe parte do tempo, a sciencia também preoccupava a sua elevada inteligência. E assim que vemo-lo, no meio das preoccupações e luctas políticas, dedicar-se não só a clinica que exerceu com grande proficiência, mas também ao magistério (...)"[24].

---

23 O MACAUENSE, 16 de março de 1888, p. 3.
24 CORREIO DA BAHIA, 20 de novembro de 1887, p. 1.

O MÉDICO DOS POBRES

Mais adiante da cova, o Dr. Cincinato já acertava a missa de sétimo dia na matriz de S. Pedro com o padre Reginaldo dos Santos. A noite no seu escritório, esmiuçaria a contabilidade da morte, saberia quanto gastara nas exéquias do amigo e o colega. Anotou com a sua letra firme e legível no papel rascunho:

1. Enterro, 142$000;
2. Vigário, 35$000;
3. Sepultura e padres, 62$000;
4. Armador e missa de 7º Dia, 100$000;
5. Carros, 400$000.

Só faltava somar as despesas, mas não podia deixar de notar que a missa de quase uma hora custava um mês de trabalho pago a um trabalhador no batente de sol a sol. Os *muçurumins* baianos, como o Imame Abdurrahman reconheceu, justificavam o batizado e a cerimônia fúnebre católica como modos deles se documentarem frente ao Estado. Não eram considerados como atos religiosos. O grau de envolvimento com o Catolicismo podia ser medido pelo número de missas encomendadas no testamento, se o testador de posses pagasse apenas uma missa, isto sugeria, com muita probabilidade de sê-lo, que houvera apenas a formalidade documental.

Num dos cantos do cemitério, um menino negro espiava os detalhes que escapava aos jornalistas que só anotavam os nomes dos presentes, quem mandara as coroas de flores, O moleque espiava os negros mais velhos vindos da ladeira da Praça, de Guadalupe, do Terreiro de Jesus, da Rua da Oração, da Barroquinha, da Mouraria, da ladeira da Prata, do Godinho, da Rua da Vala, da Preguiça, do Monturinho de S. Bento, da Rua da Forca, dos Barris, do Tororó, do Cabeça, de Santana, de Nazaré, da Rua do Paço, da Rua das Flores, de Santo Antônio, Forte S. Pedro, Mercês, Aflitos, Vitória, Barra, Rio Vermelho e Chega-Nego. Ele prestava atenção nos velhos tios de sua raça, que já conhecia a muito tempo. Quando os brancos começaram a se afastar depois de feitas as obrigações ao finado, vários negros cobertos por capuzes e que se soube depois, faziam parte do conselho dos *muçurumins*, começaram a sua reza chorada e o que devia ser o alufá pela forma de vestir-se começou baixinho a prece: *"Lá-i-lá-i-la-lau, mama du araçu-lu-lai. As-la-lai-a-lei--i-salama* (Deus único e verdadeiro, o seu profeta é quem nos guia), rezada nestes momentos pelos malês[25]. Repetida por eles até virar o zumbido de abelhas num roseiral e tornar-se incompreensível para os ouvidos não iniciados.

O sepultamento numa sociedade excludente é uma encenação pública onde muitas vezes o que se vê, é apenas para ser visto, já que a essência mística está distante dos olhos profanos. Segredo que só revela nos detalhes menores, desapercebidos a maré de gente, mas compreensíveis aos seus. Tome como exemplo o sepultamento de uma sacerdotisa da gente-de-Santo, ele não difere muito do prelado católico romano, pois, ambos têm missas, evocações cristãs, mas no fundo o que realmente crê os seus participantes, está nas mugangas e nos pequenos calungas marginais, feitos e esculpidos durante as inumações. As grandes

---

25 QUERINO, Manoel. A raça africana, p. 106.

figuras do candomblé, Mãe Aninha (Eugenia Ana dos Santos, 1869-1938), Mãe Senhora (Maria Bibiana do Espírito do Santo, 1890-1967), dentre outras, foram veladas na Igreja do Rosário dos Homens Pretos do Pelourinho e seguiram para o cemitério da Quinta dos Lázaros, onde foram encomendadas por um sacerdote católico e sepultadas, ao mesmo tempo, que os seus seguidores davam coletivamente os três passos para frente e os dois para trás, única parte visível do ritual da gente-de-Santo, aos não iniciados.

Não se sabe se o conselheiro Souto foi enterrado guardando o respeito a *qiblah*, havia o costume entre eles, do uso desta posição no sepultamento. Para os *muçurumins* de Salvador que tinham interesse em ser sepultados com o rosto virado para Meca no Campo Santo, no caso, olhando na direção de Pau da Lima, pagava-se aos coveiros ou até a Santa Casa para desconsiderar o plano urbanístico do cemitério, algo que era facilitado por sua desordem. Era uma gentileza que não precisava ser escriturada, mas ficava na tradição oral, como o caso do comerciante e ex-barbeiro Manoel Virota (Manoel Monteiro de Carvalho), que foi sepultado assim[26].

O Imame turco Abdurrahman já citado e que voltará adiante, recomendou a comunidade soteropolitana, já seguindo os costumes locais:

> *"Instruí os muçulmanos para que, após a vinda do sacerdote, eles despissem, lavassem, orassem pelo falecido e o levassem ao cemitério"*[27].

---

26 MONTEIRO, Antonio. Ob. cit., p. 85.
27 FARAH, Paulo Daniel Elias. Ob. cit., p. 89.

CAPÍTULO 1 OS MISTÉRIOS DO CONSELHEIRO SOUTO

Outra dúvida é se o corpo do conselheiro Souto fora preparado para o sepultamento ao modo islâmico, que era conhecido em Salvador pelos *muçurumins*, apesar das incompreensões externas. Os olhos do morto tinham que estar fechados. O queixo arrumado e simétrico. O ventre comprimido por um peso para não ficar inchado. Isto não era difícil fazer, nem mesmo a lavagem ritual, tudo podia passar despercebido aos menos atentos aos detalhes. O difícil era obter a posição do corpo recomendada pelos seguidores do Islã. Uma situação mais controversa, pois os não-islâmicos acreditavam que a forma de compor a posição era um modo de quebrar-lhe os ossos. Dobrar os antebraços para trás e também as pernas para evitar o enrijecimento do corpo. Depois do morto lavado, perfumado, envolto em três lençóis brancos de linho ou algodão, levá-lo rapidamente para ser sepultado.

O costume era transmitido de forma oral e cautelosa, mesmo que alguns como Antônio dos Santos Lima, muitos anos depois do sepultamento de Souto, deixasse em *Testamento* oficial a obrigação que assim fosse realizado, desde que *"o corpo fosse envolvido de acordo com meu rito"* e principalmente o que ele recomendara ao sobrinho *"em segredo"*, provavelmente alguns rituais islâmicos conhecidos apenas dentro destes círculos religiosos e que podiam causar escândalo entre os não-crentes[28]. Em 1906, outro *muçurumim* baiano,

---

28 Testamento de Antônio dos Santos Lima, Salvador. Em: ALBUQUERQUE, Walmyra Ribeiro. "Esperanças de Boaventuras: construções da África e africanismos na Bahia", p. 222. No jornal O MONITOR, de 6 de agosto de 1876, p. 3, há uma relação de eleitores soteropolitanos, onde consta: "Antônio dos Santos Lima, 31 annos, alfaiate, sabe ler e escrever, filiação desconhecida, renda presumida 500$; elegível", que morava no segundo quarteirão do Pilar. Homônimo ou o próprio?

Francisco Pinto de Oliveira, também ordenou o mesmo tratamento aos seus testamenteiros e ao pedir licença ao Imame mostrou que ainda era reconhecida a autoridade islâmica entre eles e estavam organizados em sociedade, mesmo que ela não aparecesse nos registros cartoriais ou nos jornais publicados na terra. Ela existia de fato:

> *"Deixo ao africano Abrahão Tourinho um conto de réis para ele com minha mulher, promover as orações e cerimônias da Costa d´África, tirando a licença (fidaú) do Liname (...)"*[29].

O rico comerciante recifense Alexandre Rodrigues d'Almeida, mina de origem, no *Testamento* redigido em 1878 foi minucioso no protocolo a ser seguido no seu sepultamento:

> *"(...) o meu corpo será envolto em lençol branco e encerrado em um caixão forrado de preto, que o meu testamenteiro* [um deles foi o *muçurumim* integrista Jovino Lopes Ferreira, que participou da polêmica entre os grupos muçulmanos, quando da formalização da comunidade local] *mandará preparar e conduzi-lo da casa de minha residência para o cemitério público no dia seguinte ao meu falecimento para ser sepultado em uma sepultura rasa com o mesmo caixão, e mandará construir sobre minha sepultura um mausoléu de tijolo e cal tendo em uma das faces ou frente uma pequena pedra mármore que não tenha menos de três palmos de comprimento e com o meu nome gravado (...)"*[30]

Não seria necessária uma lápide imponente, pois a memória do falecido devia repousar em boas obras feitas

---

29 Testamento de Francisco Pinto de Oliveira, Salvador, 1906. Em: BACELAR, Jeferson. A hierarquia das raças: negros e brancos em Salvador, p. 36.

30 Testamento de Alexandre Rodrigues d´Almeida, 1878, Recife. Em: COSTA, Valéria Gomes. Trajetórias negras. Os libertos da Costa d´África no Recife (1846-1890), Tese de Doutoramento UFBA, Salvador, 2013.

CAPÍTULO 1 OS MISTÉRIOS DO CONSELHEIRO SOUTO

durante a sua vida e não dependia de uma pedra lavrada para que isto acontecesse. Raros *muçurumins* baianos deixaram inscrições em árabe em suas estelas. A exceção conhecida foi o monumento fúnebre do alufá nagô Luís José Firmino de Araújo, construído após o seu falecimento em 17 de março de 1907, no Campo Santo, uma coluna com uma lâmpada estilizada no topo[31.] Existente até os anos Quarenta. Um mês depois do sepultamento de Souto houve a proposta de trasladar os seus restos mortais para a capela do cemitério, mas a proposta foi *"preterida"* [32] misteriosamente, sem deixar claro os motivos da recusa, que ficou como um segredo dos que participaram da reunião. Logo depois colocaram a placa quase pessoana na sepultura:

"Nasceu em 1814 e faleceu em 1887. Reconhecimento da Santa Casa pelos serviços prestados ao Asilo dos Expostos"[33].

É a última notícia. Depois disto o seu espaço no cemitério foi vendido a outra família e por consequência, sumiram os ossos do conselheiro Salustiano Souto...

A noite o menino negro e espigado, até aqui anônimo e que será conhecido até o final do livro, anotou no seu caderninho verde o que vira, porque tinha certeza que ninguém enxergara aquilo e ele percebia a importância de levar isto adiante para o esclarecimento dos seus descendentes. Ele sabia pouco da vida daquele homem importante, mas esperava o dia que alguém se preocupasse em responder quem

---

31 MONTEIRO, Antonio. Ob. cit. p. 37.
32 Livro de Actas de Sessões da Mesa da Santa Casa da Misericórdia, n° 21, 18 de dezembro de 1887, pp. 35.
33 CALMON, Pedro. História de D. Pedro II. Tomo segundo. Cultura e Política. Paz e Guerra. 1853-1870, p. 561.

era aquele homem, conhecido por sua bondade, que tivera tanta gente de destaque no seu enterro, alguém que pudesse responder quem era realmente o conselheiro Souto?

CAPITULO 2

Origens e formação, 1814-1834

O futuro conselheiro Salustiano Souto tinha oito anos quando foi proclamada a independência do Brasil. Ele vivia no sertão baiano, pois nascera em Vila Nova da Rainha, antiga aldeia cariri e portuguesa a partir de 1790; hoje, renomeada como Senhor do Bonfim, no norte do estado. Era filho do sargento-mór Antônio Ferreira Souto, natural da freguesia de S. João da Cruz e de sua esposa Maria Joaquina de S. José, natural de N. s. do Rosário do Porto de Cachoeira; e nascido em 24 de março de 1814. Um ano terrível de seca, pois as chuvas de S. José não molharam a terra sertaneja.

O viajante Carl Friedrich v. Martius esteve na vila por essa época, vindo de Salvador e em busca do meteorito Bendegó que caíra na fazenda Anastácio, de Domingos da Mota Botelho, próxima a Monte Santo[34]. A descrição da jornada entre Cachoeira e Vila Nova da Rainha é pautada pela seca, falta de água para se beber e dessedentar os animais em movimento. O desespero para encontrar água era tão grande, visíveis em várias descrições do seu registro: num ponto da viagem um grupo de pessoas armadas guardava

---

34 CARL FRIEDRICH PHILIPP v. MARTIUS (1794-1868), botânico e etnógrafo alemão, veio na comitiva de D. Leopoldina.

um olho d´água; em outro, a caravana roubou o cântaro cheio de um cego que era guardado embaixo de sua enxerga – o cego de Genipapo ou o filho demorava três horas para buscar a linfa potável. Nesta terra desolada só sobrevivia os homens e os cupins, pois as aves e os mamíferos já tinham migrado para terras mais úberes. A menina Dira, século e meio depois, na fronteira da Dantas-landes, uniu algumas varas de bambu e tentou estocar as nuvens. Não aguentou o peso, caiu.

Von Martius notou que Vila Nova da Rainha vivia da passagem das boiadas piauienses, algumas de trezentas reses, que muitas vezes não conseguiam atravessar o Sertão e as suas caveiras brancas ficavam por ali, espalhadas pelo chão sáfaro e encoivarado e outras iam marcar nas porteiras a entrada das fazendas. Ele passou pela fazenda S. Antônio do Camuciatá, dos Dantas, e também na fazenda Mocó, dos Ferreiras-Souto.

Os Ferreiras-Souto estavam espalhados. O irmão mais velho de Salustiano, José, de quatorze anos, vivia em Salvador na frente do Convento das Freiras da Lapa (Franciscanas Concepcionistas), na casa de um certo Dantas, professor de latim, onde preparava-se para ir cursar Direito na Universidade de Coimbra). No dia 20 de fevereiro de 1822, as tropas portuguesas fiéis a metrópole invadiram a região soteropolitana e no ataque, assassinaram ao professor de latim, ao idoso padre Daniel da Silva Lisboa e sóror Joana Angélica (1761-1822), responsável pela clausura das freiras. O menino José procurou um amigo da família, o advogado

CAPITULO 2 ORIGENS E FORMAÇÃO, 1814-1834

Antônio Pereira Rebouças[35] que arrumara secretamente um barco a vela para levar a mãe e cinco irmãs a Cachoeira e pediu auxilio para sair da cidade. Conseguiu a ponga salvadora para voltar ao convívio da família.

Os Ferreiras-Souto possuíam algumas fazendas de criação de gado nas margens do rio Salitre. Nas lutas da independência brasileira eles forneceram uma tropa de sessenta e cinco cavalos para o Exército Pacificador. Dezoito anos depois receberam uma indenização de *"hum conto novecentos e cinqüenta mil"*, pagamento autorizado pelo decreto nº 90, em 12 de outubro de 1839, do regente Marquês de Olinda (Pedro de Araújo Lima, 1793-1870) em nome do Imperador-criança, para ressarcir esta dívida.

Não temos muitas informações sobre os Ferreiras-Souto ancestrais, a não ser que sejam possivelmente de origem minhota. Em Santo Tirso, no concelho de Agrela, há gente com este nome duplo até os dias de hoje. É um sobrenome usado nos extratos populares, nada de fidalguias, a não ser por um desembargador implacável nas Justiças em tempos do Marquês de Pombal. Também pode ser a junção de duas famílias diferentes, os Ferreiras e os Soutos, o que é mais provável, um Ferreira oriundo de alguma localidade chamada Souto – terras em sua maioria no

---

35 ANTONIO PEREIRA REBOUÇAS, nasceu em S. Bartolomeu de Maragogipe (1798-1880), filho do alfaiate minhoto Gaspar Pereira Rebouças e da liberta Rita Brasília dos Santos. Sem formação acadêmica, recebeu a autorização para advogar em todo o país. Pertenceu a junta provisória de Cachoeira no período das lutas pela Independência. Foi secretário da província de Sergipe onde foi acusado de haitianismo. Pertenceu ao IHGB. Casado com a mulata Carolina Pinto, filha do importante comerciante de escravos, André Pinto da Silveira. Pais de oito filhos, um deles, o engenheiro André Rebouças.

litoral minhoto, que naquele momento estava a vinte dias de viagem marítima do sertão baiano. Ferreira é o ancestral "ferreiro" que deixou recordações na linhagem, timbrando-os com a sua ocupação. Souto é uma palavra galega que significa "campo de castanheiras", propriedade ou local de origem. O duplo sobrenome é encontrado em outros proprietários rurais espalhados entre a Bahia, Minas Gerais e Rio Grande do Norte.

Os Ferreiras-Souto baianos viviam numa terra com identidade própria, a região classificada politicamente como o quarto distrito da Bahia, que compreendia os seguintes núcleos populacionais: S. João Batista de Jeremoabo, Santana do Tucano, Sento Sé, Purificação dos Campos (Irará), Coração de Jesus do Monte Santo, S. Antônio de Jacobina, Vila Nova da Rainha (ela era dividida em quatro freguesias: V.N. da R., Freguesia Velha, Santo Antônio das Queimadas e Senhor do Bonfim), Abadia, S. Antônio de Alagoinhas, Divino Espírito Santo de Inhambupe e Nª Sª de Nazaré do Itapicuru de Cima. Depois transbordava a fronteira sergipana e alcançava Riachão do Dantas, ao vadear e ultrapassar o rio Real. Era a Dantas-landes, terra onde uma parentela, tal qual a aranha, tecera com a sua genealogia uma teia de poder, que cobria de uma ponta a outra[36]. Ela começara com um publicano tripeiro, multiplicou-se em vários fazendeiros e terminou com dois hábeis palinuros: o Conservador Barão de Jeremoabo, proprietário de sessenta e duas fazendas na região;

---

36 Tomei o "landes" do poema "Xácara das dez meninas" de Mário Cesarinny (1923-2006) para identificar a região: Dantas-landes, usado na acepção de província.

CAPITULO 2 ORIGENS E FORMAÇÃO, 1814-1834

e o Liberal, conselheiro Dantas. Ninguém fazia política na Dantas-landes, território aproximadamente do tamanho de Portugal, sem tomar a benção a um ou ao outro. Eles intervirão linhas adiante quando nosso personagem optar pela política.

Dantas-landes: uma encruzilhada de povos

Perquirindo os Assentos de Batismos, Matrimônios e Óbitos guardados nas paróquias é possível identificar quem são os que ocupam a Dantas-landes; pois, estes documentos registram a origem dos "cristianizados" nos atos religiosos. É uma sociedade organizada e hierarquizada pela procedência racial. No topo, estão os "brancos", quase todos de origem portuguesa e em sua maioria oriundos do Minho. Os descendentes de cristãos-novos e "siganos" (calons) estão dentro deste contingente povoador. Há pouquíssimas exceções de outras nacionalidades. Abaixo na escala os afrodescendentes categorizados nos registros paroquiais como: "pretos", "crioulos", "yngênuos", "mulatos", "mestiços", "pardos" e "cabras". Os indígenas ficam no limbo, a caminho da invisibilidade; pois, se unem a negros tornam-se "cabras" ou a brancos, desaparecem e só serão reconhecidos nos malares salientes dos descendentes.

Esta população se fixou no caminho das boiadas do Piauí que demandavam o litoral baiano e que aproveitavam as velhas trilhas indígenas, até chegar aos consumidores. Por várias circunstâncias, principalmente a distância dos tribunais religiosos e laicos, muitos dos povoadores tinham um passado cristão-novo fortemente influenciado pelo Velho Testamento que disseminaram para todos os outros, através da oralidade. Isto vai aparecer nos seus hábitos alimentares, na sobranceria de suas genealogias, na hospitalidade para com o estrangeiro, no debate anímico entre o extremo misticismo e a descrença absoluta, sem meio termo. É lugar onde o amuleto mais comum para guardar o corpo e a casa não é a cruz, mas o sino-salamão impresso nas portas das casas.

A cultura cristã-nova será disseminada através da herança familiar, da mestiçagem e também pela aprendizagem com os vizinhos. Desta forma a geografia local tornou-se uma projeção americana da geografia bíblica, com o seu Tigre e Eufrates, S. Francisco e Itapicuru, e seus personagens vistos como os de antanho. Há o Abraão da Bahia, o Moisés dos Liberais, etc. Isto numa região formada durante a Contra-Reforma, que privilegiava o Novo Testamento, Cristo, a Virgem Maria em suas diversas formas de ser lembrada; considerando os percursores bíblicos como coisas de Protestantes ou Judeus...

O pecuarista Domingos Afonso Mafrense, rendeiro do Morgado da Torre, que recebeu sesmarias na região em 1674, foi homenageado poeticamente através de um soneto, onde temos ideia como eles são vistos, dentre outros exemplos:

"Como os patriarcas bíblicos de antanho / Cortando a Síria a apascentar teu gado / Penetraste o planalto muito sossegado / conduzindo teu povo e teu rebanho (...)"[37]

---

37 CAMPOS, Humberto de. A criação de Domingos Afonso Mafrense (Colonizador do Piauí). Em: História Poética do Brasil, p. 174.

CAPITULO 2 ORIGENS E FORMAÇÃO, 1814-1834

Antônio Sotério de Vasconcelos, um destes fazendeiros de origem cristã-nova em Itapicuru e genearca de uma parentela nomeada pelo genealogista e memorialista Francisco Antônio Dória, descendente dela, como "os judeus de Itapicuru", são vistos como tal e discriminados por isto[38]. O preconceito continuou por gerações, pois, quando um deles, Inácio Mendes de Vasconcelos, pretendeu casar-se com uma moça da elite local, recebeu a resposta insolente do futuro sogro: *"preferia ver a filha casada com um negro, ou morta (...)"*[39].

Não só eles são vistos desta forma, pois, outros também se veem assim. O menino santista Bartolomeu Lourenço, renomeado Bartolomeu de Gusmão (1685-1724) estudou no Seminário de Belém em Cachoeira, porta de entrada para a Dantas-landes; mas, algo deu errado na sua formação sacerdotal e ele morreu foragido da Inquisição ao assumir ser o "Messias" que libertaria os judeus através de sua invenção, o balão aéreo, como arma de convencimento.

O poeta Castro Alves, de Curralinho (Muritiba) explicitou esta sub-identidade sertaneja:

"Sou hebreu, não beijo as plantas / da mulher de Putifar"[40].

Esta presença repercutiu na política de diversos modos: na explosão messiânica de Antônio Conselheiro; ou de modo mais requintado, a inclusão na agenda dos políticos Liberais, da necessidade da construção dos cemitérios laicos,

---

38 DORIA, Francisco Antônio. "Os judeus de Itapicuru". Em: GERAÇÕES/BRASIL nº 12, fevereiro de 2004, pp. 26-7.

39 BITTENCOURT, Ana Ribeiro de Goes. Longos Serões do Campo, volume 1, pp. 90-2.

40 Exposição Castro Alves. Centenário do nascimento de Castro Alves, 1847-1947, p. 88

da introdução do casamento civil, da liberdade de cultos e principalmente a separação entre a Igreja e o estado. Reivindicações que não são simpáticas aos interesses do Catolicismo, tanto que os opositores Conservadores vão rotular estes políticos de forma exagerada para estigmatizá-los como adventícios ao Brasil católico.

"Os Rabbinos da synagoga revolucionária que se chrisma de liberal"[41]

Ou:

"O Governo Dantas-Saraiva é realmente de judeus"[42]

A percepção da influência desta corrente chegou ao século XX através dos Tições antissemitas. O conselheiro Dantas, por sua liderança sertaneja, não era comparado como seria de esperar nos grandes líderes políticos da época, mas ao bíblico Moisés, mesmo que isto fosse uma ironia dos seus adversários.

"Como é terrível o soffrer de Tântalo! | Ah! Conselheiro, é sina de Moysés | Olhar ao longe a terra prometida | E nunca... e nunca lá deitar os pez! | Como sorri-se a Chanaan formosa! | Que encantador, poético vergel! | Si lá pizas...O Sudré ao menos | Há de guiar o povo de Israel" [43]

Os muçulmanos também estavam presentes sem que dessem conta deles no quintal ou no trabalho. Eram "invisíveis" como os outros. No engenho Sapucaia no Recôncavo, fundado por descendente de cristãos-novos, os escravos muçulmanos deixaram lembranças, até curiosas, como os

---

41 O REGENERADOR, Rio de Janeiro, 11 de dezembro de 1860, p. 2.

42 CARBONÁRIO, Rio de Janeiro, 12 de agosto de 1881, p. 2.

43 O MONITOR, 26 de agosto de 1877, p. 1.

CAPITULO 2 ORIGENS E FORMAÇÃO, 1814-1834

seus nomes excêntricos, caso do mestre de açúcar Corão (Luís Tomé Pinto de Almeida Castro[44]) ou o de Semião Samba em Pé, Teles de Menezes da Rocha Passos Quem Bulir com Ele Passa Mal, Quem Bulir com Ele Morre, o contador de histórias. Esta presença tão ignorada, claramente agia nas mudanças culturais, basta meditar o que o educador Isaías Alves (1888-1968), descendente dos fundadores do engenho, na singela frase que escreveu sobre o escravo Semião:

"O senegalês que contava a história de Carlos Magno, com sabor maometano" [45].

Na teia de parentesco que se formou na região cabe uma anotação pertinente ao trabalho. O Isaías mencionado divide o parentesco com o médico e industrial José Joaquim Ribeiro dos Santos (1851-1911), que surgirá logo adiante, pois, ambos são descendentes do fazendeiro português Manoel da Cunha Froes de Almeida que viera para a terra *"em busca de árvores das patacas, ou fugindo aos perigos do cristão-novo"*[46].

É um mundo genealógico e culturalmente mestiço, onde a ação de um mundo repercute no outro. Neste caso a origem da história é europeia, mas a forma de contá-la é o reflexo de sua vivência islâmica na África. O ouvinte é um descendente de cristão-novo. São inúmeros os narradores espalhados pelo Sertão. Aqui foi o escravo africano Semião,

---

44 Numa viagem do Dr. Salustiano, do Rio de Janeiro a Salvador, também consta como passageiro, Thomé Pinto de Almeida Castro, comerciante de fumo em Cachoeira. Deve ter sido o primeiro proprietário do ex-escravo citado, tal a identidade onomástica. V. DIÁRIO DO RIO DE JANEIRO, 14 de setembro de 1864, p. 1.

45 ALVES, Isaías. Matas do Sertão de Baixo, p. 75.

46 ALVES, Isaías. Ob. cit., p. 107.

O MÉDICO DOS POBRES

mais adiante *nhá* Sara (é difícil saber a sua origem cultural?) narrando histórias sebastianistas para os Ribeiro-dos--Santos de Montes Claros[47]. Com o passar dos anos estas culturas tão diversas vão se misturando até perder a identidade original e ganhar a plástica mestiça que conhecemos.

Parte deste Sertão pertencera ao mestre de campo Antônio Guedes de Brito (*1627), mas que pelos azares da sucessão familiar chegou a posse da nobre Casa da Ponte e terminou quando um deles, o sexto Conde da Ponte (major João de Saldanha da Gama Melo Torres Guedes de Brito, 1773-1809), o mesmo personagem que recebeu o Príncipe Regente D. João em 1808 e administrativamente abriu os portos e as alfândegas brasileiras ao comércio internacional; recortou este imenso latifúndio em várias áreas administrativas, a serem comercializadas e vendeu muitos pedaços desta herança, cuja posse efetiva era difícil manter pela presença indígena e a formação de quilombos nas suas terras, para viver confortavelmente na Europa.

Outro grande sesmeiro na região fora a Casa da Torre, através dos descendentes de Garcia d´Ávila (1528-1609), grandes adversários dos Guedes de Brito. Tanto uma, quanto outra, as duas casas descendiam por via materna do náufrago minhoto Diogo Álvares *Caramuru*. Foi nesta região sertaneja que deu-se um massacre histórico, quando as tropas de Francisco Dias d´Ávila (c. 1646-1694), Morgado da Torre, assassinaram quinhentos índios Anaiós, próximos a Juazeiro, no Rio de Salitre, em 1676.

---

47   RIBEIRO, Darcy. Confissões, p. 26.

CAPITULO 2 ORIGENS E FORMAÇÃO, 1814-1834

O genocídio foi denunciado pelo padre capuchinho Martinho de Nantes, que cristianizava os índios na região: *"(...) Estava quase sem armas e mortos de fome. Renderam-se todos, sob condição de que lhes poupassem a vida. Mas os portugueses, obrigando-os a entregar as armas, os amarravam e dois dias depois mataram, a sangue frio, todos os homens de arma, em número de quase quinhentos, e fizeram escravos seus filhos e mulheres (...)"* [48].

Mesmo longe da metrópole a região estava sob atenta vigilância das autoridades religiosas católicas, basta lembrar o caso levantado pelo historiador baiano Luís Mott, de quatro negros envolvidos com a feitura de amuletos em Jacobina, que denunciados pelo crime, instaurou-se o processo em 21 de novembro de 1745, e foram despachados pelo vigário local para a Inquisição de Lisboa. José Martins, Mateus Pereira Machado, Luís Pereira de Almeida (este já fora castigado pelo sargento-mór Jerônimo Sodré pelo mesmo delito) e João da Silva *Curto*, nomes dos quatro processados, estavam presos em Lisboa quando do terremoto em 1755, e mesmo sabendo dos perigos que teriam que enfrentar se reapresentaram as autoridades, depois de soltos pelo cataclismo que destruíra as grades da prisão onde estavam presos. O castigo, além das torturas psicológicas e físicas, foi o expatriamento no interior de Portugal[49].

---

48 NANTES, Frei Martinho de. Relação de uma missão no Rio São Francisco: relação sucinta e sincera da missão do padre Martinho de Nantes, pregador capuchinho, missionário apostólico no Brasil entre os índios chamados cariris, p. 53.

49 MOTT, Luiz. "Quatro mandigueiros de Jacobina na Inquisição de Lisboa". Em: REVISTA DO CENTRO DE ESTUDOS AFRO-ORIENTAIS, dezembro de 1995, nº 16, pp. 148-60.

O MÉDICO DOS POBRES

Os homens brancos envolvidos na ocupação territorial do Sertão são de cepas e condições sociais diferentes, descendem de portugueses cristãos-velhos e cristãos-novos, estes, os judeus convertidos à força no século XV e cuja segregação jurídica, mas não biológica, durou até 1773. Eles se reproduzem através de índias, mazombas, ciganas, negras e mulatas, construindo assim a base demográfica local, grupo de onde sairão os proprietários rurais e que estes casando entre si, construirão a aristocracia sertaneja, onde serão gerados os mandões, capitães, coronéis, generais, deputados, senadores e ministros já "civilizados" com os títulos de bacharéis em Direito ou em Medicina.

Apesar da mestiçagem e aparente possibilidade de acesso a classe dirigente pelos mestiços, não há nenhuma família de escol nascida numa varonia africana. A maioria das famílias da Dantas-landes começou num povoador minhoto, daí termo o *galego*, usado para identificar os alourados no Sertão. O que é confirmado na genealogia genética através dos haplogrupos encontrados nos genomas desta população. As varonias são europeias e as mulheres de variadas ascendências.

A genealogia de um sertanejo é como se fosse uma cidadela de muitas portas, dependendo da porta que for aberta (avós), pode-se chegar a uma capelinha católica na Península Ibérica, uma sinagoga já derrubada em Sefarad (Península Ibérica em hebraico) ou uma mesquita de mouros ibéricos em Timbuktu, todos, descendentes espirituais do velho pecuarista de Ur, Abraão ou Ibrahim, como preferirem. Assumir uma identidade étnica única é optar por uma

46

destas portas invisíveis. É desta gente mestiça que o sargento-mór Antônio Ferreira Souto e a sua esposa Maria Joaquina de S. José descendem. Eles se estabelecem na região, adquirindo terras que pertenceram a um padre e anteriormente aos Guedes de Brito, no começo do século XIX.

O sargento-mór foi uma função militar intermediária cuja missão era organizar a defesa da ordem na ponta do sistema. Os inimigos do Estado naquela região sertaneja eram os insubmissos ali instalados, índios cariris, negros quilombolas, mestiços, enfim os excluídos da ordem econômica na época. Como os combatentes podiam passar longos períodos sem confrontos, eles dedicavam-se as atividades particulares, no caso de Antônio, a pecuária. Se chamados a liça, volviam ao combate em nome de Sua Majestade Fidelíssima.

Os Ferreiras-Souto no Sertão

No final do século XVIII viviam no arraial do Senhor do Bonfim da Tapera, estendido ao pé do Monte Tabor, em torno de seiscentas pessoas, destas, pouco mais de três dezenas formavam a nascente elite local, grandes fazendeiros que adquiriram terras na região, até de forma *manu militari*. Foi esta elite que pediu ao Capitão-General Fernando José de Portugal e Castro, Marquês de Aguiar (1752-1817), governador da Bahia a sua elevação a vila. Pretensão atendida por carta régia de 8 de junho de 1799 e nomeada Vila Nova da Rainha, em homenagem a D. Maria, impedida de governar por ter perdido o siso. No dia 1º de outubro de

1799, o Dr. José da Silva Magalhães, Ouvidor real em Jacobina, instalou formalmente a vila, dando a quatro grandes proprietários a direção política da localidade: José Ferreira Guimarães, José Pereira Lessa, José Alves de Carvalho e Gabriel Gonçalves da Silva.

O médico formado pela Faculdade de Medicina da Bahia, historiador e político sergipano Felisbelo Freire (1858-1916) transcreveu a cadeia de transmissão das propriedades destas terras:

"Dom João etc., etc. Faço saber aos que esta carta de confirmação virem, que por parte de Antônio Ferreira Souto, me foi apresentada a carta do theor seguinte: Dom Marcos de Noronha etc. etc., faço saber aos que este alvará de sesmaria virem que por parte de Antônio Ferreira Souto foi apresentada uma petição em que dizia que tem com sua mulher uma fazenda de creação de gado denominada "Queimado" com seu logradouro e tanque, calderão e lagoa de tapuia que compraram no Juiz dos Ausentes por falecimento do Padre Manoel Sotero de Jesus e não tendo della senão domínio útil, porque o directo é da coroa por direito de conquista, mas a querem possuir, pede a fazenda com seus logradouros, na extensão de 3 leguas de comprido e uma de largo, fazendo parte no lugar de Tanquinho, donde melhor for correndo rumo direito de norte a sul e de leste a oeste".

"Foi concedida, pagando o foro annual de 800$000 a 2 de Julho de 1813. Tem direito a ser o dono das minas.
Confirmada a 22 de Setembro de 1815".
"A outra sesmaria é do mesmo Antônio Souto, comprada a Antônio José de Almeida, umas terras de crear gado chamadas Caldeirão e seus logradouros, Jabuticabas e Cabeça de Boi.

CAPÍTULO 2 ORIGENS E FORMAÇÃO, 1814-1834

Estas terras tinham sido dadas primitivamente a Manoel Bento de Araújo, duas léguas de largo e três de fundo, confrontando pelo norte com a fazenda Correncia, do Tenente José Ferreira Leça, pelo riacho do Olho d´água e com a fazenda de S. Rosa, no riacho da Boca da Catinga, pelo nascente com a fazenda denominada Matheus de Sá, com vertentes para a Jabuticaba e da parte dos Poços do Pao Picado que fica para o sul, com a fazenda de S. João de Faustino José da Cunha, pela extrema velha chamada o Curralinho e pelo poente com a fazenda e sítio de José Brandão e Joaquina Brandão, pelo extremo do Canal velho da Alagoa de Mandacaru e Traíras nas Massorocas e com a fazenda do Moquem, no Caldeirão do Vidal e pelo norte comprehendendo mais com o sítio de João Vieira e Miguel Vieira, nas três pedras do riacho de olho d´água".
Foi concedida a Souto com o fóro annual de 1$000, 5 de Junho de 1815. Foi confirmada e tomada" [50].

As sesmarias são demarcadas no ermo respeitando as ribeiras. O Sargento-mór Antônio Ferreira Souto (o 2º) com o tempo vai adquirindo outras propriedades. No final da vida era proprietário dos sítios: Estiva, Tanquinho, Sítio, Caldeirão e Tapuia; mais as fazendas Arauaçu, Jabuticabas e Queimados. Com os lucros apurados adquirira vários prédios urbanos na vila, principalmente uma casa na atual rua Visconde de Rio Branco, onde residiu e teve uma mó para transformar em farinha o trigo que plantava em suas propriedades.

Ao longe uma mancha escura que se move – é parte do rebanho pé-duro vindo de Cabo Verde, ao lado da casa as miunças (ovinos e caprinos) marcadas nas orelhas com as

---

50 FREIRE, Felisbelo. História territorial do Brasil: Bahia, Sergipe e Espírito Santo, p. 205.

mossas e canzis preestabelecidos[51]. No quintal o galinho vermelho, amarelo e preto rebrilhante tenta atrair a atenção das galinhas, cantando nas tardes. Jabuticabeiras dissimuladas em frutificar, enquanto o porco orelha de colher fuça no terreno úmido do fundo da quinta. É uma casa parecida com girassol, janelas e portas a espera da luz da tarde. É o mundo do sargento-mór Antônio Ferreira Souto e de sua família.

O gado foi uma opção natural para ocupar-se, no sentido militar do verbo, o espaço geográfico do Sertão, e econômico para sustentar as populações que se formam em torno dele. É utilizado como tração, na movimentação dos moinhos e transporte de produção, fornecendo o couro, para a confecção de calçados, roupas e utensílios e principalmente na alimentação humana através do leite e da carne.

A marca queimada nos quartos das reses não é apenas um mero registro de propriedade dos animais, mas o brasão destes novos Senhores, numa heráldica nascida e desenvolvida entre eles. O "caixão" (traçado do ferro) indica a ribeira de origem, o proprietário e pelas diferenças, a antiguidade da estirpe e a sua sucessão – o vaqueiro que recebe a quarta não tem ferro próprio, usa o do seu Senhor de cabeça para baixo. Quarta é o pagamento que recebe ao cabo de cinco anos de trabalho: um quarto das novilhas nascidas no

---

51 Os cortes nas orelhas dos animais obedeciam a um código preestabelecido e a função era identificar o proprietário. Há dezenas de cortes conhecidos como canzil, boca de lagarta, arpão, mossa, etc. As combinações possíveis são suficientes para identificar todos os proprietários de uma região. Só como exemplo das combinações possíveis, as miúnças dos Ribeiro-dos-Santos de Samambaia em Sergipe, eram identificadas por um canzil na orelha direita por baixo e duas mossas também por baixo na esquerda. Para quem interessar-se pelo tema: MAIA, Virgílio. Rudes brasões: ferro e fogo das marcas avoengos (Fortaleza: Ateliê, 2004), p. 50.

CAPITULO 2 ORIGENS E FORMAÇÃO, 1814-1834

período. O fazendeiro orgulhoso de suas conquistas estenderá o uso do ferro para marcar *os seus* mourões, *as suas* cumeeiras, *os seus* baús de mantimentos e roupas, tudo o que puder ser brasonado, e até no momento de soberba:

"(...) Antônio *ferrou a banda da bunda do sírio David em plena feira / de S. Gonçalo dos Mourões (...)*"[52].

A rotina de Antônio como proprietário era ficar de olho nos limites das fazendas com os vizinhos, para evitar o cachicho (ocupação indevida das terras); isto num mundo sem cercas de arame farpado. Criar novos campos para a pastagem, conferir os ferros no gado, curar as bicheiras, levantar nas madrugadas para acompanhar os nascimentos dos bezerros, vigiar para que os urubus e onças não devorassem os bichinhos recém-nascidos. Ficar atento a tudo, para escapar ao que acontecera em S. Antônio das Queimadas quando um escravo de S. Antônio praticou um homicídio e a imagem santificada nos altares católicos foi julgada em S. João Batista da Água Fria, depois de uma viagem em lombo de burro, encarcerado, submetido a duas audiências e ao final foi punido com a venda do seu patrimônio em leilão para reparar o crime do escravo. Um fazendeiro de Inhambupe arrematou a propriedade bem abaixo do preço[53]. Se alguém passara a perna no Santo também podia passá-lo também em si.

Enquanto isto a mulher cerzia roupas, praticava o ponto cruz e cozia o feijão chita fina. Carne, ovos e farinha todos

---

52 MOURÃO, Gerardo Mello. Oi paianes – Os peãs, p. 31.
53 Os procuradores dos bens do santo em S. Antônio das Queimadas, religiosos e leigos de Santana de Tucano, não souberam ou não quiseram por alguma razão malsã, defender o patrimônio. O fazendeiro Inácio Garcia de Araújo seria "ascendente" do coronel Francisco de Paula Araújo Brito, conforme Nonato Marques, em Santo Antônio das Queimadas, p. 93-7.

os dias no prato de ágata. Nos quatro meses sem a letra "rê" (maio, junho, julho e agosto) no nome adicionava mandioca a alimentação diária. Dava banhos intermináveis nos meninos que cresciam. A tríplice combinação de mãe, bacia de Flandres e uma bucha causavam justificadamente terror em qualquer garoto sertanejo. Os divertimentos familiares eram raros: ir as feiras num determinado dia do mês, encontrar esporadicamente os vizinhos, frequentar as festas de S. João, novenas, não me arrisco acrescentar outras coisas sem correr o risco de mentir. Meninos e meninas brincavam de:

"(...) batanguê, de roda, de esconder, advinhação, pintainha, sola-mingola, manja-manjaréu (...)"[54]

A distância do Sertão até as praias onde chegavam as novidades trazidas pelas naus era bem maior que a percepção contemporânea. Os sertanejos dependiam do cavalo para cobrir qualquer distancia maiorzinha e isto também lhes davam outra percepção do tempo decorrido e a sensação de estarem exilados para sempre. Viviam num mundo a parte com seus medos profundos e também com os desejos recorrentes onde podiam ouvir com naturalidade demônios que falavam através dos olhos d´água nas várzeas, a expectativa messiânica de um mundo mais justo ou de forma mais modesta, como aconteceu numa tarde em Nossa Senhora do Amparo do Riachão (do Dantas), uma chuva de corrós ou piabas vivas vindas dos céus que caíram alegremente na fazenda Altamira, pertencente aos Valadares.

---

54 HORA, Philomeno de Vasconcellos Dantas. Memórias – Meu pai, meu queridíssimo amigo, p 36.

CAPÍTULO 2 ORIGENS E FORMAÇÃO, 1814-1834

A descendência do sargento-mór

O casal formado pelo sargento-mór Antônio Ferreira Souto (o 2º), filho de outro do mesmo nome e Catarina Ferreira; e Maria Joaquina de S. José, filha natural de Maria Francisca do Nascimento, teve cinco filhos. Eles se casaram na capela do Senhor do Bonfim em Jacobina, a 24 de outubro de 1799. Os padrinhos foram José Pereira Lessa e Manoel Bento de Araújo[55]. A documentação familiar encontrada é incompleta. Não há notícias dos avoengos mais recuados destes personagens, mas existe uma pista no jornal Conservador capixaba, *Constitucional*, que informou:

"(...) *O Marquês de Olinda e Cansanção lograrão introduzir na câmara temporária o seu parente* (...)".

O parente é o desembargador José Ferreira Souto, filho do casal. Os dois titulares mencionados, Marquês de Olinda e Visconde de Sinimbu, pertenciam genealogicamente a açucarocracia pernambucana. No caso de Cansanção (ou Visconde de Sinimbu)[56] isto era de modo parcial, pois o seu pai Manoel Vieira Dantas, comerciante de gado, era oriundo das margens do rio S. Francisco, algo semelhante a família Ferreira Souto. Um dos irmãos de Cansanção assinou-se Ferreira Ferro, nome que sugere uma ligação familiar nas gerações anteriores. Como também não se

---

55 Agradeço ao genealogista Igor de Almeida, a localização e transcrição do Assento de Matrimônio do casal.

56 JOÃO LINS VIEIRA CANSANÇÃO, Visconde de Sinimbu, nasceu na Usina Sinimbu, S. Miguel dos Campos, Alagoas e morreu no Rio de Janeiro (1810-1906). Doutor em Direito pela Universidade de Jena. Governou as províncias de Alagoas, Sergipe, Rio Grande do Sul e Bahia. V. BARATA, Carlos Eduardo. Presidentes do Senado no Império. Uma radiografia diplomática, genealógica, histórica, política e social do Brasil Imperial, pp. 279-283 e 697-706.

conhece o nome do pai de Maria Joaquina de S. José, matriarca dos Ferreiras-Souto, fica o enigma do parentesco. Foi o Visconde de Sinimbu que introduziu os irmãos Ferreiras-Souto na política provincial e nacional.

Um filho dos Ferreiras-Souto, Sebastião, só apareceu numa citação do genealogista Afonso Costa[57], o que presumo ser fruto de um erro de paleografia (ele tomou Salustiano por Sebastião). Os outros cinco filhos possuem trajetória documental concreta: Antônio, José, Felismina, Maria Joaquina e Salustiano.

I
ANTONIO (o 3º)

Ele nasceu na Dantas-landes, no final do século XVIII, para ser exato, 1800. Foi batizado em S. Antônio da Jacobina Velha, a 25 de novembro de 1800, pelo vigário Tomás Feliciano de Aquino e teve como padrinho Inácio de Santa Maria de Jesus[58]. Foi ele quem recebeu a indenização dos sessenta e cinco cavalos tomados pelo Exército Libertador. A família foi perseguida na época pelos autonomistas mais exaltados, como o rixento padre Severo Gomes da Silva (*Fazenda Junco,? - S. Gonçalo dos Campos, 1846), filho de marinheiro,

---

57 COSTA, Afonso. "Achegas genealógicas / segundo Jaboatão e outros linhagistas e documentos fiéis", p. 103. Há um Sebastião Ferreira Souto que se casou com Maria da Conceição de Jesus em 1874. Dois anos depois, Sebastião cobrou uma dívida governamental, por ter vendido vinte cabeças de gado as colônias Moniz e Theodoro. É mais provável que ele seja neto do Sargento-mór e não filho. Em 1886 morreu no Asilo de Mendicidade a mendiga negra Maria da Conceição de Jesus (pode ser uma homônima) deixando entre os seus trapos a fortuna de oito contos em letras de câmbio e dinheiro.

58 Assento de Batismo encontrado pelo genealogista Igor de Almeida, de Cachoeira, a quem agradeço a deferência.

CAPITULO 2 ORIGENS E FORMAÇÃO, 1814-1834

mas que adotara o sobrenome nativista Cuim Atuá, que empurrou os Ferreiras-Souto para Cachoeira. O padre Cuim Atuá envolveu-se mais tarde numa sangrenta guerra de parentelas, a Guerra do Cadó, entre os Simões (a sua parentela) e os Passos num conflito que durou três anos e outro tanto de mortos. Em 21 de fevereiro de 1833 os Passos tomaram o quartel de Vila Nova da Rainha, prédio que pertencia aos Ferreiras-Souto e estava locado ao Estado. Um autor escondido no pseudônimo "Innocente do Certão" traçou um perfil elogioso do fazendeiro Antônio Ferreira Souto.

"Mancebo este que suas qualidades até se podem chamar filho do Céo! He finalmente a joia mais brilhante que a Jacobina tem produzido, sua probidade, honra, e caracter merece todos os louvores, tanto, pelo seu nascido crédito, como pelas suas acções filhas de sentimentos nobres, sendo conhecido em toda a Bahia, e tendo a mais crescida estima na Cachoeira, aonde mora em companhia de sua Mãi, e família, com negócio"[59].

O major Souto foi produtor rural em Nossa Senhora do Rosário do Porto de Cachoeira, onde exerceu algumas atividades públicas, como vereador, subdelegado de polícia e juiz de paz. Possuiu os escravos Antônio e Luís Ansá, Francisco Nagô, carregadores de cadeira e enroladores de fumo. Emprestava valores polpudos a juros de 1% ao mês, como ele fez em 15 de novembro de 1858 aos comerciantes José Teófilo e Alves de Moura, 1.972$000; em 18 do mesmo mês, a Joaquim Gomes Leite, 2.000$000, e mesmo ao irmão Salustiano, em 25 de setembro do mesmo ano, 1.200$000. Foi ele que recebeu de José Ferreira Sacramento em 1840,

---

59 Innocente do Certão, "Verdades sem contradições". Em: GRITO DA RASÃO, 1825, p. 6.

através do procurador, coronel Dionísio Cerqueira Pinto, como garantia de uma hipoteca de 336$000 o escravinho Anastácio, de doze anos, avaliado em 450$000. As suas terras dividiam-se ao poente com as terras do liberto Belchior Rodrigues de Moura, de nação jeje, que lavrava uma roça, com seis escravos. O major Antônio Ferreira Souto viveu celibatário e não deixou filhos. Morreu em consequência de uma congestão e foi sepultado na Igreja da Misericórdia, em Cachoeira, vestido com o hábito preto, encomendado pelo padre Dionísio Borges de Carvalho, em 23 de dezembro de 1858. No assento é qualificado como "branco"[60]. O testamenteiro foi o Dr. Emílio Tavares d´Oliveira, amigo dele e da família de sua irmã Felismina[61]. Nem José, nem Salustiano, foram a Cachoeira tratar do Inventário do irmão mais velho, eles fizeram uma procuração pra o santamarense Egas José Guedes (1822-1872), escrivão de órfãos na cidade e sogro de Salvador Vicente Sapucaia, juiz em Canavieiras, tomar conta do processo.

II
JOSÉ

José Ferreira Souto nasceu em Jacobina e morreu no Rio de Janeiro (14 de fevereiro de 1808 – 20 de fevereiro de 1864). Na adolescência morou em Salvador na casa do seu

---

60 LIVRO DE ÓBITOS DA MATRIZ DE NOSSA SENHORA DO ROSÁRIO, Cachoeira, 1850-1870, p. 107.

61 O Dr. EMILIO TAVARES d´OLIVEIRA foi juiz em Cachoeira, Santa Isabel do Paraguassu e Bom Jesus do Rio das Contas. Pertencia ao Partido Liberal e em 1886, aos setenta anos, estava cego e foi extremamente criticado por aceitar uma nova comarca. Um adversário chamou-lhe de "chaga viva da moralidade". Conduziu o inventário do major Antônio Ferreira Souto em 1859/60.

CAPÍTULO 2 ORIGENS E FORMAÇÃO, 1814-1834

professor de latim, Dantas, em frente ao convento das freiras da Lapa. Ele teve uma carreira excepcional para o sertanejo. Aluno na Universidade de Coimbra, de onde saiu *"riscado"* por envolver-se em política, ao postar-se como soldado da 4ª companhia do Batalhão Acadêmico (1826-7). José terminou o curso jurídico na Faculdade de Direito de Recife. Foi juiz em Sento Sé, Nazaré e em Salvador; chefe de polícia, desembargador e deputado. Condecorado com a Ordem da Rosa e de Cristo. Dele ficou a imagem para os seus contemporâneos:

> *"Magistrado intelligente, zeloso e íntegro, só afastou sua destra da balança de ástrea quando a confiança do povo e a do governo o chamaram a desempenhar funcções legislativas e de alta administração"*[62].

José foi presidente da província da Sergipe entre 1846 a 1847, onde legislou sobre temas que mostram o estágio da comunidade naquela época, estabeleceu coimas e prisão para quem andasse nu, ensinou como caiar as casas, proibiu jogar lixo e animais mortos nas ruas, estabeleceu novas regras tributárias, mas, celebrizou-se por ter enforcado durante o seu governo um bandido temido pela crueldade, chamado Mata Escura (Antônio José Dias, 1821-1847), que aterrorizava a cidade de Itabaiana. Desagradou a muitos, tanto que logo os seus inimigos fizeram-lhe a cama e ele perdeu o cargo, sendo promovido e transferido como desembargador para o Maranhão, onde ficou por pouco tempo, sendo removido para a Bahia e

---

62   MACEDO, Joaquim Manoel de. Ob. cit., p. 409.

depois para o Rio de Janeiro. Não adiantou muito o poema mandado publicar pelo funcionário público José Paes Barbosa Madureira (parente do *"Excelso Brito"*[63] do poema), de autoria do cauteloso vate sergipano O. D. C., elogiando a sua gestão.

"A voz da gratidão, da Pátria o grito, | Souto te rendem graças e louvores; | Teu governo rodeado de mil flores | na história sergipense esta escripto. | És nomeação do Excelso Brito, | Desse inteiro e honrado Magistrado, | a quem a voz da rasão só tem guiado, | Esse que o vício e mal sempre há *proscripto. | Se vilões, se sicários, te abominarão, | a Provincia toda inteira te respeita, | a rasão te procura, o mal te engeita | tão bem tiverão verdugos Aristides, | Sócrates por fim soffreo a morte, | É essa da virtude sempre a sorte"*[64].

As remoções, mudanças de cargos e promoções dentro da carreira pública, faziam parte do jogo partidário, tanto na vitória, quanto na derrota de sua família política. O interessado num determinado posto, sabendo-o vago, acionava o seu chefe político que movimentava-se dentro de sua rede de influência até conseguir a nomeação. Isto valia para assumir um cargo humilde de bedel na FMB ou tornar-se presidente do STJ[65] e muitas vezes até para o

---

63 JOAQUIM MARCELINO DE BRITO (1799-1879), soteropolitano, formado em Direito por Coimbra, foi deputado, presidente das províncias de Sergipe e Pernambuco. Era o ministro da justiça quando José Ferreira Souto foi nomeado presidente de Sergipe. Terminou a carreira como presidente do STJ. Casado na família sergipana Madureira deixou ilustre descendência, destacando-se o professor Mário Henrique Simonsen (1935 - 1997).

64 CORREIO SERGIPENSE, Aracaju, 03 de julho de 1847, p. 1.

65 Há um artigo do historiador José Murilo de Carvalho mostrando os pedidos feitos a Rui Barbosa, quando ele consolidou-se como chefe político. CARVALHO, José Murilo. "Rui Barbosa e a razão clientelista". Em: DADOS – REVISTA DE CIÊNCIAS SOCIAIS, nº 1, vol. 43, 2000.

CAPITULO 2 ORIGENS E FORMAÇÃO, 1814-1834

casar-se, a dinâmica era a mesma. Neste verdadeiro xadrez funcional, uma movimentação malfeita poderia causar rancores dentro desta teia de interesses que nunca seriam curadas. O conselheiro Albino José Barbosa de Oliveira, primo de Rui Barbosa, presidente do STJ, nas *Memórias de um magistrado do Império* ainda lembrava-se com mágoa de sua remoção da comarca de Caravelas para Nazaré, a fim de levar o colega José para a capital baiana.

Em 1849 o solteirão José casou-se com a viúva do capitão-mór Francisco Pinto Homem de Azevedo[66], Carolina Júlia Accioli. Ela era filha de um personagem inquieto, o coronel Inácio Accioli de Cerqueira e Silva e de sua esposa Leonor Felisberta Accioli. O pai da noiva era filho do Ouvidor na região do rio S. Francisco e além de suas atividades profissionais, escrevera alguns trabalhos sobre a história da Bahia. Foi o seu companheiro nestes estudos históricos, o Dr. Melo Morais, colega de turma do irmão de José, Salustiano, na Faculdade de Medicina.

Francisco Moniz Barreto[67], uma espécie de "poet laureate" da elite soteropolitana, não perdeu a oportunidade e versejou para o casal que se formou:

---

66 Ela deve ter sido a segunda esposa do Capitão-mór Francisco Pinto Homem de Azevedo, pois a cantora Maysa Figueira Monjardim (1936-1977) descendeu dele por outra mãe.

67 FRANCISCO MONIZ BARRETO nasceu em Jaguaripe (1804-1868) e pertencia a importantes famílias baianas, mas, já empobrecidas – os Moniz Barreto, descendentes do Aio (Egas Moniz, 1080-1146), que educou o primeiro rei de Portugal e os Pires de Carvalho, ligados ao Morgado da Torre. Rabequista e poeta improvisador era chamado para abrilhantar as festas da aristocracia baiana com os repentes. A sua poesia tinha também uma vertente obscena. Foi o primeiro escritor brasileiro a ser processado por "pornografia", acusado pelo promotor Antônio Eusébio, primo de Rui Barbosa. Foi tronco de uma dinastia de artistas: o filho Rosendo (1845-1897), poeta e soldado na Guerra do Paraguai; a bisneta Gilka Machado (1893-1980), poeta e militante feminista e a trineta Eros Volusia (1914-2004), bailarina, criadora de uma escola de dança brasileira.

"A ti, illustre Souto, e a de tu'alma | Deusa, que soube captivá-la ao jugo (...)" [68]

O casal não teve filhos. José morreu de problemas pulmonares. A sua esposa morreu depois no Rio de Janeiro em 1º de janeiro de 1875. O testamenteiro do casal foi o advogado Antônio Pereira Rebouças, amigo da família e irmão do Dr. Manoel Maurício Rebouças (1800 – 1866), colega de Salustiano na Faculdade de Medicina. Quando José morreu, estava muito bem financeiramente, tanto que numa relação dos grandes proprietários de escravos no Espírito Santo, a sua herdeira era a oitava colocada nesta lista, dona de trinta e sete escravos[69]. Todos os escravos do casal foram libertados por desejo mútuo no *Testamento*. Eles são nominados, alguns recebem destaque pela profissão: Camilo, feitor em Matuipe, ou pelo grau de parentesco entre si, há casos de três gerações servindo o casal. Quatro deles receberam quantias polpudas no *Testamento*: Heleodoro, quatro contos; Oscar, três contos; Inês três contos e uma "casinha" em Vitória e Januária, um conto de réis.

No testamento há brecha para uma possível descendência de José:

"As duas mocinhas Carlota e Júlia, filhas de Maria do Nascimento, moradora na Bahia 3:500$000 a cada uma"[70].

Informação que sugere descendência ilegítima de José Ferreira Souto.

---

68 BARRETO, Francisco Moniz. "Ephithalamicos – Ao meu prezado amigo, o IIm. Sr. Desembargador José Ferreira Souto, por occasião do seu feliz desposorio com a Exma Srª Carolina Julia d´Accioli Souto – em 1849". Em: Clássicos e Romanticos. Exercícios Poéticos, pp. 121-2.

69 JESUS, Aloiza Delurde Reali de. De porta adentro a porta afora: trabalho escravo nas freguesias do Espírito Santo (1850-1871). p. 93.

70 O ESPIRITO SANTENSE, Vitória, 10 de janeiro de 1875, p. 3.

CAPITULO 2 ORIGENS E FORMAÇÃO, 1814-1834

III
FELISMINA

A filha Felismina Ferreira Souto foi casada duas vezes. A primeira vez com João Baptista de Siqueira, com quem teve duas filhas e casou-se depois com o capitão Hermenegildo Ferreira Nobre. Possuíam terras em Santa Isabel do Paraguaçu (renomeada depois Mucugê), que venderam ao tenente-coronel Lourenço Vieira de Azeredo Coutinho em 1855. Os Ferreiras-Nobre formavam uma parentela espalhada ao longo do curso do rio S. Francisco e que chegaram até o Ceará e Rio Grande do Norte. Um deles, Manoel Antônio Ferreira Nobre foi o professor de primeiras letras de Antônio Conselheiro, o profeta de Canudos. Hermenegildo e Felismina desistiram da herança do major Antônio Ferreira Souto em documento:

"que pretende desistir da herança que lhe possa tocar e nem responda por quaisquer negócios tendentes a mesma do Casal" (*Inventário*, 14 de março de 1860)[71].

Felismina já era falecida em 1875. Notícias de duas filhas: Amália e Brites, esta, casada com Antônio de Oliveira Guimarães.

IV
MARIA JOAQUINA

Da segunda filha, Maria Joaquina Ferreira Souto e o marido Manoel Félix de Miranda, vulgo Bamburral, se sabe pouco mais que da filha anterior. Os ancestrais de Manoel Félix de Miranda não deixaram memória em Cachoeira,

---

71 Inventário do major Antônio Ferreira Souto, 14 de março de 1890. Em: Arquivo Público de Cachoeira, Bahia.

não se sabe se eles são familiares de Félix Nunes de Miranda, queimado vivo pela Inquisição como judaizante em 1731, os nomes são parecidos, os locais são comuns a ambos, mas também pode ser apenas coincidência. O Bamburral era negociante na cidade e foi assassinado aos quarenta anos, segundo o seu atestado de óbito, morrendo *"repentinamente sem sacramentos"*, em 1 de julho de 1842. Supõe-se que a mando de gente poderosa. Ao que parece no desfecho de um triângulo amoroso.

> *"(...) o assassinato perpetrado na pessoa de Manoel Felix de Miranda, negociante, casado, e com 7 filhos todos menores. Passava elle pelas 10 horas da noite da casa do doutor Emílio Tavares d´Oliveira para a sua, a pequena distância, quando a poucos passos foi assaltado por dois assassinos, que lhe tirarão barbaramente a vida, fazendo-lhes seis a oito feridas com bayonetas e estoque, segundo a opinião dos facultativos: o desgraçado teve apenas tempo de dar dois gritos, e logo sucumbio, falecendo em menos de meia hora (...)"* [72].

Ele deixou sete filhos menores. Foram identificados os filhos: Maria Joaquina (homenagem a avó materna), Zélia, Idalina e Hermógenes. Faltam os nomes de três filhos ou filhas. Um destes filhos ainda não identificados plenamente deve ser o tenente Salustiano Souto de Miranda, apontador do Arsenal de Marinha, morador na freguesia do Pilar, morto de beribéri aos trinta e sete anos em março de 1877[73]. Outro deve ser o Justiniano Souto de Miranda, personagem de viagens marítimas[74].

---

72 DIARIO DO RIO DE JANEIRO, 6 de agosto de 1842, p. 2.
73 O MONITOR, 21 de março de 1877, p. 1.
74 O GLOBO, 10 de março de 1877, p. 2

CAPÍTULO 2 ORIGENS E FORMAÇÃO, 1814-1834

A família de Maria Joaquina não ficou desamparada, pois os dois irmãos sobreviventes de Maria Joaquina, José e Salustiano assumiram os papéis de provedores no cotidiano. O grupo familiar tornou-se a preocupação principal dos dois irmãos sobreviventes, inclusive, destinando parte dos bens nos respectivos testamentos, criando assim fundos para a manutenção destes familiares mesmo após as suas mortes.

Salustiano tomou a si a educação do sobrinho Hermógenes de Miranda Ferreira Souto, nascido na Bahia e falecido em Desterro (1833-1867). Ele seguiu a trajetória familiar, ao formar-se em Medicina pela FMB, casou-se com a aristocrata Jacinta Amália Caldeira de Andrada (1831 – 1905), filha do tenente-coronel José Bonifácio e Maria Amália (Vieira da Rosa) Caldeira de Andrada, neta paterna de José Bonifácio de Oliveira Fontoura e Andrada e de Jacinta Caldeira Brant, mineiros; neta materna de João Vieira da Rosa e Caetana Cândida da Conceição (Ferreira de Melo), catarinenses e mudou-se com a família do sogro para Santa Catarina. O sogro, coronel José Bonifácio Caldeira de Andrada (1801-1870) vivera como militar em Salvador, junto ao primo, coronel Felisberto Gomes Caldeira (1786-1824), comandante militar daquela região, assassinado no solar Berquó na Barroquinha pelos homens do Periquitão – este homem aparecerá adiante pelos motivos mais inesperados. Ao casar-se com a filha do coronel José Bonifácio, Hermógenes, ficou sob a proteção do sogro.

O Dr. Hermógenes lecionou francês no Colégio Catarinense e depois foi nomeado para o Hospital da Marinha no Rio de Janeiro em 1860. Logo tirou licença de três meses para cuidar da saúde, mas, não conseguiu recuperar-se e nem convencer os superiores que estava doente, tanto que foi indiciado para submeter-se ao Conselho de Guerra. Desligado da arma tornou-se por influência familiar, deputado provincial em Santa Catarina, entre 1866 a 1867, quando faleceu na madrugada de 1º de fevereiro e teve um sepultamento solene.

> *"O caixão que encerrava os preciosos restos de tão apreciado brazileiro, e distincto discípulo de Esculápio, foi conduzido da casa da sua residência até a porta da Igreja 3ª de S. Francisco por distinctos officiaes de marinha, que alli entregue aos irmãos terceiros, que, depois de encommendação e conduzido ao cemitério".* [75]

O casal Hermógenes e Jacinta deixou cinco filhos: Zélia (homenagem a tia), Salustiano Sobrinho (homenagem ao tio benfeitor), Cordolina, Hermógenes (mesmo nome do pai) e Maria Joaquina (mesmo nome da tia, da mãe e da avó), *"innocente filha"*, falecida em 1856[76]. Só dois filhos sobreviveram: Salustiano Sobrinho e a sua irmã Zélia.

O filho Salustiano Ferreira Souto Sobrinho formou-se engenheiro militar no Rio de Janeiro, retornou a Santa Catarina, para exercer o cargo de ajudante de ordens do Presidente da Província. Integrou como escriturário as comissões de demarcações de terras devolutas, notadamente em Tubarão, em Santa Catarina[77]. Em 12 de abril de 1884 foi re-

---

75 O DESPERTADOR, Desterro, 05 de fevereiro de 1867, p. 2.
76 O ARGOS DA PROVINCIA DE SANTA CATARINA, Desterro, 5 de setembro de 1856, p. 4.
77 A REGENERAÇÃO, Desterro, trouxe o seu nome na lista de eleitores em 22 de agosto de 1880, p. 3: "Salustiano Ferreira Souto Sobrinho, 23 annos, solteiro, official de engenheiros, filho de Hermógenes de Miranda Ferreira Souto, rua da Princeza, renda conhecida 720$; elegível".

CAPITULO 2 ORIGENS E FORMAÇÃO, 1814-1834

formado por moléstia incurável. Salustiano foi casado com a pianista Ernestina Freire de Andrade Fontoura (tia-avó materna do advogado Sobral Pinto, 1893-1992). Os proclamas do casamento correram em julho de 1880. O casal teve uma filha, a musicista Augusta Fontoura Ferreira Souto. O engenheiro Salustiano Sobrinho faleceu em 1900.

A irmã de Salustiano Sobrinho, Zélia Caldeira Souto casou-se com o primo João Adolfo Ferreira de Melo (S. José da Terra Firme, 1861 – 1926), maestro, violinista e pioneiro na divulgação da doutrina espírita em Santa Catarina. Eles pediram dispensa do parentesco no arcebispado para casar-se em novembro de 1887. No mesmo mês e ano que morreu o tio-avô, conselheiro Salustiano Souto. O casal teve quatro filhos.

O mais conhecido dos filhos de Zélia, foi Osvaldo Melo, Luis Osvaldo Ferreira de Melo, nascido e falecido em Florianópolis (1893 – 1970), homem extremamente ativo na sociedade catarinense, com intervenções na política, no jornalismo e na religião. Ele foi um dos fundadores do Partido Liberal, posteriormente rebatizado como Social Democrático em Santa Catarina. Pertenceu a Academia Catarinense de Letras, ao Instituto Geográfico e Histórico de Santa Catarina e como maçom chegou a Venerável da Loja "Ordem e Trabalho". Jornalista publicou crônicas diárias sobre o cotidiano em Florianópolis e também dirigiu jornais publicados na cidade. Era abertamente anticlerical numa sociedade marcada pelo Catolicismo. Praticante do Espiritismo por herança familiar ele difundiu a crença através de livros, como o clássico *Sobrevivência e Comunicação*

65

dos Espíritos (Teoria e fatos), publicado em várias edições. Foi psicógrafo e médium procurado por inúmeras pessoas que acreditavam nos seus dons de cura. O traço mais saliente de sua personalidade, segundo os que conviveram com ele foi a:

> *"alma boníssima, coração aberto de par em par a todos os gestos de descalculada solidariedade humana"* [78].

O filho de Osvaldo Melo, Ari Kardec (1926-1993), foi também maçon e presidente da Federação Espírita Catarinense e quando faleceu criava várias crianças. Outro filho, Osvaldo (1929-2011) foi professor de Direito, compositor, membro da Academia Catarinense de Letras e do Instituto Histórico e Geográfico de Santa Catarina.

V
SALUSTIANO

O último dos cinco filhos de Antônio Ferreira Souto e Maria Joaquina de S. José é Salustiano Ferreira Souto, personagem principal deste ensaio biográfico. De nenhum deles encontrei registros da infância ou adolescência. O maior registro foi uma citação de Salustiano sobre o passado sertanejo:

> *"Filho do sertão, do interior da província, e já tinha alli vivido por algum tempo, onde conservava e conservo importantes amigos"* [79].

---

78 Discurso do acadêmico Péricles Prade na posse da cadeira nº 28 na vaga de Osvaldo Melo (3 de março de 1973).

79 Sessão parlamentar em 04 de julho de 1867. Em: ANNAES, 3, p. 36.

CAPITULO 2 ORIGENS E FORMAÇÃO, 1814-1834

O *algum tempo* era o suficiente para ter ouvido aboio, ficado areado, especado frente a uma barriguda, sonhado com botija enterrada, medido em léguas e côvados, descarregado caçuá, manducado cuscuz, esquivado dum mandacaru, saboreado mungunzá, chupado umbu, etc. Numa sociedade hierarquizada onde os corpos de muitos homens e mulheres são sepultados como propriedade de alguém, basta olhar os registros eclesiais de óbitos; ser filho de Sargento-mór português já é um handicap para construir o seu curriculum.

A linguista Zenaide Carneiro que estudou o linguajar do sertanejo através de sua correspondência, mostrou como era a educação naqueles ermos[80]. Em Vila Nova da Rainha havia duas escolas com uma centena de alunos, mais duas em Jaguari e Saí, outra em Itiúba, em Bananeiras, em Queimados (Água Fria) e em Vila Velha. È possível que ele tenha estudado numa destas escolas ou mesmo recebido a escolarização em casa através de uma mestra negra como era comum entre os mais bem-sucedidos.

A caligrafia de Souto nos melhores dias terá o formato colegial, escrita para ser clara e legível, sem arabescos e com poucas abreviaturas. Sua assinatura é simples, legível, com o ataque vindo do infinito no grama D (de doutor), que une-se em volutas do Salustiano, espaço, Ferrª Souto e o remate final de cima para baixo. A linguagem usada por ele nas cartas é coloquial, sem preocupações estilísticas ou atavios literários, muitas vezes tropeçando na concordância, bem

---

80 CARNEIRO, Zenaide de Oliveira Novais. "Cartas brasileiras (1809-1904): um estudo lingüístico-filológico". Tese de Doutorado. IEL-UNICAMP, 2005.

O MÉDICO DOS POBRES

diferente de sua oralidade, quando era veemente e emocional, cativando a audiência.

Salustiano herdou parte das terras familiares, ficou apenas com as propriedades sertanejas, as fazendas Cumbe e Mocó; pois, vendeu em 1877, a roça Carapina nos arredores de Cachoeira, a João da Costa e Sousa[81]. Terras lindeiras ao sítio Bitedô, pertencente a uma família de origem *muçurumim*, os Belchiores, chefiada pelo patriarca africano Belchior Rodrigues Moura, nascido na Costa da África, de origem jeje, assim como a sua esposa Maria Mota e cinco filhos, já nascidos em Cachoeira. Família profundamente religiosa, três filhos são lembrados como líderes místicos: o capitão Zé de Brechó (1837-1906), abolicionista, de quem se diz que voltava a África em forma de pássaro quando precisava renovar as forças espirituais; Tio Salacó (1839-1904), que voltará adiante e a quintandeira Juliana Maria (1854-1943), do grupo dirigente da Irmandade da Boa Morte[82].

O conselheiro Souto foi um proprietário absenteísta, pouco visitando as propriedades. O seu procurador no Sertão foi o engenheiro ferroviário Antonio Pinheiro Canguçu (1854 – 1935), filho do temido Exupério Canguçu (1820 - 1900), um dos mais importantes líderes sertanejos

---

81 A VERDADE, Cachoeira, 12 de maio de 1877, p. 4

82 No rico levantamento que o antropólogo Cacau Nascimento fez da presença africana em Cachoeira há menção de vários muçurumins, como: Benedito Jequitibá (1780?-1900), vendedor de bebidas feitas a partir da gengibirra e jurema; Manoel Fonseca Muniz (1848-1899), "natural de Judá"; Tio Fadô (Salvador Militão Muniz Barreto, 1797?-1917) e o Tio Salacó (Antônio Maria Belchior), marceneiro, um dos fundadores da Sociedade Montepio dos Artistas Cachoeiranos (que deu origem a Sociedade Libertadora de Cachoeira), dentre outros. V. NASCIMENTO, Luiz Cláudio Dias do. "Terra de Macumbeiros". Redes de Sociabilidades Africanas na Formação do Candomblé Jeje-Nagô em Cachoeira e S. Felix-Bahia.

CAPITULO 2 ORIGENS E FORMAÇÃO, 1814-1834

do seu tempo, cuja violência era cantada pelos poetas populares de Brumado:

"Leite nos amores, | Lobo nas letras, | Canguçu nas armas | Mirante nas tretas"[83].

Família marcada por uma tragédia sertaneja. O irmão de Exupério Canguçu, Leolino (1826 – 1847?) raptou uma moça muito bonita chamada Pórcia, filha de um soldado aventureiro, o Periquitão. Pórcia é tia materna do poeta Castro Alves, que em algum momento entrará nesta história como protegido do biografado. A consequência do rapto foi uma sangrenta guerra (vingança privada) aberta entre três grandes parentelas sertanejas envolvidas na questão: os Mouras de Santa Rita (em Rio das Contas), descendentes do Dr. Bernardo de Matos e Albuquerque, que comprara a um tio as terras do Brumado em 1762, os Castros-Tanajura do Cajueiro (em Caitité) contra os Canguçus do Brejo.

Os Canguçus, nome adquirido no fervor nativista que significaria "onça-pintada" em presumido idioma tupi-guarani, descendiam de Miguel Lourenço de Almeida, proprietário da fazenda do Campo Seco, distante quatorze léguas da vila de Rio de Contas, terras que pertenceram a Casa da Ponte. Ele vinha de gente obscura, mas, com relações na aristocracia. O seu padrinho de batismo foi D. Lopo de Almeida que lhe deu nome e talvez o impulso na sua ascensão social. Miguel Lourenço foi serventuário do Tribunal dos Ausentes no sertão brasileiro; depois retornou a Metrópole e onde tornou-se financista; mas, voltou

---

83   LEITE, Risério. "Famílias sertanejas: os Mouras", p. 42.

ao sertão ao comprar o latifúndio de criação de vacum e equinos[84]. Apesar do biógrafo Licurgo de Castro Santos Filho (1910-1989), que foi casado com Isabel Paes Leme Canguçu (bisneta do procurador do conselheiro Souto), perceber traços culturais de que Miguel Lourenço tivesse origem cristã-nova, *"disfarçado, diluído"*, ele conseguiu tornar-se Familiar do Santo Ofício (FSO) em 1744 para a região de Lisboa. Exupério Canguçu é bisneto de Miguel Lourenço.

"Vingança privada" (*blood revenge*) não é pena de Talião. É o castigo mais duro que a moral sertaneja encontra para punir o crime considerado mais danoso a uma parentela articulada como tal: o defloramento de uma mulher pertencente ao grupo. Se o ofensor não for punido, o crime cairá sobre os ofendidos, sujando toda uma parentela no futuro. A punição prevista é a morte do ofensor e a destruição de suas propriedades pelo fogo. É o eco de Simeão e Levi passando pela espada os arrependidos raptores de Dina ressoando no Sertão.

Vila Nova da Rainha, agora Senhor do Bonfim

Enquanto tudo isto acontecia, o poder municipal transferiu-se de forma dinástica em Vila Nova da Rainha. De Gabriel Gonçalves da Silva, um dos Capitães-mores da vila primitiva, o mesmo que dera a estátua do Senhor do

---

84 MIGUEL LOURENÇO DE ALMEIDA (1708-1785), natural de S. Pedro de Almargem do Bispo, concelho de Sintra, filho de José Lourenço e Domingas João. Sobre a hipótese da origem cristã-nova, leia-se: "Uma comunidade rural do Brasil Antigo. Aspectos da vida patriarcal no sertão da Bahia nos séculos XVIII e XIX", de Licurgo de Castro Santos Filho, pp. 3-23.

CAPÍTULO 2 ORIGENS E FORMAÇÃO, 1814-1834

Bonfim, orago local, o seu poder transferiu-se a José Gonçalves (1838-1911), talvez o neto, herdeiro das fazendas de pecuária, Piabas, Mary, Caraíba, Sertãozinho, Poço da Vaca e Ingazeiras, espalhadas entre Bonfim, Curaçá, Jaguari e Campo Formoso, e que a partir desta base fundiária construiu o seu pecúlio político, militando no curul Conservador. Foi coronel (da Guarda Nacional) e depois, general promovido por Floriano Peixoto. José Gonçalves foi amigo e um dos confidentes políticos do Barão de Jeremoabo, a grande liderança Conservadora no Sertão, este, tio materno do conselheiro Dantas, líder Liberal. Ele terminou a carreira política como presidente da Bahia, depois de aderir a república, entre 1890 a 1891; mas, foi derrubado do cargo por uma insurreição popular. Morreu na fazenda Piabas onde os seus filhos tinham nascido. Foi sucedido pelo filho Antônio Gonçalves da Cunha e Silva (1877-1945) e outros descendentes. As fazendas do Dr. Antônio Gonçalves foram saqueadas pelas volantes pernambucanas de David de Militão, que perseguia a cabroeira do bandido Lampião, em outubro de 1928[85]. Já os Ferreiras-Souto não deixaram lembrança na região, tanto que até o momento que este livro foi escrito, não havia nem logradouro público recordando os seus nomes no Bonfim natal.

---

85 DAVID DE MILITÃO (tenente David Gomes Jurubeba, 1903-2001), neto de David Gomes de Sá Moura, seguidor de Antônio Conselheiro no arraial de Canudos. Pertencia a parentela dos "Nazarenos" (naturais da atual Carqueja) que perseguiu o bando de Lampião em busca da vingança de dezessete parentes assassinados por ele.

CAPITULO 3

Nos primeiros anos: entre a guerra e a peste

A família Ferreira Souto sabia da importância do estudo superior para a ascensão social, tanto que no obituário do irmão José ressalva-se o *"justo empenho de seus pais"* para esta opção[86]. Não se encontrou registro de quando Salustiano Souto chegou a Salvador vindo do interior. Ele só se tornou visível quando concluiu o curso de Medicina em 1840. Toda a sua biografia será construída em volta da Faculdade de Medicina da cidade, primeiro como aluno e depois como professor.

A Medicina foi um instrumento de ascensão social. A Bahia era uma opção mais econômica que outros centros de formação da época como Coimbra ou Montpellier. Não era tão difícil a entrada na faculdade brasileira. O candidato devia submeter-se a uma inquirição oral conduzida por dois professores (opositores) da instituição sob a vigilância de um comissário governamental, e ser inquirido em disciplinas como Geografia, História, Filosofia, Aritmética, Geometria e Álgebra. Ele tinha empregabilidade garantida quando formado – num período de guerras constantes o

---

86 MACEDO, Joaquim Manoel de. Ob. cit., p. 409.

cirurgião não ficava desempregado, mesmo que tivesse que imigrar para outras regiões.

Quando Souto chegou a FMB, a profissão médica terminara a lenta transição entre ser uma ocupação obscura para tornar-se uma profissão científica, com reflexos até na posição social dos seus praticantes. A concessão do título brasileiro de "Doutor em Medicina" era recente, vinha de 1832 – o de Salustiano era de 1840. É durante a sua atuação como médico, que um colega da faculdade, turma de 1851, o obstetra Luís Adriano Alves de Lima Gordilho (1830-1892) recebeu o título de Barão de Itapoã (o segundo) em 1872. Ele foi o único docente da escola a receber a honraria nobiliárquica. Galdina Joaquina do Amaral, a sua cozinheira, é mãe do notável médico Juliano Moreira (1873-1933), formado na mesma escola e que trouxe inúmeras contribuições para a medicina brasileira. O Barão de Itapoã interrompeu a sua vida cortando a carótida com uma navalha do seu barbeiro.

A história médica em Salvador começara na fundação da cidade, com o licenciado Jorge de Valadares (+1557), físico e cirurgião minhoto, que viera com o primeiro governador do Brasil, Tomé de Sousa (1503-1579) integrando o grupo da construção da infraestrutura local. Muito tempo depois, já nos anos de formação da FMB (com outro nome: Academia Cirurgica-Médica), ela receberá uma estrela da medicina portuguesa, o Dr. Manoel Joaquim Henriques de Paiva (1752-1829), pesquisador e divulgador desta ciência, pertencente a parentela do Dr. Antônio Nunes Ribeiro Sanches (1699-1783), médico judeu, que clinicou na Itália,

CAPITULO 3 NOS PRIMEIROS ANOS: ENTRE A GUERRA E A PESTE

França e no Império Russo, onde foi médico pessoal da czarina Catarina. Os Ribeiros beirões estiveram sob o ataque da Inquisição desde o século XVII sob a suspeita de praticar o Judaísmo em segredo. A estratégia familiar para safar-se a perseguição inquisitorial foi expatriar-se, notadamente para a Inglaterra e EUA[87]. O Dr. Henriques de Paiva teve vida acidentada desde os tempos de estudante em decorrência de suas opiniões liberais. Ele cursou Medicina na Universidade de Coimbra, enquanto ensinava os colegas e também clinicava. Na Semana Santa de 1776 foi denunciado a Inquisição com outros alunos, como um dos "maiores libertinos" do grupo, por comerem presuntos roubados e discutirem Voltaire, Rousseau e Montesquieu. Dois brasileiros, o dicionarista Antônio Morais e Silva e o médico Francisco de Melo Franco foram seus colegas na "República da Travessa de Sub-Ripas". Ele radicou-se na Bahia, enquanto o irmão, o Dr. José Henriques Ferreira (1740-1792), foi o médico do Marquês de Lavradio (D. Luís de Almeida Portugal Soares de Alarcão d´Eça e Melo Silva Mascarenhas, 1729-1790), Vice--Rei do Brasil no Rio de Janeiro, onde fundou a primeira sociedade científica brasileira, a Academia Fluviense, Médica, Cirúrgica, Botânica e Farmacêutica em 1772.

---

87 São descendentes proeminentes desta parentela nos EUA: Mordecai Manuel Noah (1785-1850), considerado o judeu mais influente nos EUA no séc. XIX; o comodoro Uriah Phillips Levy (1792-1862) e Benjamin Nathan Cardozo (1870-1938), o segundo judeu eleito para a Suprema Corte americana. V. VALADARES, Paulo. "Consanguinidade próxima ao Dr. Ribeiro Sanches (1699-1783)". Em: REVISTA DA ASBRAP – ASSOCIAÇÃO BRASILEIRA DE PESQUISADORES DE HISTÓRIA E GENEALOGIA nº 19, 2012, pp. 259-282.

Posteriormente membros das duas parentelas, tanto de Valadares[88], quanto de Ribeiro[89], cursaram a FMB e exerceram a profissão com êxito.

Salustiano Souto formou-se médico aos vinte e seis anos, mas ficam as indagações: o que ele fazia antes de chegar a Faculdade? Fazia exatamente o que? Onde estudou Humanidades? O único rastro de Salustiano nesta época é o batizado na igreja de Nsª Srª do Rosário em Cachoeira, a 20 de setembro de 1829, da menina parda Maria, de seis anos, filha natural de Maria Gomes, onde ele foi o padrinho. Ele tinha quinze anos.

Por este tempo também chegou a Salvador, mas com outros propósitos, o órfão minhoto de Vila Cova de Lixa, Joaquim Pereira Marinho, de treze anos. Ele chegou na galera *Firmeza* em setembro de 1828, apenas com a roupa do corpo, os tamancos, a sua caixinha de pinho, e saiu desta vida aos setenta e dois anos, depois de ser considerado o maior comerciante de escravos no Brasil, sossegado por:

"Jamais ter contribuído para fazer mal ao meu próximo, e a convicção de que a fortuna que deixo foi adquirida pelo meu trabalho perseverante, com economia, honestidade e honra

---

88 ANTONIO DO PRADO VALADARES (1882-1938), natural de Santo Amaro da Purificação, filho do alferes Miguel Arcanjo Valadares e Mariana de Jesus Prado. Formou-se na turma de 1902. Escreveu a "Memória" da FMB em 1913. O seu filho CLARIVAL DO PRADO VALADARES (1918-1983), casado com Erica Odebrecht, filha de Emilio e Hertha (Hinsch) Odebrecht, estudou Medicina em Recife e concluiu o curso na FMB em 1940. Cursou Patologia em Harvard e Biologia no MIT. Dedicou-se também a História da Arte. Autor: Riscadores de milagres (1967), Arte e sociedade nos cemitérios brasileiros (1972) e Nordeste histórico e monumental (1982), dentre outros. É homenageado no Prêmio Odebrecht de Pesquisa Histórica concedido desde 2003. Para conhecê-lo: VALLADARES, Kátia do Prado. O acendedor de lampiões. Roteiro para uma leitura da vida e obra de Clarival do Prado Valladares – um educador. Dissertação de Mestrado em Educação. Rio de Janeiro: FGV, 1985.
89 JOSÉ RIBEIRO SANCHES, da turma de 1856, clinicou em Cruz Alta, RS.

CAPITULO 3 NOS PRIMEIROS ANOS: ENTRE A GUERRA E A PESTE

em minhas transações comerciais, nunca deixando de fazer ao meu próximo o bem que pudesse fazer"[90]

O comerciante Joaquim Pereira Marinho já possuía seis mil contos na algibeira, cujos valores corrigidos para os dias de hoje perfaziam dois milhões e meio de dólares.

O banzé de negros

É possível que Souto tenha chegado a Salvador antes de 1834, já que terminou o curso de medicina em 1840, mas não há sinal dele na chamada Revolta dos Malês deflagrada em 24 de janeiro de 1835 ou pelo calendário islâmico no final do Ramadã de 1250, na data do *lailat al-qadir*, a noite do Destino – quando se comemora a entrega do Alcorão aos homens e a possibilidade destes mudarem de vida. A insurreição foi prejudicada por denúncias da liberta nagô Guilhermina Rosa de Sousa ao comerciante André Pinto da Silveira, avô do engenheiro abolicionista André Rebouças, que repassou estas informações as autoridades baianas. O mulato André Pinto da Silveira foi um homem ativo no comércio escravagista, comandou navios negreiros, administrou estes interesses em Lagos e Uidá e representou na Bahia a Francisco Félix de Sousa, Chachá I (1751-1849), o emblemático exportador de escravos[91].

Os Rebouças descendiam de um alfaiate nascido em Santiago do Fontão, no Minho, que o historiador austríaco Leo Spitzer percebeu como sendo de origem cristã-nova e

---

90 VERGER, Pierre. Ob. cit., p. 452.
91 SILVA, Alberto da Costa e. Francisco Félix de Souza, mercador de escravos, p. 126.

O MÉDICO DOS POBRES

que passou a Bahia[92]. O membro mais conhecido desta parentela foi o engenheiro e empresário bem-sucedido André Rebouças (1838-1898), muito próximo de D. Pedro II, e que propôs oficialmente a criação de um território no Paraná para abrigar os judeus perseguidos na Rússia (1889). Foi uma proposta que antecedeu a tese sionista de Theodor Herzl (1860-1904), o jornalista húngaro, descendente de um colateral do bispo de Burgos, D. Pablo de Santa Maria, que está na origem da fundação de Israel[93]. Os Rebouças eram amigos próximos dos Ferreiras-Souto. Trabalhavam juntos na FMB e quando precisavam de um advogado eles recorriam ao patriarca Antonio Rebouças.

Voltando aquela noite sangrenta. O Dr. Jonathas Abbott (1796-1868), professor na FMB tinha assistido uma peça teatral e acordara pela madrugada com o barulho de tiros, prenunciando problemas, ele saiu de casa e foi em direção ao hospital na cidade. Foi um percurso cheio de percalços durante o que ele chamou de "banzé de negros".

"Chegando junto ao Pilar, vir virem correndo ao meu encontro, mas em fugida, uns poucos soldados da Guarda Nacional gritando: Ai vem os negros! Emboquei o primeiro beco que dava para o mar e em carreira tal que bem mostrava não ter paralisia nas pernas, ai fechei-me com uns portugueses num trapiche e ouvimos passar uns 30 negros, depois do

---

92 SPITZER, Leo. Vidas de entremeio: assimilação e marginalização na Áustria, do Brasil e na África Ocidental, p. 126.

93 O pensamento de A. R. sobre o tema foi publicado na REVISTA DE ENGENHARIA em três números diferentes sob o título "O problema hebrêo": n° 258, 28 de maio de 1891, pp. 461/2; n° 259, 14 de junho de 1891, p. 473 e n° 260, 28 de junho de 1891, p. 485. Ele apresentou a D. Pedro II o projeto de estado judaico autônomo para ser estabelecido na região de Palmas, Paraná em 17 de maio de 1889.

CAPITULO 3 NOS PRIMEIROS ANOS: ENTRE A GUERRA E A PESTE

que saímos e, olhando para o cais, vimos que os negros encontrando obstáculo, correram para o mar, procurando talvez refugiar-se a bordo de algum barco, mas os soldados, entrando pelo trapiche de Raimundo Jorge dos Santos, mataram os pretos por assim dizer à queima-roupa"[94].

Ele retomou a sua ida ao Terreiro de Jesus, onde encontrou a carnificina já feita. No hospital, junto com os colegas Francisco Pereira de Almeida Sebrão, Elias José Pedrosa (1808-1887) e um certo "Melo" (não identificado plenamente), eles trataram dos feridos, um deles, para surpresa de Abbott, era o educado Pedro, jovem copeiro-escravo do Dr. Robert Dundas (1791-1871), que fora ferido gravemente no conflito e a quem amputou a perna. Pedro foi condenado as galés e no final da década de quarenta ainda estava as voltas com a justiça brasileira. Como lembrança do ocorrido, o Dr. Abbott aproveitou a ocasião e ficou com os amuletos árabes que estavam com os feridos.

Não só o Dr. Abbott ficou com os amuletos malês, mas também outras pessoas que tiveram acesso ao processo judicial. O juiz João Antônio Sampaio Viana (+ 1855), colega do irmão de Salustiano, José, na Universidade de Coimbra, foi um dos doadores destes amuletos para o IHGB. O amuleto é uma tradição religiosa do misticismo africano, cultivada por judeus e muçulmanos locais. Ele é um pequeno fragmento de papel, couro ou metal, com um escrito retirado dos seus textos sacros, Velho Testamento, se judeu, ou Alcorão, se muçulmano; com nomes de personagens bíblicos e de anjos, permutas e combinações de letras, ausência de

---

94 GALVÃO, Fernando Abbott. O diário de Jonathas Abbott, pp. 324-5.

79

figuras humanas ou de animais para evitar a idolatria e são usados junto ao corpo para proteção do utente. Eles pertencem a um tipo de conhecimento popular que os muçulmanos denominam como *tibb al-nabawi* (medicina profética), exercido pelos imames e alufás, baseados num acervo estabelecido pelos *hadith* (tradição oral islâmica já codificada).

Este sistema terapêutico é baseado na escola médica fundada por Galeno diluída entre crenças pré-muçulmanas e muçulmanas. Os operadores utilizam como instrumentos de cura: orações, encantamentos, amuletos, massagens, sangrias e produtos naturais (garrafadas); como, mel, funcho, tomilho, maçãs, coentro, cevada, arruda, pimenta, gengibre, pepino, cera de abelhas, açafrão, nabos, manjerona, figos, berinjela, etc. Elas curam cefaleia, enxaqueca, tosse, dores no ventre, tísica (tuberculose), pústulas, cólicas, febres e a mais grave, lepra; como também as doenças espirituais ou psicológicas causadas pela ansiedade e a solidão. Protegem dos ataques dos inimigos humanos...

A Faculdade de Medicina da Bahia

A Faculdade de Medicina da Bahia (FMB) começara no prédio da Santa Casa em 1816 e foi a primeira do país. Era a porta de entrada para a elite ilustrada que se formava na cidade, de onde os mais capazes seriam recrutados para a vida pública ou convenientemente exercer as habilidades em outros cantos do país, onde precisavam dos seus serviços.

Eis alguns exemplos desta difusão da formação médica baiana:

CAPITULO 3 NOS PRIMEIROS ANOS: ENTRE A GUERRA E A PESTE

» Dr. Joaquim Monteiro Caminhoá (1836-1896) formado em 1859, foi para a Corte e lá tornou-se o bisavô do político Carlos Lacerda;

» Dr. Alfredo Casemiro da Rocha (1856-1933), filho da cozinheira malê Felipa Joaquina Dantas, *que tanto praticava o culto nagô, na convivência com os negros de seu grupo, como participava do católico*", formou-se em 1877 e foi para Cunha, onde tornou-se político de sucesso[95];

» Dr. Ângelo Cardoso Dourado (1857-1905), formou-se em 1880, foi para Bagé, onde acompanhou o insurreto Saraiva. È avô do escritor Autran Dourado;

» Dr. Carlos Augusto Autran da Mata e Albuquerque (1865-1917), formou-se em 1888, foi para Lorena. É avô do ator Paulo Autran;

» Dr. Francisco dos Santos Silva, o Chico Malê, filho do alufá Salu e irmão de Gibirilu, formou-se em 1908 e foi para o Acre;

» Dr. Salustiano ficou em Salvador.

Ele formou-se em 1840. A festa de formatura foi num salão alugado em Salvador, festa semelhante as das turmas anteriores e reproduzidas nas posteriores. Compareciam além dos formandos e os seus familiares; o Presidente da província; o Brigadeiro, comandante militar e sacerdotes católicos. Os formandos eram chamados individualmente e faziam um juramento bem singelo:

"Juro exercer a medicina com honra, prudência e humanidade, assim Deus me ajude"[96].

---

95 NOGUEIRA, Oracy. Negro político, político negro: a vida do doutor Alfredo Casemiro da Rocha, p. 33.
96 O ATHENEO, 1849, p. 180.

O MÉDICO DOS POBRES

O doutor recebia o anel de ouro, para marcar o grau e também uma coroa, substituto do capelo medieval[97]. A banda militar fazia uma cortina musical enquanto o candidato voltava a sua cadeira, depois de abraçar o lente que lhe entregara os símbolos da profissão. A reunião terminava com o Hino Nacional e o discurso do Diretor da FMB.

Se a fotografia já fosse algo disponível a época este trecho pode ser visto como a foto do grupo. A sua turma compunha-se de catorze formandos, catorze homens, sendo dois estrangeiros, que possivelmente não foram estudantes regulares, dado aos seus currículos[98]:

» 65 – ALEXANDRE JOSÉ DE MELO MORAES (1816 – 1882), alagoano, pioneiro da Homeopatia e do Espiritismo no Brasil. Casado com Ana, filha de Nuno Eugênio de Lossio e Seiblitz (1782-1847), presidente das províncias de Alagoas e da Bahia. Pai do etnógrafo do mesmo nome e bisavô do poeta Vinicius de Moraes (1913-1980), este, um divulgador do modo de vida baiano através dos seus afro-sambas;

» 66 - ANTONIO JOAQUIM DE MELO ROCHA, proprietário da fazenda Pernanduba no Recôncavo, de onde ele levou para a Exposição Nacional na Corte em 1861: aguardente de mel, casca de sucupira para a cura de sífilis e leite da gameleira branca para ser usado como adstringente;

---

97 O médico Luís Álvares dos Santos (turma de 1849), irmão do Dr. Malaquias e amigo do conselheiro Souto, teve roubado o relógio e o anel na rua do Saldanha, em Salvador. O seu anel, além de simbolizar o grau doutoral, trazia também também sinais de sua filiação a Maçonaria: "cuja pedra está gravada uma esquadra (sic), confrontando a um compasso com um G no meio" - O MONITOR, 26 de julho de 1878, p. 2.

98 Levantamento Nominal dos Formados de 1812 a 2008 da Faculdade de Medicina da Bahia – UFBA. Os números indicam as suas posições em relação aos números de formados pela escola.

CAPITULO 3 NOS PRIMEIROS ANOS: ENTRE A GUERRA E A PESTE

» 67 – ALEXANDRE JOSÉ DA SILVA VISGUEIRO. Era falecido em 1860. D. Pedro II visitou a capela da Boa Hora em Maruim e encontrou a lápide de sua sepultura em mau estado de conservação;

» 68 – CÂNDIDO APRIGIO DA FONSECA GALVÃO, filho do coronel Inácio Aprígio da Fonseca Galvão, professor de geografia e autor de trabalhos sobre o tema. Foi cirurgião-mor no Dantas-landes;

» 69 – CARL JOHAN FÜRST (1791-1855). Pertenceu a dinastia de médicos suecos de origem alemã inaugurada por Absalon Fürst (1754-1828). Ele foi médico da marinha sueca e pioneiro na operação de cataratas. Educou os filhos, quando crianças, para a profissão de cirurgião, levando-as a assistir amputações e decapitações, para que estes perdessem o medo de sangue. O método deu certo, pois a família continuou na profissão nas próximas gerações;

» 70 – INÁCIO MOREIRA DO PAÇO, pecuarista e diretor das águas termais de Itapicuru. Neto do Capitão-mór de Soure, Bernardo Carvalho da Cunha, que tentara levar o meteorito Bendegó caído em 1785 na fazenda Atanásio a 36 km de Monte Santo até Salvador, sem sucesso;

» 71 – HANS VILHELM SAXILD (1813? – 1891). Médico dinamarquês. Viveu na Argentina, onde foi "general-konsul" do seu país;

» 72 – JOSÉ OLIMPIO PEREIRA DE AZEVEDO, bisavô do médico e antropólogo Thales de Azevedo (1904-1995), autor de *As elites de cor numa cidade brasileira* (1955);

O MÉDICO DOS POBRES

» 73 – JOAQUIM PEREIRA DE CASTRO, teve consultório na rua do Julião, Salvador. Descende do português do mesmo nome, procurador da Casa da Ponte em Livramento e genearca de uma extensa família sertaneja;

» 74 – JOSÉ DE GOES SIQUEIRA (1816 – 1874), deputado e professor na FMB;

» 75 – LUIS AUGUSTO VILAS-BOAS, futuro bibliotecário da FMB e identificado em lista eleitoral: *"59 annos, solteiro, empregado público, sabe ler e escrever, filiação desconhecida, renda conhecida 4:000$000 e presumida 1:000$000"*[99];

» 76 – MANOEL MARIA PIRES CALDAS (1816 – 1901), professor da FMB e um dos fundadores do jornal especializado *Gazeta Médica da Bahia* publicado até hoje;

» 77 – PAULO JOAQUIM BERNARDES DA MATA (1822-1881), que décadas depois seria identificado assim: *"56 annos, casado, médico, sabe ler e escrever, filho de Paulo Joaquim Bernardes da Matta, renda considerada 3:000$000"*.[100] ;

» 78 – SALUSTIANO FERREIRA SOUTO.

É com os colegas da FMB que Souto tecerá a sua rede de sociabilidades e assim tornar-se visível para o grupo dirigente, o suficiente para ser eleito deputado e quase ser escolhido senador, já que ele não pertencia genealogicamente as famílias de escol. Toda a produção intelectual do

---

99 *"Lista geral, apurada pela junta municipal dos cidadãos aptos para votarem e serem votados na parochia da Sé, do município da capital de conformidade com o art. 60, nº 1 das instruções de 12 de janeiro de 1876"*. Em: O MONITOR, 12 de julho de 1878 pp. 2.

100 *"Lista geral, apurada pela junta municipal dos cidadãos aptos para votarem e serem votados na parochia da Sé, do município da capital de conformidade com o art. 60, nº 1 das instruções de 12 de janeiro de 1876"*. Em: O MONITOR, 26 de julho de 1878 pp. 2.

CAPITULO 3 NOS PRIMEIROS ANOS: ENTRE A GUERRA E A PESTE

Dr. Souto, durante quatro décadas, será construída em torno de sua atividade profissional como médico. Carreira iniciada quando apresentou uma tese sobre Frenologia para obter o grau de doutor em 1840, e depois o trabalho *Germinação* (1845) para ingressar na carreira de lente. Quando ele voltou da guerra do Paraguai, em 1869, redigiu e foram aprovadas as *Memórias da FMB*, que escreveu a pedido da Congregação, registrando as ocorrências mais importantes e comentários sobre o funcionamento da instituição naquele ano. As outras publicações também foram nesta área: *Descrição da febre amarela de 1849 a 1850 na Bahia* (1850), *Parecer do Dr. Salustiano Ferreira Souto, dado ao diretor o Sr. João Francisco de Almeida, acerca dos novos estatutos das escolas médicas do Brasil – exigido pelo actual ministro do Império o Exmo. Sr. Luiz Pedreira do Couto Ferraz* (1854), *Cura de tumores sem emprego do canivete* (1878) e *Tratamento do beri-beri pela eletro-hidroterapia* (1881).

A historiadora Maria Renilda Nery Barreto no estudo sobre as correntes médicas brasileiras classificou o conselheiro Souto como um Vitalista. Ele e o amigo e vizinho Dr. João Barbosa (1818-1874) pertenciam ao grupo de médicos que não viam o homem apenas como uma máquina em funcionamento, mas que possuía uma força que o movimentava e lhe dava vida, isto lhe valeu a crítica de D. Pedro II por utilizar-se desta doutrina na aula sobre tóxicos. O Vitalismo foi uma escola médica que influenciou ou deu origem a outras escolas como a Frenologia, o Mesmerismo e a Homeopatia, com repercussões profundas na formação da doutrina Espírita. Ela de algum modo influenciou médicos

85

O MÉDICO DOS POBRES

tão diferentes como Cesare Lombroso (1835-1909) na medicina legal, ou Wilhelm Reich (1896-1957) na psicanálise. Talvez isto explique o surgimento do Espiritismo primeiro em Salvador, notadamente entre médicos, como o Dr. Cincinato. A tese de doutoramento do Dr. Souto é sobre Frenologia, estudo do caráter, personalidade e as possíveis tendências criminais pelo formato das cabeças das pessoas. Hoje ela é avaliada como ultrapassada, mas naquele momento era uma forma precursora para se conhecer a mente humana através de uma aproximação científica.

Ele foi um dos pioneiros desta escola, pois a primeira tese só fora defendida dois anos antes da sua, pelo mineiro Domingos Marinho de Azevedo Americano (1813-1851), no Rio de Janeiro. Este Dr. Domingos é o pai de outro médico, o Dr. João, que junto com o Dr. Souto meteram-se numa enrascada em questão confusa, mas muito comum na época, o problema da legitimidade de testamentos assinados por moribundos. O caso nos aguarda adiante.

O Dr. Souto especializou-se em Frenologia, mas foi desviado do que lhe interessara durante o curso pelas demandas médicas da cidade, pois, apesar da imagem de Paraíso, o Brasil era doentio e muitas vezes letal. A Bahia sofria a época com as epidemias do cólera no âmbito coletivo e do beribéri, mostrando assim as deficiências do saneamento e da alimentação a que estavam expostos os soteropolitanos. Três décadas depois de sua formatura, os adversários políticos lembravam o seu passado frenologista e espalhavam como pilhéria que o passatempo do Dr.

CAPITULO 3 NOS PRIMEIROS ANOS: ENTRE A GUERRA E A PESTE

Souto no Asilo dos Expostos era ficar apalpando as cabeças dos meninos para adivinhar os futuros de cada um. Ele começou modestamente clinicando para a população pobre da cidade, atendendo os pacientes numa casa defronte do convento de S. Bento e também podia ser encontrado na botica do Manoel José Guedes Chagas na rua dos Droguistas nº 34 na Cidade Baixa pela tarde. Na azáfama provocada pelas idas e voltas as casas dos pacientes, que ele fazia questão de atendê-los, chegou a perder *"um estojo chirurgico de algibeira, com instrumentos de prata"*[101], entre a rua da Faísca e o convento, anunciando o fato pelos jornais.

Um novo professor na FMB

A sua habilidade trouxe-lhe prestigio e suas relações políticas levaram-no a docência na FMB. A entrada na instituição foi através de concurso para a cadeira de Ciências Assessórias em substituição ao professor Justiniano da Silva Gomes que fora para a cadeira de Fisiologia. O concurso teve cinco sessões no auditório da faculdade, nos dias 5 de abril, 10 de abril, 11 de abril, 16 de abril e finalmente outra sessão em 19 de abril de 1845. Envolveu uma aula, tese escrita sobre o tema "Germinação" e ele foi arguido pelos doutores Rebouças e Malaquias Álvares dos Santos.

O concurso de admissão foi presidido pelo Dr. João Francisco d'Almeida (1796-1855), diretor da FMB e secretariado pelo Dr. Prudêncio José de Sousa Cotegipe (?-1862). A banca contava com os Drs. João Batista dos Anjos (1803-1871),

---

101 CORREIO MERCANTIL, 28 de outubro de 1844, p. 4.

Vicente Ferreira de Magalhães (1799-1876), Antônio Policarpo Cabral (1789-1865), José Vieira de Faria Aragão Atibaia (1804-1853), Manuel Maurício Rebouças (1800-1862), João Jacinto d´Alencastro (1802-1868), Francisco Marcelino Gesteira (1796-1875), que substituiu o Dr. Jonathas Abbott que ficara doente; Malaquias Álvares dos Santos (1802—1868), Manoel Ladislau Aranha Dantas (1817-1875) e Justiniano de Sousa Gomes (1808-1882).

O decano da banca examinadora foi o Dr. Cabral, médico formado em Coimbra, remanescente da velha Academia Cirúrgica Médica da Bahia, embrião da FMB. Ele fora o primeiro professor admitido por concurso a ela. Era paraplégico e D. Pedro II registrara que *"tinha excelente cabeça e simpática fisionomia"* [102].

A cerimônia em 16 de maio de 1845 que consagrou o Dr. Souto como professor foi muito bonita e significativa. Ver todos aqueles velhos enfileirados esperando na sala a sua vez de assinar a ata era reconhecer que ali estavam os detentores do saber médico, e não somente isto, do Brasil científico daquele momento. Era uma elite intelectual rara de reunir-se num lugar só. Não era só um trabalho que o Dr. Souto conquistava com o concurso, mas uma porta para a vida dirigente do país. A carreira do Dr. Souto prosseguiu dentro da FMB, transferiu-se em 16 de março de 1855 para a disciplina de Química Orgânica e a seguir para a de Medicina Legal em 28 de fevereiro de 1870, onde encerrou a carreira docente, jubilado em 1875.

---

102 D. PEDRO II. Diário da viagem ao Norte do Brasil, p. 79.

CAPITULO 3 NOS PRIMEIROS ANOS: ENTRE A GUERRA E A PESTE

O Dr. Souto adaptou-se rapidamente a condição de professor na FMB. No inicio do ano letivo discursava aos alunos recém-chegados, expondo o seu perfil profissional, as características da disciplina ensinada e o seu método de ensinar. Era um mestre acessível, dizia chalaças aos alunos, criava um clima amistoso na plateia, algo que foi malvisto por alguns docentes mais chegados ao carrancismo, como o Dr. Nina Rodrigues.

Em 26 de março de 1856, segunda-feira, recebeu os novos alunos de Química Orgânica com a sua esperada fala. Lembrou Hipócrates, segundo ele o "velho de Cós"; o filósofo inglês Roger Bacon (1214-1294), o médico inglês Richard Brigth (1789-1858), que estudou as insuficiências renais; o romancista francês Alexandre Dumas (1802-1870), autor de um romance sobre médicos; e claro, os químicos Justus von Liebig (1803-1873) e Antoine de Lavoisier (1743-1794). Usou linguagem simples e límpida como a água que manava das fontes de sua terra natal[103]:

"Ha sobre a terra uma força, que crêa sempre, força que segue em seu trabalho a lei da progressão que formado e produzido as civilizações e as sciencias: força prodigiosa, imensa e incalculavel, que nos faz caminhar sempre cessar, e que nos leva a adquirir corôas gloriosas no campo infinito da inteligencia; força que arrastra em seu movimento até as nações, que dormem, força que prende a terra aos Ceus, e os homens a Deus.
Sabeis qual é?
É a maravilhosa força do progresso (...)"

---

103 SOUTO, Salustiano Ferreira. "Allocução feita pelo Dr. Salustiano Ferreira Souto na abertura do curso de Chimica Organica aos estudantes do 3º anno, e por estes pedida, e dada a imprensa". Em: O PRISMA – Jornal Scientifico e Litterario da Escola de Medicina da Bahia" nº 5, 2ª série, julho de 1854, pp. 242-5.

Lembrou as limitações a que estava submetido:

"(...) *Desquitado ha doze annos d´esta Sciencia, dando-me com gosto do estudo da phisiologia e das pathologias, e clínico nesta populosa capital, o que poderei ensinar-vos do alto d´esta cadeira?*
Soletrarei o compendio (...)".

Descreveu como ensinaria:

"(...) *Descreverei as fórmulas, contarei as moleculas dos compostos organicos, produzidos pela prodigiosa força da vida; hei de penetrar com a chimica até a entrada do escuro laboratório da morte.*
Estudarei convosco esta sciencia, que arrancou a phisiologia do cahos, despedaçou-lho as vestes do romance para lhe dar luz, e adornal-a com as galas e louçanias da sciencia (...)".

Estimulou-lhes a curiosidade por esta ciência tão interligada as outras:

"(...) *Vossa admiração crescerá vendo que só vinte corpos simples entrão na composição dos seres organizados, adquirindo assim aptidão a vida, e que destes tres e muitas vezes quatro formão a base de quasi todos os principios immediatos (...)*

Apresentou-lhe a química como estudo de algo vivo e misterioso:

"(...) *É tão nobre, meus senhores, o estudo da chimica organica, que ella provar-vos-ha a existencia de uma potencia, grande, invisivel, que não está sob seu dominio. Explicar-vos-ha a metamorphose da materia, a formação dos corpos organicos, e irá bater as portas da vida para lá mostrar-vos as maravilhas, o poder do principio vital, e o halito quasi divino dos homens (...)".*

E fechou com a simpatia de sempre:

CAPITULO 3 NOS PRIMEIROS ANOS: ENTRE A GUERRA E A PESTE

"(...) Estudei, mancebos, e não desanimeis com vosso professor. Si houve desacerto nesta escolha foi della causa o arbitrio, talvez irreffletidamente concedido, animai-vos, senhores, que hei de estudar comvosco, e muito; porque arrancado inopinadamente da clínica e da pathologia, de que sempre me vistes constante e caloroso cultor, me fizerão de novo casar com a – chimica organica – depois de tantos anos de desquite".

Enfrentando a peste

Voltando a sua carreira médica. Com o passar dos anos ele passou a ser reconhecido por sua generosidade. Quando o irmão José governou Sergipe ele esteve em Aracaju, mas não esqueceu a ciência que aprendera. Operou gratuitamente de um lipoma o músico Antônio, da guarda policial, contando com a assistência do estudante de medicina sergipano Eusébio Benjamin de Araújo Goes (1825-1867) e do Dr. Pedro Borges de Lemos, depois operou a um velho das cataratas, casos relatados pelo jornal *Correio Sergipense* na época. Porém o seu primeiro grande trabalho foi no combate a epidemia de cólera de 1855, quando foi chamado pelas autoridades teve o seu protagonismo na província baiana.

O cólera saíra do vale indiano do Ganges no começo do século dezenove e chegara a Salvador através de uma carga de bacalhau contaminado trazido pelo navio inglês *Mercury*, em 9 de março de 1855, ou do brasileiro *Imperatriz* em 20 de julho do mesmo ano, pelos tripulantes doentes. Persiste a dúvida entre um e outro. A primeira vítima foi encontrada no bairro do Rio Vermelho, dali estendeu-se para a cidade alta, seguiu para o Recôncavo baiano e depois para outras localidades. O doente morria uma semana após o contágio contorcendo-se entre as suas fezes. Os cadáveres eram jogados nas ruas e na frente das igrejas, pois não havia tempo ou funcionários para transportá-los ao cemitério e sepultá-los. O pavor provocou a desordem social, pois os escravos fugiam de suas rotinas, um se matou para não submeter-se a mais esta humilhação; os comerciantes do interior reduziram as viagens para Salvador, causando o desabastecimento de víveres e a consequente carestia.

A Igreja buscou solucionar o problema ao seu modo. D. Romualdo Antonio de Seixas (1787-1860), o bispo que coroara D. Pedro II e autoridade máxima eclesial da cidade atribuiu a peste a condição de castigo divino, a "mão de Deus", castigando os pecados da usura, fraude e violência, comuns entre os seus paroquianos. As procissões se multiplicaram pelas vielas e ladeiras da cidade culminando com o Te Deum celebrado na catedral em 18 de novembro de 1855. No Maranhão, o bispo local, futuro paciente do Dr. Souto, o baiano D. Luís da Conceição Saraiva (1880-1876) percebendo a catástrofe que se aproximava também tomou as suas providências, escreveu a *"Carta pastoral mandando fazer preces públicas para que sejamos preservados do terrível flagelo do "Cholera-morbus" e para que o mesmo se desvie da província, já dele flagelada"*.

O presidente da província Álvaro Tibério (1816-1869) tentou esconder o problema no início, mas depois numa manobra política, convocou os médicos ligados aos Liberais para extinguir a epidemia, ao mesmo tempo em que impôs medidas sanitárias numa cidade onde os excrementos

CAPÍTULO 3 NOS PRIMEIROS ANOS: ENTRE A GUERRA E A PESTE

humanos eram jogados nos rios, o lixo era abandonado nas ruas e os porcos fuçavam livremente pelos cantos.

Em 20 de agosto de 1855 o Dr. Souto foi enviado pelo presidente da província a Cachoeira para dirigir o serviço clínico local. A cidade vivia uma situação de terror, pois os primeiros médicos indicados para a cidade se recusaram a entrar nela, os dois que se seguiram aos primeiros, o Dr. Melo e o Dr. Soares, mais alguns alunos e um frei carmelita morreram em consequência da peste. O vizinho do seu irmão, major Antonio Ferreira Souto, o africano Belchior Rodrigues de Moura, pai do Imame Salacó, morreu de cólera em 24 de setembro de 1855[104].

O Dr. Souto com ajuda de algumas freiras buscou criar um clima de normalidade na cidade, impondo regras de higiene a população sobrevivente, abrindo caminho para a chegada de outros médicos. Depois voltou a capital, onde, junto ao presidente da província e os colegas da FMB, Antônio Januário de Faria, Antônio José Alves, José Antônio de Farias e João Borges Ferraz propuseram a migração dos cachoeiranos para Itaparica. O governo se dispôs pagar a passagem dos pobres nos vapores diários. Foi uma medida infrutífera, pois muitos recusaram a transferência com medo de perderem o pouco que tinha.

Na localidade vizinha de Santo Amaro o colega Cipriano Barbosa Betamio (1818-1855), depois de incinerar duzentos cadáveres, foi contagiado pela doença e morreu em consequência dela, uma semana depois de chegar a

---

104 NASCIMENTO, Luiz Cláudio Dias do. "Terra de Macumbeiros". Redes de Sociabilidades Africanas na Formação do Candomblé Jeje-Nagô em Cachoeira e S. Felix-Bahia, p. 70.

O MÉDICO DOS POBRES

localidade. A lápide mandada fazer por Inocêncio Marques de Araújo Góis, no cemitério do Campo Santo diz bem o que foi a peste:

"Quando em 1855 por ocasião do cholera. Algumas authoridades e médicos da cidade de S. Amaro, esquecidos os seus deveres, fugiram e sob a pressão do terror deixaram a população destituída de recursos e quando muitos médicos desta Capital recusavam-se a partir para alli, a despeito das ordens do Governo, o Dr. Cypriano Barbosa Betamio médico aqui residente e que não era funccionário público ofereceu-se para ir prestar n´aquella cidade os socorros de sua profissão tendo sido igualmente nomeado delegado de polícia. Nessa dupla missão nobre e sobremodo arriscada o ilustre médico sucumbiu no dia 3 de setembro do mesmo anno"[105].

Ao final da epidemia eram trinta e seis mil os mortos, porém o Dr. Souto sobreviveu ao batismo de fogo na ciência médica, estava preparado para enfrentar outras crises e até outra epidemia de cólera, esta, no Uruguai, durante a guerra. Agora era o tempo de introduzir-se nas redes do poder local. Ele já tinha o que mostrar para os caçadores de talento.

---

105 COSTA, Paulo Segundo da. Campo Santo: resumo histórico, p. 103.

CAPÍTULO 4

A consolidação da carreira pública, 1850-1862

A FMB não formava apenas médicos, mas também quadros para a administração pública, tanto para a cidade, quanto para o país que vivia um momento de mudança estrutural na economia e nos equipamentos públicos. A presença dos médicos na vida política moderna, principalmente com o advento do voto popular, não é rara, já que pela natureza do seu trabalho, além da boa formação acadêmica, eles conhecem os problemas mais agudos da população e tem acesso a grandes clientelas. No Brasil, o médico Juscelino Kubitschek chegou a presidente pelo voto popular. Isto não exclui médicos como Marat na Revolução Francesa, o Papa Doc no Haiti ou Che Guevara em Cuba, dentre outros que optaram pelo convencimento armado.

Na faculdade baiana respirava-se a política partidária. Os grupos de professores dividiam-se entre um e outro bando, porém, aparentemente a maioria estava com os Liberais. Para escândalo dos adversários os professores faziam profissão do seu credo nas aulas. O Dr. Souto foi um deles:

"Ao abrir o seu curso deste anno, em vez de fazer uma prelecção sobre as matérias da cadeira que lecciona, fez uma dissertação política em que atacou o governo, ensinando a mocidade a ser insubordinada. Há certos typos que não sei para que vieram ao mundo; tal é o nenhum préstimo que possuem"[106].

Foi neste contexto de recrutamento de quadros administrativos e políticos na FMB que Souto entrou na vida pública, através da proteção do Visconde de Sinimbu e do seu irmão José Ferreira Souto, para dirigir o Passeio Público e também foi eleito deputado provincial, uma espécie de escola preparatória.para a vida política nacional. Dalí poderia almejar tanto a deputação na Corte, quanto a direção de uma província ou mesmo um ministério. Mesmo postando-se ao lado dos Liberais, Souto não deixa de manter boas relações com os adversários, principalmente o cacique Conservador, o Barão de Cotegipe, como se percebe na carta de Salustiano ao Barão de Cotegipe:

"(...) Por falta de saúde, e por amontoamento de trabalhos, q. não por falta d´estima e amizade, tenho deixado de ir do Bom-fim visitar a V. Exci^a, como a muito projecto; e não melhorando o tempo, que mais se parece afeiar, tomei a deliberação de mandal-o visitar por nosso escravo, e saber novas da saúde de V. Exci^a e de sua Exm^a Snr^a, a quem cumprimento respeitoso e grato. Não me julgue V. Exci^a descuidoso, e seo criado lhe teria informado que eu procurei a V. Exci^a na calçada na occasião, em que V. Exci^a tinhase partido com Exm^o para seos Engenhos (...)"[107]

---

106 DIARIO DO RIO DE JANEIRO, 06 de abril de 1871, p. 2.
107 Carta do Dr. Salustiano ao Barão de Cotegipe, 12 de setembro de 1858. Em: IHGB, Lata 4162.

CAPÍTULO 4 A CONSOLIDAÇÃO DA CARREIRA PÚBLICA, 1850-1862

A Condessa de Barral

O exercício da medicina abria também as portas das grandes casas senhoriais que governavam a Bahia e também o Brasil. Foi através dela que Souto conheceu o Visconde de Pedra Branca (Domingos Borges de Barros, 1780-1855), senhor de engenho que fora diplomata na França, onde negociara o reconhecimento da Independência do Brasil com François-René de Chateaubriand (1768-1848), dentre outros, mas, que era visto com risos por seus colegas de classe, pois segundo eles, os seus escravos só trabalhavam das nove as três da tarde e, além disto, plantavam para si. O Visconde de Pedra Branca era poeta e trocava versos com outro poeta, já citado anteriormente, Francisco Moniz Barreto, que brincando sobre o jeito arrevesado do conselheiro Souto falar, mandou ao colega doente o versinho gozador sobre o médico:

"Nem culpo os nossos doutores - | E que recursos hão de ter, | quando o remédio é morrer? | Não concerta um ser já rôto | Nem a loquela do Souto"[108].

A relação com os Borges de Barros, incluía também a filha do Pedra Branca, a bela Condessa de Barral (Luísa Margarida de Barros e Portugal, 1816 - 1891), de quem era médico pessoal. A Barral descendia de gente acostumada as antessalas reais, tanto por seu pai, diplomata em Paris, quanto pelo lado materno, pois um dos seus ancestrais por este ramo foi o rabino Abraham Senior, último Grão-rabino de Castela, um dos financistas que apoiaram os Reis Católicos

---

108 BARRETTO, Francisco Moniz. Clássicos e românticos: exercícios poéticos, p. 216.

na tomada de Granada aos muçulmanos em 1492 – curiosamente ela também pertencia a família do profeta Maomé[109]. A Condessa era casada com um aristocrata francês, o Conde de Barral (que lhe deu o nome por qual ficaria conhecida), neto de F. L. J. de Scevole (1767-1827), amigo de Voltaire e Rosseau. A Condessa de Barral foi também a preceptora das princesas Isabel e Leopoldina, filhas de D. Pedro II.

Mulher culta e talvez a mais elegante do Brasil na sua época, cujo comportamento foi interpretado de forma maliciosa, por tratar os homens inteligentes de igual para igual, conversando com eles sem a mediação do marido francês. Algo que levou a ser vista como *maitresse en titre* (amante favorita) do Imperador D. Pedro II ou ter sido infiel com o seu médico, o Dr. Souto. A ligação efetiva com a Casa Imperial mostrava o seu poder de influenciar, tanto que um jornalista exagerou: "*A Condessa de Barral governa e administrar o paiz enquanto o Sr. de Cotegipe reina*"[110]. O comportamento social das mulheres da época estava sobre vigilância de todos, e mesmo a Barral na intimidade apontava o dedo para suas colegas da sociedade baiana. Fulana era isto, Sicrana era aquilo, aquela outra tinha um comportamento escandaloso, mas o marido não tomava banho e andava nu em casa. Com atenuantes ou não, a infidelidade feminina acontecia com certa frequência na classe alta soteropolitana.

---

109 Os Menezes baianos, segundo o genealogista Francisco Antônio Dória – em A boa semente: a família do Profeta do Islã e seus descendentes na nobreza de Portugal (original) - descendem de Abd Al-Malik ibn Marwan (646-705), quinto califa omíada e construtor do Qubbat As-Sakhrah (Domo da Rocha) em Jerusalém, através dos emires cordoveses e deles aos portugueses "da Maya". Abd Al-Malik é pentaneto de Abd Manaf ibn Qusai; este, trisavô de Maomé, o profeta.

110 O MEQUETREFE nº 84, 17 de novembro de 1876, p. 2.

CAPÍTULO 4 A CONSOLIDAÇÃO DA CARREIRA PÚBLICA, 1850-1862

A história do caso da Condessa de Barral com o Dr. Souto deveu-se as visitas frequentes que o médico fazia a paciente e amiga na sua propriedade rural. Ela ampliou-se com o nascimento de Dominique-Horace de Barral em 17 de fevereiro de 1854, dezesseis anos depois de um casamento estéril. Imediatamente creditaram a paternidade do menino ao médico. O boato chegou até a Corte e acompanhou a carreira do Dr. Souto por muitos anos. Joaquim Nabuco tinha cinco anos quando do episódio e mesmo assim lembrava-se do caso na velhice a ponto de fazer um trocadilho com o sobrenome do suspeito, dizendo que o boato corria a *sotto voce* (aos sussurros). Enquanto isto, o menino continuou o seu destino de delfim, viveu na Corte onde casou-se com Maria Francisca de Paranaguá (1866-1959), filha de um amigo do Dr. Souto, o Marquês de Paranaguá, chefe de uma família descrita por ele como *"respeitável e angélica"*[111]. O desembargador Paranaguá era casado com Maria Amanda (1829-1873), filha do Visconde de Monserrate (Joaquim José Pinheiro de Vasconcelos, 1788-1884), presidente do Supremo Tribunal. Monserrate nascera na ilha baiana de S. Antônio e também era amigo do Visconde de Pedra Branca, a quem recebia na sua casa, a conhecida Chácara do Pinheiro (hoje a Pupileira da Santa Casa de Misericórdia) para tertúlias de poesia.

O casal Paranaguá teve grande prole. Foram três filhos e três filhas: Maria Amanda, Maria Argemira, José (que governou o Amazonas e Santa Catarina), Ricardo, Maria Francisca

---

111 Carta de Salustiano Ferreira Souto ao Marquês de Paranaguá, Montevidéu, 13 de janeiro de 1868. Em: IHGB, lata 313, pasta 24-IX.

e Joaquim. As meninas Paranaguá foram companheiras de brincadeiras da princesa Isabel. Numa delas, a princesa Isabel-menina perfurou por acidente o olho direito de Amandinha (para diferenciar-se da mãe que tinha o mesmo nome), cegando-a daquela vista. A amizade durou por toda a vida, inclusive no desterro imperial, quando, ela e o marido, acompanharam no "*Alagoas*", a família imperial banida pelo golpe de estado republicano.

Aqui cabe uma nota anterior ao casamento de Dominique-Horace de Barral: A morte do Visconde de Pedra Branca em 20 de março de 1855 gerou uma crise que atingiu o Supremo Tribunal, pois a Condessa de Barral, reclamou aos amigos, D. Pedro II e ao presidente do STJ, Visconde de Monserrate, que os desembargadores do Tribunal de Relação da Bahia tinham "comido" parte desta herança para dar prosseguimento ao processo do inventário. O Monserrate procurou punir os desonestos; mas, D. Pedro II foi contra a punição pública e sugeriu a aposentadoria. Monserrate discordou, demitiu-se da presidência e exonerou-se em 1864. O gesto foi retribuído pelo Povo com uma coroa de ouro – posteriormente doada por seu neto, o almirante Caio Pinheiro de Vasconcelos ao IGHBA.

Voltando as bodas: o casamento de Dominique-Horace de Barral e Maria Francisca de Paranaguá foi na capela do Palácio Isabel (hoje renomeado Guanabara) as 10h do dia 5 de agosto de 1883. Os pais dos noivos mostraram todo o seu prestigio social, trazendo a família imperial de Petrópolis para a cerimônia: D. Pedro II e a esposa Teresa Cristina, a herdeira D. Isabel e o consorte Conde d´Eu, com os jovens

CAPÍTULO 4   A CONSOLIDAÇÃO DA CARREIRA PÚBLICA, 1850-1862

D. Pedro e D. Augusto (o sobrinho que conspirava contra a tia D. Isabel). O arcebispo de Salvador celebrou as bodas. O Conde d'Eu conduziu a noiva até o altar; pois, ele e a esposa, o Barão de Loreto (casado com Maria Amanda, irmã da noiva)[112], Maria Argemira de Paranaguá (também irmã da noiva e esposa do desembargador Serafim Moniz Barreto[113]), foram os padrinhos. O casamento teve o seu momento de correção política: a Condessa de Barral libertou Luís, Corina e Carolina, *"únicos escravos que possuía"*[114]. O Dr. Serafim libertou a escrava Felismina. Se o Dr. Salustiano esteve na festa, foi discreto, por que não aparece o seu nome nos jornais que noticiaram as bodas.

O pasquim carioca *Carbonário* ao reduzir a biografia do Dr. Souto a uma caricatura poética, só teve o possível caso amoroso de ambos como principal traço de sua vida, que lhe identificasse frente ao povo. Mais uma vez ele foi vítima dos trocadilhos maliciosos, onde o poeta do maldizer usa a palavra comensal num sentido diferente do usual forçando a conclusão do caso físico entre ambos.

"Não veio o Souto, que pena! | Um tartufo sem rival ! | A cara logo condenna | aquelle pobre animal, | comensal de uma condessa, | muito própria para abadeça (sic)"[115].

---

112 O BARÃO DE LORETO (Franklin Américo de Meneses Dória), nasceu na Ilha dos Frades, Fazenda Loreto, Bahia e morreu no Rio de Janeiro (1836-1906). Juiz e poeta. Dirigiu três províncias: Piauí, Maranhão e Pernambuco. Ministro da Guerra (gabinete Saraiva) e Relações Exteriores (gabinete Ouro Preto). Fundou a cadeira nº 25 (em homenagem ao poeta baiano Junqueira Freire) da Academia Brasileira de Letras. Esteve no exílio com D. Pedro II.

113 SERAFIM MONIZ BARRETO nasceu na fazenda Coité, Inhambupe, Bahia (1832-1904), filho de José Egas Moniz Barreto e Francisca Leocádia da Silva Veloso – filha de Domingos Ferreira Veloso, capitão-mór de Inhambupe. Desembargador.

114 *"Casamento"*. Em: *Liberal Mineiro*, 8 de agosto de 1883, p. 2.

115 CARBONÁRIO, "Festas de reis", 13 de janeiro de 1882, p. 2.

O adversário do Dr. Souto, Álvaro Tibério duvidava da extensão desta amizade e resmungava ironicamente a Cotegipe, outro chefe político Conservador, que Souto *"inculca privança com a Excelentíssima"* [116], julgando que talvez ele fizesse para valorizar-se socialmente.

Através da arte médica, Souto chegou-se a outra grande família, a dos Barões de S. Francisco, José de Araújo Aragão Bulcão (1798-1865) e Ana Rita Cavalcanti de Albuquerque (+1869), proprietários do engenho Acutinga no Recôncavo baiano, curando de febre amarela o filho de ambos, Gonçalinho, o futuro deputado Dr. Gonçalo Marinho de Aragão Bulcão (1839-1894). Em 30 de janeiro de 1856, ele, o Visconde de Pedra Branca, Francisco Moniz Barreto, estiveram na festa de aniversário da baronesa, onde o ponto alto foi a declamação laudatória do poeta Francisco aos anfitriões.

O Dr. Souto além da desvantagem de procurar inserir-se numa das redes de poder, tecida genealogicamente pelas famílias de baraço e cutelo, tinha que lutar também com a sua fragilidade de saúde. Em 1849 ele tirou seis meses de licença com vencimentos na FMB, no ano seguinte, mais dois meses de afastamento para cuidar da saúde, licenças devidas a sua fraqueza pulmonar. A primeira licença foi tirada em outubro de 1849, *"licença por seis mezes com ordenado"* para *"viajar fora do Império"* em razão da:

---

116 Carta de Álvaro Tibério para o Barão de Cotegipe, 19 de fevereiro de 1857. Esta carta foi citada inicialmente pelo historiador Pedro Calmon e repetida por outros historiadores; porém deve ser de outra data, pois a que encontrei no IGHB/ Coleção Cotegipe refere-se a nomeação de um padre, em oposição a Barral.

CAPÍTULO 4 A CONSOLIDAÇÃO DA CARREIRA PÚBLICA, 1850-1862

"Tuberculose pulmonar, a qual tem minimamente feito progressos, alterando-lhe as funções do estômago" [117].

Assinaram o atestado médico, Francisco de Azevedo Monteiro, Antônio Policarpo Cabral e o sergipano Manuel Ladislau Aranha Dantas, professores na FMB. Ele voltou a ficar doente em 1872, depois de brincar o entrudo e ser molhado com água fria; quando suado, pelos foliões num dia de calor:

"Acha-se gravemente enfermo, de uma febre perniciosa, em consequência de uma molhadela de entrudo, o Sr. Dr. Sallustiano Souto, lente da escola de medicina. Conquanto o estado do doente não seja desesperado, todavia tem causado sérios cuidados a seus amigos, que não cessam de prodigalizar-lhe os mais assíduos cuidados"[118]

Que ele tinha problemas de saúde é verdade, mas a concessão da licença era também um artifício usado para justificar uma viagem de estudos a Europa, algo comum na formação dos médicos e professores da Faculdade. Os médicos brasileiros iam usualmente a França onde assistiam aulas de notabilidades em certas áreas da medicina para se especializarem. Paris era uma continuação de Salvador para os mais abonados. Nos anos trinta quando o Dr. Abbott fez a sua viagem de estudos, encontrou três colegas baianos em Paris: o *"cadavérico carão"* de Maurício Rebouças*[119]*, João Jacinto de Alencastre (1802-1868) e Eduardo

---

117 Requerimento encaminhado ao Ministério do Império, solicitando seis meses de licença, com vencimentos, para tratar sua saúde, 1849. Em: Biblioteca Nacional, Rio de Janeiro, C-0797, 060, n° 001.

118 CORREIO DO BRAZIL, 12 de março de 1872, p. 3.

119 GALVÃO, Fernando Abbott. Ob. cit., p. 81.

103

Ferreira França (1809-1857). O representante diplomático era o Visconde de Pedra Branca, cuja esposa faleceu nesta época e foi sepultada no cemitério Pere Lachaise. Neste período a sua casa foi o ponto de encontro dos brasileiros por lá. Ele os recomendava a pessoas importantes, como fez ao Dr. Abbott, apresentando-o ao médico Alfred Velpeau (1795-1867); emprestava dinheiro a viajantes colhidos pelos imprevistos; algo muito parecido o que também fez o embaixador Sousa Dantas, neto do conselheiro Dantas, nas décadas em que viveu na cidade.

Comme il faut

Estas aulas-espetáculo eram dadas no Hospital e pagas por sessão, onde o cobrão local exibia um procedimento médico de sua especialidade para os alunos regulares e ouvintes aprenderem a sua técnica. Elas eram ministradas em salas cheias até com duzentos ouvintes. Há várias imagens destas aulas, desde a conhecida aula de anatomia do Dr. Tulp (1593-1674) pintada por Rembrandt em 1632, a uma reconstrução mais moderna, a mastectomia feita pelo Dr. Agnew (1818-1892), do americano Thomas Eakins em 1889. As aulas francesas não eram solenes como a imaginação dos pintores as recriaram. Enquanto os professores cortavam e suturavam os doentes, mulheres pobres davam a luz no palco, os alunos participavam ruidosamente com vaias e aplausos, cantavam hinos patrióticos, etc.

O Dr. Abbott na viagem de estudos viu e ouviu muitas destas estrelas da medicina europeia, inclusive o barão

CAPÍTULO 4 A CONSOLIDAÇÃO DA CARREIRA PÚBLICA, 1850-1862

Guillaume Dupuytren (1777-1835), personagem do romancista Balzac na *Comédia Humana*, que além de receber um título de nobreza, acumulara uma fortuna de três milhões de francos, imensa para a época e sem precedentes na profissão. Ele viu o colega francês a partir de uma recordação baiana:

> *"Ele não é tão alto como o Felisberto* [Gomes Caldeira, assassinado pelos homens do Periquitão em 1824], *mas no mais parece-me algum coisa com ele. Trata os seus ouvintes como se nada fossem, aos doentes trata admiravelmente enquanto lhe agradam, mas, se lhe não respondem à letra, os trata com muita grosseria"* [120]

Os adversários políticos de Souto diziam com desdém que ele era o *"nosso insigne Dupuytren"*[121]. Ironia de uns, verdade para outros. É possível que ele tenha viajado para a Europa numa licença de saúde e repetido o périplo dos colegas pelos hospitais franceses.

No passeio público

Ele chegou ao cenário público num momento delicado em Salvador, quando três episódios se conjugaram para um quebra-quebra na cidade: eleição para senador (o irmão José era candidato), crise de abastecimento na cidade e conflitos disciplinares entre as mulheres do Recolhimento do Santo Nome de Jesus da Santa Casa de Misericórdia e a sua direção. A atmosfera de injustiça pairando na cidade formara um

---

120 GALVÃO, Fernando Abbott. Ob. cit., p 78/9.
121 CORREIO MERCANTIL, 23 de outubro de 1844, p. 3.

O MÉDICO DOS POBRES

povo reclamão pronto a explodir a qualquer pretexto, daí a regularidade destes quebra-quebras todos os anos. No caso, foram as mulheres do Recolhimento que numa série de questões internas insubordinaram-se contra as freiras vicentinas que tinham assumido a instituição para discipliná-las, e uma das recolhidas, pediu socorro de uma janela, pois teria sido espancada pelo Provedor da Santa Casa.

Logo apareceram os salvadores de mocinhas e a eles se reuniram os descontentes com o aumento dos produtos alimentícios e deles saiu o grito de guerra meio debochado daqueles revoltosos: *"Queremos carne sem osso e farinha sem caroço"*, que deu identidade ao movimento. O Povo irado saiu dali quebrando tudo até a Baixa dos Sapateiros. O governo interveio militarmente através da cavalaria.

"Atiraram pedras sobre os soldados postados à entrada do palácio. Foram feridos por estas pedradas o Dr. Salustiano Souto, o capitão Elias, o Dr. Luiz Álvares dos Santos, um soldado de infantaria e outro de cavallaria; destes consta-nos que está mal o capitão Elias[122]. Neste conflicto por descuido disparou-se uma espingarda, mas felizmente ninguém foi ferido. Consta que um indivíduo do povo fora ferido por uma baioneta no peito. As 9hs da noite estava toda a multidão dispersa e todo acalmado (...)"[123].

O Dr. Souto saiu do palácio nomeado Administrador do Passeio Público, um jardim criado pelo Conde dos Arcos

---

122 É o capitão ELIAS JOSÉ RODRIGUES DA SILVA, que aparece na documentação militar da época como morador na rua da Lapa, que pediu para contar como tempo de serviço a sua presença na Armada entre 1822 a 1826, em 1862 foi reformado como major e dez anos depois já era falecido pois a viúva Maria Clara Guerreiro reclamava a pensão da reforma para si.

123 DIARIO DO RIO DE JANEIRO, 10 de março de 1858, p. 1.

CAPÍTULO 4 A CONSOLIDAÇÃO DA CARREIRA PÚBLICA, 1850-1862

durante o seu governo, cuja pedra fundamental fora lançada em 17 de dezembro de 1814. Não se sabe o porquê da sua escolha: Seria uma barganha política motivada pela campanha senatorial? Uma indicação doméstica do Presidente da Província, o Visconde de Sinimbu? O Dr. Souto era médico de sua esposa e também correu o boato que eram parentes. Deste momento tumultuado há uma imagem que foi publicada por Arnold Wildberger em *Os presidentes da província da Bahia* chamada *"scena do 1º março de 1858"* registrando o momento da revolta. Na figura estão o presidente, o Dr. João Barbosa (amigo inseparável do Dr. Souto e pai de Rui), alguém cujo nome foi rasurado (será o Dr. Souto?), o capitão Pinto Pacca e o tenente João Carvalho.

Quando o Dr. Souto assumiu o cargo tinha o orçamento de 4:600$000 (quatro contos e seiscentos mil réis) para administrar – enquanto o seu salário era de 800$000 (800 mil réis). Ele trouxe sementes e mudas de outras partes do país privilegiando a flora nacional, pois tinha preocupações nacionalistas. Com o dinheiro do orçamento também comprava as ferramentas dos funcionários, objetos de uso no local, como estátuas, vasos e baldes, além de pagar os seus salários. A primeira avaliação do seu trabalho foi na inspeção do conselheiro Manoel Dantas, que elogiou a gestão do companheiro partidário e também amigo da sua família, como *"inteligente e zelosa"* [124]. Lamentou apenas a falta de recursos para melhorá-lo, mas o Dr. Souto já o tornara um ponto de

---

124 DANTAS, Manoel. Relatório apresentado à Assembleia Legislativa Provincial da Bahia pelo Excellentissimo Presidente da Província o commendador Manuel Pinto de Sousa Dantas no dia 1º de março de 1866, p. 35.

convivência do povo baiano, levando para animar o local, bandas de músicas nas noites de sextas-feiras e tardes de domingos, inclusive, promovendo em 1860 espetáculos de músicas militares para ajudar as vítimas da seca no Sertão. Em 1859 na visita que D. Pedro II (1825 - 1891) fez a Bahia encontrou-se com o Dr. Souto por algumas vezes. Foram duas vezes no Passeio Público, depois numa aula sobre envenenamento na Faculdade de Medicina, numa recepção em Mucugê e finalmente no Dia de Finados, quando ele *cismava* pelo cemitério do Campo Santo, após a missa pelas almas dos Irmãos da Misericórdia, usualmente rezada na capela as 9hs. D. Pedro II estranhou o comportamento do médico[125].

Ninguém conversava despreocupadamente com D. Pedro II, a não ser nos seus momentos de Orientalista diletante, quando então se traduzia árabe e hebraico, planejava viagens ao Oriente. Elas seriam feitas em 1876, quando ele ficou quase um mês entre o Líbano, Síria e a Terra Santa, onde foi hóspede do emir Abdelkader (1808-1883), filho de um líder africano Qadiri e os judeus sefaraditas (de origem ibérica) Angels e os Lisbonas, todos residentes em Damasco[126]. A Condessa de Barral cedera-lhe o preceptor do filho, o alemão Philip Ferdinand Koch (? - 1874) para lhe ensinar árabe e hebraico e depois lhe acompanhou até a Sublime Porta. A cultura islâmica despertava interesse na elite ilustrada, tanto que muitos buscavam informações entre escravos. José Bonifácio (1763-1838), o Patriarca da Independência, aprendera

---

125 D. Pedro II. Ob. cit., p. 167.
126 FAINGOLD, Reuven. D. Pedro II na Terra Santa: Diário de viagem, 1876.

CAPÍTULO 4 A CONSOLIDAÇÃO DA CARREIRA PÚBLICA, 1850-1862

rudimentos da escrita árabe com o alufá Francisco Haussá, natural de Kano, hoje Nigéria. O deputado Silveira Martins (1834-1906) teve como professor de árabe e sufismo, o quitandeiro carioca Adriano Mina. O sobrinho de José Bonifácio, José Ricardo da Costa Aguiar de Andrada (1787-1846), fez uma peregrinação de dezenove meses pela terra de Israel e chegou a escrever uma gramática árabe.

Nos outros momentos todos se submetiam a avaliação profissional de D. Pedro II. O Imperador portava-se como o responsável pelos Recursos Humanos de uma grande empresa, o que naquele tempo o governo não deixava de ser, pois ele era o grande empregador, de um capricho seu dependia o sucesso dos currículos da época.

Souto não escapou do julgamento imperial, pois D. Pedro II anotou no seu Diário em 9 de outubro de 1859:

"(...) Às 5:20 fui ao Passeio Público que estava topetado (sic) de gente e é agradável passeio, tendo poucas árvores e plantas em geral, relativamente ao espaço. Há apenas dois serventes e um administrador, que cuidam do passeio e moram nele. O Dr. Souto parece zeloso mas parece que quer gastar mais do que a natureza do dispêndio permite, devendo-se por ora conservar o que existe e plantar árvores, tendo as ruas limpas e batidas (...)"[127].

Dias depois, no dia 27 o Imperador repetiu o programa:

"(...) As 6 ¾ fui ao Passeio Público. Tem poucas árvores e creio que o Souto fez mal em cortar o tamarindeiro. O diretor trata de plantar árvores do Brasil e aí vi, entre outras, um oitizeiro com flor que é branca e pálida e delicada, dizendo-me o Souto que o fruto tem o tamanho do maracujá; há também

---

127 D. PEDRO II. Ob. cit., p. 76.

angico. O diretor pouco pode fazer por falta de dinheiro (sendo a consignação de 64 mil réis bimensais), os trabalhadores (que não excedem de 3), e de terreno, pedindo que se lhe dê o que fica defronte do portão principal para avançar agradaria, o do lado da Igreja dos Aflitos, que convém nivelar com o do jardim e o fosso do forte de S. Pedro (...)"[128].

A ideia de arborizar a praça com oitizeiros, estendeu-se depois para as ruas de Salvador e mais tarde, através do paisagista Auguste Glaziou (1833-1906) chegou ao Rio de Janeiro, para se usufruir o conforto proporcionado pelas sombras. A administração do Dr. Souto trouxe-lhe prestígio suficiente para aventurar-se no Legislativo, porém foi ironizado no noticiário Conservador como *"o moço entendido em lavouras"* [129]. Muitas de suas ideias não foram colocadas em prática por falta de recursos, mas geraram discussões acaloradas, tanto favoráveis, quanto, contras. Os adversários espalhavam que ele iria seria trazer agricultores cubanos para ensinarem os segredos do cultivo do tabaco aos baianos. Algo que evidentemente enfurecia os seus patrícios.

Em 1872 foi o presidente da comissão que organizou a exposição de produtos naturais e industriais da Bahia e Sergipe, comissão formada pelo desembargador Antônio Calmon Du Pin e Almeida, Dr. Pedro da Silva Rego, Dr. Antônio Álvares da Silva, Dr. Miguel de Teive e Argolo, tenente-coronel Teodoro Teixeira Gomes, tenente-coronel Egas Moniz Barreto de Araújo, comendador José de Barros Reis, Dr. Joaquim Antônio de Oliveira Botelho, Dr. Francisco Rodrigues da Silva,

---

128 D. PEDRO II. Ob. cit., p. 142/3.
129 CONSTITUCIONAL, 29 de outubro de 1862, p. 3.

CAPÍTULO 4   A CONSOLIDAÇÃO DA CARREIRA PÚBLICA, 1850-1862

Paulo Pereira Monteiro, Pedro Ferreira Viana Bandeira, Dr. Inácio José da Cunha e Manoel Joaquim de Sousa Brito[130]. Durante a exposição, na condição de presidente, Souto, fez um discurso anticlerical na frente do arcebispo D. Manoel Joaquim da Silveira (1807-1875) sobre a importância da ciência e da separação entre Igreja e Estado. O bispo fechou o sobrolho mulato, saiu "agastado" da reunião e deixou a um dos seus padres a resposta diocesana ao político novato. Através dos jornais simpáticos a corrente católica atacou o Souto, que também respondeu pelos jornais, reafirmando a crença na ciência, ressaltando o reacionarismo do clero baiano, que ainda via Rosseau e Montesquieu como homens "ímpios"[131].

Ele dirigiu o Passeio Público por uma década, até ser demitido em 1868 por um adversário Conservador, o Visconde de S. Lourenço (Francisco Gonçalves Martins, 1807 – 1872), lembrado repressor dos malês em 1835. Ele foi demitido ao mesmo tempo em que o seu colega Dr. João Barbosa, diretor da Instrução Pública também o fora. O episódio levou os seus companheiros de partido a tribuna do Senado, quando o conselheiro José Antônio Saraiva e Zacarias de Góis, por duas seções parlamentares inquiriram agressivamente ao Visconde de S. Lourenço, a quem eles debitavam as demissões e que no debate, Zacarias ironicamente classificou a Cotegipe, como

---

130 Relatório apresentado ao Excellentissimo Senhor Conselheiro Joaquim Antão Fernandes Leão Presidente da Província da Bahia, pelo 4º Vice-Presidente o Excellentissimo Senhor Doutor José Augusto Chaves no Acto de passar-lhe a administração da Província. Bahia: Typographia de Antonio Olavo da França Guerra, 1862, p. 11.

131 CORREIO MERCANTIL, 24 de julho de 1862, p. 2.

111

seu *"pelicanosinho"*, aprendiz de suas práticas políticas. Pelicano era a imagem católica, criada por S. Jerônimo, para alguém que se sacrifica por seus filhos, lhe dá a carne de próprio corpo para nutri-los – inspirada no Salmo nº 102:7 (*"similis factus sum pellicano solitudinis"*). Fez lhe ver que era uma ilegalidade demitir alguém que prestara serviços na Guerra do Paraguai, mas a vitória conservadora era implacável, o conselheiro Souto estava fora da direção do Passeio Público.

A imprensa Conservadora carregou na descrição negativa da sua administração para justificar a demissão do adversário político.

> *"Havia no passeio público um indivíduo que alli fora estabelecer um botequim, sem licença, e que desde alguns annos, monopolisando a venda de bebidas e refrescos, dentro da propriedade nacional, emprestava o seu lupanar a toda casta de immoralidades e depravações. No tempo do exímio Dr. Salustiano Souto, taes cousas pareciam naturaes, depois, porém, que para ali foi o Dr. Mesquita, homem de severa probidade e pae de família modelo, tratou de acabar com aquella sórdida especulação (...)"*[132]

O Dr. Souto foi substituído pelo Dr. Antônio Pereira de Mesquita, médico homeopata e definidor da Ordem Terceira do Carmo, identificado numa lista eleitoral posterior, como tendo:

> *"62 annos, casado, médico, sabe ler e escrever, filho de José Pereira de Mesquita, renda presumida 6:000$000"*[133].

---

132 DIARIO DO RIO DE JANEIRO, 19 de fevereiro de 1870, p. 2.

133 *"Lista geral, apurada pela junta municipal dos cidadãos aptos para votarem e serem votados na parochia da Sé, do município da capital de conformidade com o art. 60, nº 1 das instruções de 12 de janeiro de 1876"*. Em: O MONITOR, 11/07/1878, pp. 2.

CAPÍTULO 4   A CONSOLIDAÇÃO DA CARREIRA PÚBLICA, 1850-1862

Ele ficou no cargo até a derrota do seu grupo político em 1884, quando então o Dr. Souto retornou ao cargo, mas numa condição diferente, a de arrendatário. O discurso para a mudança de regime administrativo fora privatizá-lo e assim cortar as despesas do orçamento estadual[134].

A casa de Souto

Nos anos quarenta os desconhecidos irmãos Ferreira–Soutos vindos do Sertão já participavam da elite soteropolitana, tanto que José é o padrinho em 24 de julho de 1845 no batismo do filho do Visconde de Rio Branco (José Maria da Silva Paranhos, 1819-1880), o menino que levou o mesmo nome do pai. O neófito, futuro Barão do Rio Branco seria um dos políticos mais importantes do país. O carinho da família Rio Branco pelo padrinho continuou pelos anos afora, tanto que o afilhado fez uma viagem a Coimbra unicamente para visitar o lugar onde ele estudara ainda que rapidamente, antes de ser expulso por motivos políticos.

Cabe aqui umas linhas a mais para esclarecer quem são estes Silvas, vindos da freguesia tripeira de Paranhos, que se deram tão bem por aqui, a ponto de enriquecer e nobilitar-se. O retrato do tio-bisavô do menino batizado, tenente-coronel Antônio da Silva Paranhos, colocado na sala de reuniões da Santa Casa de Misericórdia soteropolitana, mostra o sentido prático de sua estirpe – ele aponta o dinheiro

---

134 *"Falla com que o IIm⁰ e Exm⁰ Sr. Dez. Esperidião Eloy de Barros Pimentel abriu a 2ª sessão da 25ª Legislatura da Assembleia Provincial da Bahia, 1 de maio de 1885.* Salvador: Diário da Bahia, 1885, p. 93.

doado e não as cartas de nomeação como fizeram os seus antecessores e sucessores em tão fidalga instituição. É desta Casa a escravinha iorubá Majéngbásan, renomeada catolicamente Felicidade, que terá um filho importante para quem deseja conhecer a história religiosa dos negros baianos, Martiniano Eliseu do Bonfim já mencionado antes.

Já o conselheiro Souto, diferente dos irmãos José, Maria Joaquina e Felismina; mas, como o primogênito Antônio foi celibatário por toda a vida, porém não era solitário, graças ao seu temperamento alegre e generoso. Ele morou primeiro numa casa da Rua do Areal de Cima nº 70, no bairro Dois de Julho e depois por décadas numa ampla construção no Largo dos Aflitos nº 6, praça no alto de uma elevação com ladeiras pela esquerda e a direita, frente à igrejinha branca de uma torre só, que dera nome ao local. A igreja fica de costas para a praça e de frente para o mar, com um despenhadeiro logo a porta, e visões de mangueiras e bananeiras logo abaixo. Foi nesta igreja que o presbiteriano-judeu sertanejo Gláuber Rocha (1939-1981) casou-se em junho de 1959, com uma bisneta do construtor do elevador Lacerda, claro, depois de converter-se ao Catolicismo e receber o nome cristão "Pedro"[135]. Os padrinhos do casamento foram o escritor

---

135 Ele descendia pelo costado materno de gente tisnada como cristã-nova e judia, notadamente os Silvas-Gusmão de Vitória da Conquista, aderentes do Presbiterianismo. Opção religiosa feita por eles em oposição ao Catolicismo – algo encontrado em várias parentelas de ascendência cristã-nova no Brasil (os Cerqueiras-Leite paulistas, os Valadares sergipanos, etc.). Gláuber também é pentaneto de David, judeu vindo de Nantes, sepultado na igreja de S. Pedro dos Clérigos em Salvador e genearca de uma relevante descendência baiana. Lúcia Mendes Andrade Rocha (1919-2014), a sua mãe, deu-me a sequência destas gerações: ela era filha de Marcelina de Oliveira Ferraz, filha de Ana Vitória, filha de Tatá, filha de David. Obrigado, dona Lúcia, pela contribuição genealógica.

CAPÍTULO 4 A CONSOLIDAÇÃO DA CARREIRA PÚBLICA, 1850-1862

Jorge Amado (1912-2001), trineto do pecuarista Barnabé Amado que viveu próximo aos barrancos do rio Real, no Dantas-landes e cujos descendentes foram vistos como de origem cristã-nova. Jorge foi autor da emenda que colocou o princípio da liberdade religiosa na Constituição de 1946.[136]; e mais, o pintor Genaro de Carvalho (1926-1971), este, um Dantas pelo lado materno, ambos com as suas esposas.

No Largo dos Aflitos nº 6, o conselheiro Souto morava, recebia amigos para os saraus musicais, declamava-se poesia, abrigava amigos em dificuldades, fazia reuniões políticas e também estudava. Daí saia para dirigir as obras do Passeio Público logo ali ao lado, lecionar no Terreiro de Jesus e nas sextas-feiras para frequentar uma casa discreta na Rua da Alegria nº 3 nos Barris, que era a mesquita dos *muçurumins*.

Para a locomoção o dono da casa possuía um cavalo alazão, considerado como velho e uma bestinha ruça. Nem sempre as bestas ficavam sossegadas no quintal. Logo no começo da carreira, uma delas fugiu e ele foi aos jornais:

"Fugio do Dr. S. Souto uma mula pequena, castanha, rabona: o annunciante pagará a quem lhe fizer o favor de levar a sua casa, e espera que si alguém a tiver em sêo poder annuncie para ser procurado, pagando-se as despesas"[137]

---

136 O pecuarista BARNABÉ FRANCISCO AMADO foi paroquiano da freguesia de N. S. Imperatriz dos Campos do Rio Real (hoje Tobias Barreto), onde deixou descendência endógama e com nomes veterotestamentários; onomástica incomum na região na época; como, Benjamin, Ozéas de Deus, Salatiel, Isaac, Rachel, Natan, Melchisedech, Otoniel, Dalila, etc. São descendentes. Dentre outros, do casal cristão-novo Heitor Antunes e Ana Rodrigues, naturais da Covilhã. Ele foi o "cádi" (rabino) da comunidade críptica-judaica baiana, lia em hebraico e mantinha uma "esnoga" (onde guardava um rolo da Torah, Pentateuco) em Matoim. Ela, já era viúva, quando foi presa pela Inquisição, morreu octogenária no aljube lisboeta e suas cinzas foram queimadas como "judaizante". Diziam-se descendentes dos bíblicos Macabeus.
137 O GUAYCURU, Salvador, 22 de janeiro de 1852, p. 4.

O MÉDICO DOS POBRES

Em 1885 a casa do Largo dos Aflitos passou por uma reforma. Ela foi conduzida pelo empreiteiro *muçurumim* Manuel Friandes, que depois do Dr. Souto regatear, fez um abatimento de 6% no orçamento final, para ganhar o serviço. A sua casa contava com canalização de gás para iluminação e o aparelho telefônico nº 224, bebia-se vinho do Porto, o roxo Figueira e café. Só em outubro de 1887 foram consumidos sessenta litros do vinho Figueira. Tinha um pequeno exército de serviçais pra servi-lo e aos seus convidados.

A equipe de empregados era formada pela lavandeira Ana Borges de Barros; os criados, Iria da Costa Lima, João Emiliano; o copeiro Tibúrcio Luís Freitas. Será ele o escravo Luís que foi cobrar Rui Barbosa a mando do patrão? O maquinista Idalino José, o cozinheiro Pedro e o jardineiro Ladislau Tolentino Barros Souto, que fazia também os trabalhos burocráticos e acompanhava o patrão nas viagens. Os empregados eram quase todos alfabetizados, com as exceções dos criados Iria e João Emiliano. O melhor remunerado era o cozinheiro Pedro que recebia 46$000 (só para comparação o Dr. Souto recebia 31$000 como médico do Asilo dos Expostos).

Isto é apenas a vida profissional. Mas quem seriam estas pessoas? Quais as suas histórias de vida? Procurei registros documentais, inutilmente e assim busquei outros recursos para vislumbrar quem eram estas pessoas. Havia na época poucos espaços de recrutamento destes serviçais, ele era feito entre escravos, libertos e expostos ou os seus filhos. A origem étnica era quase sempre a mesma, africana ou mulata. Cabe aqui uma palavrinha sobre o que era ser exposto na

116

CAPÍTULO 4 A CONSOLIDAÇÃO DA CARREIRA PÚBLICA, 1850-1862

Santa Casa, local de trabalho do Dr. Souto, que o agiota Matinhos (João de Matos Aguiar, +1700), primo do poeta Gregório de Matos (1636-1695), o "Boca do inferno", beneficiara com a sua milionária herança, 217.092$475 (segundo cálculos contemporâneos, dez milhões de dólares), doados para a instituição funcionar e a obrigação de muitos expostos usarem o seu nome de família, Mattos. O Asilo dos Expostos criava as crianças enjeitadas pelos pais que eram colocadas na Roda. Ele foi criado em 1726. A mortalidade na recepção era altíssima, só para ilustração, em 1884, entraram 36 crianças e morreram 31[138]. Nos outros anos a situação não fora diferente. Os sobreviventes eram encaminhados para aprenderem uma profissão servil. Landislau (sic), nascido em 1820, com seis anos já trabalhava como aprendiz para Maria de Nazaré, três anos depois, estava em outra casa; em 1834, era criado de Leandro Ramos e aos quinze anos tinha desaparecido no anonimato dos pobres. Será ele o Ladislau do Dr. Souto?[139]

A criada Iria não poderá ser aquela do anúncio de 1859 (há também uma exposta)?

"Iria, nagô, estatura regular, peitos pequenos (...) calcanhares grelhados pela grande continuação de andar pela areia, pois a ocupação della era vender peixe; é moça bem falante" [140]

E o cozinheiro Pedro? Não poderá ser o dissimulado copeiro malê do médico escocês Dr. Robert Dundas descoberto

---

138 GAZETA MÉDICA BAIANA, abril de 1886, nº 10, p. 478.
139 VENÂNCIO, Renato Pinto. Famílias abandonadas. Assistência a criança de camadas populares no Rio de Janeiro e em Salvador. Séculos XVIII e XIX, p. 152 e 154.
140 VERGER, Pierre. Ob. cit., p. 508.

O MÉDICO DOS POBRES

como revolucionário na insurreição malê? O seu patrão morreu em 1871. Onde ele se reempregou? O natural é que procurasse novo emprego entre médicos, grupo que precisava destes serviços, e que o conhecia da casa do Dr. Dundas. Nada garante que estes personagens sejam os mesmos da casa do Dr. Souto, mas certamente as suas trajetórias são semelhantes, tal o destino comum dos pobres, repetido naqueles dias e naquelas ruas.

Na sala de visitas da casa de Souto havia um quadro com plantas da Amazônia e um retrato em cortiça do Palácio da Penha. Um sofá, várias cadeiras, uma mesa que fora do Conde da Ponte (um dos latifundiários Guedes de Brito), vários jarros vermelhos com o logotipo do dono, o "esse" e o "efe" floreado. Não havia imagens de santos em nenhum canto da casa. Numa época em que os bancos possuíam poucas formas de aplicação de recursos financeiros, o conselheiro Souto guardava pequenas fortunas em gavetas pela casa, as vezes mais de um conto de réis. Quando acontecia um sarau em casa ele alugava um piano, que era trazido por carregadores africanos e muito possivelmente, *muçurumins*.

Para a apreciação culinária ele e os convivas serviam-se de um aparelho de porcelana de Sevres, com dois bules, açucareiro, manteigueira e leiteira, acompanhadas de bandeja, duas salvas e uma bacia, todas de prata. Havia outro conjunto de prataria assinada pelo joalheiro francês Charles Christofle (1805-1863), composto de vinte e quatro colheres, doze colheres de chá, salva, dois trinchantes, saladeira, guarda doces e um galheteiro.

CAPÍTULO 4   A CONSOLIDAÇÃO DA CARREIRA PÚBLICA, 1850-1862

O conselheiro Souto também guardava lembranças dos amigos, como o já citado cronômetro dado pelo Visconde de Pedra Branca, pai de sua amiga Condessa de Barral; e também um tinteiro de prata que recebera do Conde de Porto Alegre (general Manoel Marques de Sousa, 1804-1875), o vencedor da batalha de Curuzu e que comandou Zuavos na Guerra do Paraguai.

Ele agia no salão de sua casa como uma espécie de tio afetuoso, ouvindo e resolvendo os problemas dos seus convivas. Comemorando aniversários, festas de S. João, dentre outros motivos para a reunião. Era um momento em que as mulheres podiam exibir as suas joias e os vestidos novos, e os rapazes encontrarem namoradas e vice-versa. Nas tardes dos domingos, o Dr. Souto colocava as cadeiras a porta da casa e ao som da música que vinha do Passeio Público recebia os amigos, como o seu padrinho, o Visconde de Sinimbu, para discutir política e combinar novas estratégias para enfrentar os adversários Conservadores[141].

---

141 CORREIO MERCANTIL, 14 de abril de 1864, p. 1.

CAPÍTULO 5

Encontro com o cigano Lagartixa

As obrigações de professor e curiosidades de solteiro levaram Souto a Corte no Rio de Janeiro já nos anos cinquenta. Fazia-se a viagem por via marítima costeando as praias, paisagem monótona, o verde das matas dando o tom principal, grupos esparsos de pescadores pela costa e ao cabo de dois dias de viagem a baia da Guanabara, o atracadouro, a atual praça XV de Novembro, o palácio, a cadeia (no local onde seria construído no futuro o Palácio Tiradentes) e a azáfama citadina.

A viagem era feita na maioria das vezes no paquete *Cruzeiro do Sul* que completava o trajeto do Rio de Janeiro até o Ceará, ida e volta, atracando em Salvador, de onde partiam e retornavam a maioria dos passageiros, depois em Maceió, em Recife, Paraíba, Rio Grande do Norte e no ponto final, Ceará. Todos os passageiros de relevância social eram registrados nos jornais, uns com o nome e outros só pela condição social. De uma destas viagens onde consta *"Salustiano Ferreira Souto e 1 escravo"*, eis alguns companheiros de viagem para mostrar com quem ele convivia nas viagens: *"Dr. Miguel Luís Viana"*; *"Isaac Amzalak"*, pai de três lindas moças que aparecerão adiante; o *"Barão de S. Lourenço, sua senhora, cunhada com 1 filho e 2 escravos"*, *"Dr. João José de Oliveira*

121

Junqueira, sua senhora e 7 escravos", "*Pedro Moniz Barreto de Aragão, senhora, 1 filha e 5 escravos*", o negociante francês "*Levy D. Samuel e 1 criado*", o joalheiro francês "*David Mór--José*", vários soldados com passe livre, etc[142]. Os brasileiros possuíam escravos e os estrangeiros, criados. Não é difícil saber quem conversava com quem nestas viagens.

Souto gostou do Rio e de explorar as suas potencialidades. Sentiu-se em casa, pois sabia quebrar a reserva das pessoas e entabular conversas, tanto com grandes, quanto com pequenos. Ser médico lhe dava esta abertura, não ficava preso a sua classe social, pois o esculápio tinha por obrigação escutar a todos. Exercitava o que um pupilo reconheceu como sua qualidade profissional, que não ele não era apenas um médico do corpo, mas também da alma das pessoas. Era simpático o suficiente para ter uma chalaça pronta para cada situação.

Genealogia dos Calóns brasileiros

No vai-e-vem pela cidade Souto encontrou os ciganos que estavam concentrados no Campo dos Ciganos (Praça Tiradentes), Constituição e Campo de Santana. Eles eram notados pelo modo peculiar de vida, se comparados aos outros habitantes da urbe, eram tidos como vagabundos, ladrões e feiticeiros. Descalços, sujos e vestidos de andrajos, viviam no limiar da miséria, uma vida-carrapicho, vistos com desprezo e até com rancor pelos gajões (não-ciganos). No Brasil faziam o que lhes estava ao seu alcance para

---

142 DIARIO DO RIO DE JANEIRO, 14 de setembro de 1864, p. 1.

CAPÍTULO 5 ENCONTRO COM O CIGANO LAGARTIXA

ganhar a vida: artífices em metal, oficiais de justiça, comerciantes de cavalos e de escravos. As mulheres previam o futuro, benziam quebranto (bucho virado), tinham orações até para "fazer aparecer negro fugido"[143] e mendigavam. A história coletiva deles era nebulosa pela condição de ágrafos e quase clandestinos. Os estudiosos lhes atribuíam uma vaga procedência oriental, egípcia segundo os primeiros a se pronunciarem, sobre o tema, recentemente esta origem foi fixada na Índia. Eles descenderiam dos escravos feitos por um príncipe muçulmano feitos num saque a Uttar Pradesh, quando milhares de indianos foram vendidos na Europa Central, de onde se espalharam pela Europa. O ramo que pousou em Portugal no século XV cindiu-se em dois ramos diferentes, sem interação entre si: *calóns* espanholados e os chabotos trasmontanos. No Brasil os *calóns* foram se fraccionando em catingueiros, mateiros, praianos, etc, conforme as suas deambulações.

A entrada dos ciganos no Brasil só é visível compulsando documentos penais, principalmente através dos processos inquisitoriais abertos por comportamento heterodoxo frente ao Catolicismo e dos posteriores atos de degredo dos condenados. Começou, simbolicamente, esta migração forçada no século XVI com o mítico João de Torres, que mesmo degredado, nem chegou a vir para o Brasil. Outros vieram no seu lugar, cuja presença encontramos examinando os Livros Paroquiais onde se se encontram os seus batizados, casamentos e mortes, pelo Brasil adentro. Os sacerdotes eram cuidadosos

---

143 MELLO MORAES Fº, Os ciganos no Brasil e cancioneiro dos ciganos. Belo Horizonte/ S. Paulo: Itatiaia/USP, 1981, p. 49.

em assinalar a origem étnica daquele membro da Igreja; como fez o padre João Antônio de Figueiredo Matos, com o menino Bemvindo, filho legítimo dos "siganos" Ignacio Cardoso e Joana Gomes, batizado em 16 de janeiro de 1860, em Simão Dias, Sergipe, na fronteira do Dantas-landes[144].

Há um grupo migratório de ciganos que deixou história, estabelecido pelo etnógrafo Mello Moraes Filho, que foram desterrados de Portugal em 11 de abril de 1718, era formado por nove famílias de *calóns*: a de João do Reino (João da Costa Ramos), a sua esposa Eugenia e o filho Fernando da Costa Ramos; Ricardo Fraga (que foi para as Minas), Antônio Laço e a esposa Jacinta; Manuel Cabral e Antonio Curto (que foram para a Bahia), o "Conde de Cantanhede" (o *calon* Pinto Noites diz o que seu nome verdadeiro era Peres e eu creio que seja o *calon* Manuel Laço de Cantanhede, réu por furto de escravos em 1834) e Luís Rabelo de Aragão, que pousaram no Largo dos Ciganos (atual Praça Tiradentes).

O etnógrafo Melo Morais Filho, escreveu o seu estudo sobre os ciganos fluminenses baseado nas informações do *"estimável e venerando calon"* Pinto Noites, filho ou neto de um destes homens, o seu mediador para a cultura cigana no Rio de Janeiro[145]. A data de chegada deve ser vista com muitas reservas, pois só encontrei indícios da presença deles muitos anos depois.

---

144 Livro de Batismos da Matriz de Senhora Santana de Simão Dias, 1853-1864.

145 Segundo MELLO MORAES FILHO, p. 26, Pinto Noites teria 89 anos na época – tomando a data da edição do livro, ele nascera em 1797. Era parente do salteador Joaquim Alves Saião, o Beiju. É possível que ele seja Antônio Pinto Noites, dono de escravos, preso por jogos proibidos (Diário do Rio de Janeiro, 04 de março de 1845, p. 2). Não deve ser o Luiz, pai de Emília e Pedro Pinto Noites, falecidos na infância, preso por desordem em 1858 e por embriaguez em 1864, pois as datas não são compatíveis.

CAPÍTULO 5 ENCONTRO COM O CIGANO LAGARTIXA

O Luís Rabelo de Aragão é encontrado no processo "*Autos de agravo e demanda de Luiz Rabello de Aragão contra Luiz José da Silva dono das casas de sobrado no campo adiante da capela de Lampadosa*", em 1793. Ele deve ser o primeiro da turma a chegar no Rio de Janeiro e também o primeiro do nome, já que há outros em datas diferentes, que podem ser homônimos. É possível seguir a trajetória desta parentela muitos anos depois através dos seus filhos ou sobrinhos: Manuel Rabelo de Aragão foi preso por desordem em 1846 (junto com outro *calon* João da Costa Ramos) [146]; Fernando Rabelo de Aragão foi preso por desobediência em 1870[147] e tornou-se oficial de justiça em 1878[148] (era companheiro de outro *calon*, Thomaz da Costa Rabelo, escrivão, ambos na freguesia de Santana); e Luís Rabelo de Aragão que foi oficial de justiça de 1851[149], preso por desordem em 1857[150] e em 1871 morreu o seu filho, João de dois anos, por diarreia[151].

Outro que foi possível seguir documentalmente é o "*sigano*" Antônio Laço Cabral, em deambulações marítimas, a partir de 1829 – os seus negócios o levaram até Montevidéu[152]; foi escrivão do juizado de paz no 1º Distrito de S. João (Niterói), em 1833[153]; preso em 1837; e, protetor do repentista Eugênio Maria de Azevedo, poeta e teatrólogo que impro-

---

146 DIARIO DO RIO DE JANEIRO, 05 de março de 1846, p. 2.
147 DIARIO DO RIO DE JANEIRO, 28 de janeiro de 1870, p. 1.
148 Almanak Popular do Rio de Janeiro, 1878 a 1879, p. 215.
149 LAEMMERT, Eduardo. Almanak Administrativo Mercantil e Industrial da Corte e Província do Rio de Janeiro para o anno de 1851, p. 222.
150 DIARIO DO RIO DE JANEIRO, 25 de junho de 1857, p. 3.
151 DIARIO DO RIO DE JANEIRO, 23 de fevereiro de 1871, p. 2.
152 DIARIO DO RIO DE JANEIRO, 24 de setembro de 1829, p. 4.
153 DIARIO DO RIO DE JANEIRO, 15 de abril de 1833, p. 1.

visava os seus trabalhos e Antônio Laço Cabral passava para o papel. O poeta Andrade viera na esquadra de D. João VI.

A repetição dos mesmos nomes dificulta a feitura das genealogias ciganas. Tomo como exemplo disto os *calons* cariocas Cortez coetâneos. O patriarca Manuel Joaquim da Silva Cortez teve dois filhos identificados: o negociante Antônio Vaz Salgado (1817 - ?), homônimo do cavaleiro que fez as danças espanholas na chegada de D. João VI; e outro negociante, Simão José Cortez (1823- ?). Antônio gerou ao oficial de justiça Simão José Cortez Sobrinho (1851 - ?). Já o Simão, 1º, teve os filhos, ambos oficiais de justiça, Manuel Joaquim da Silva Cortez (1846 - ?) e Simão José Cortez Júnior (1848 - ?). Ou seja, vivendo no mesmo tempo e espaço, pai, filho e sobrinho com o mesmo nome.

È provável que estes grupos de ciganos tenham chegado na segunda metade do séc. XVIII ou talvez nem todos tenham vindo no mesmo navio, mas como formaram um grupo endogâmico, com casamentos sucessivos entre si, tenham construído esta imagem mitificada de irmãos de navio.

O calón Lagartixa, aliás, o poeta Laurindo Rabelo

O *calon* possui vários nomes, um nome secreto soprado no ouvido pela mãe logo depois do nascimento; outro, quando registrado numa instituição civil; uma alcunha adquirida no convívio com os do seu rancho e finalmente, vários prenomes pré-combinados entre si para iludir os gajões (não-ciganos) nos *choripen* (negócios confusos). Como são poucos os troncos onomásticos de origem, junto ao costume

CAPÍTULO 5 ENCONTRO COM O CIGANO LAGARTIXA

de homenagear os ancestrais, a homonimia entre eles é abundante. A alcunha dribla o excesso onomástico. Ela é falsamente depreciativa, pois tem caráter afetivo, é dada pelos companheiros do cotidiano, como se pode perceber nos nomes dos ciganos fluminenses arrolados pelo etnógrafo Mello Morais Filho: Papagaio, Miudinho, Pernas Finas, Pé de Tomate, Pés de Rato, Come-pólvora...e também um *calon* chamado Lagartixa, que seria personagem de um livro seu[154].

O *calon* Lagartixa era o estudante de medicina Laurindo José da Silva Rabelo, rapaz magro e muito feio, conhecido como Lagartixa por ser, gesticulante e cheio de tiques nervosos. Nascido na Rua do Espírito Santo, arredores do Campo dos Ciganos, filho do capitão Ricardo José da Silva e Luísa Maria da Conceição. O seu pai exercia uma profissão típica dos *calons* cariocas, a prestação de serviços para juízes como meirinhos ou oficiais de justiça, profissão que transmitiram aos filhos, e que se transformaram em dinastias profissionais sobreviventes ainda no século XX – os chamados ciganos do Catumbi[155]. A sua mãe pertencia aos Rabelos, parentela de quem falamos linhas acima e onde se destacara Joaquim Antônio Rabelo, sargento-mór do 3º Regimento de Milícias, vendedor de escravos e que organizou várias homenagens a D. João VI e também no casamento dos seus filhos reais. Eram aparentados aos ciganos Cabrais segundo Melo Morais Filho.

---

154 MELLO MORAES FILHO. Artistas do meu tempo. Seguidos de um estudo sobre Laurindo Rabello, pp. 139-184.

155 MELLO, Marco Antônio da Silva; e outros. "Os ciganos do Catumbi: de "andadores do Rei" e comerciantes de escravos a oficiais de justiça na cidade do Rio de Janeiro". Em: CIDADES, COMUNIDADES E TERRITÓRIOS nº 18, junho de 2009. Lisboa: CET-ISCTE, pp. 79-92.

O maior problema de Laurindo Rabelo não era a pobreza absoluta, mas a série ordenada de desgraças que lhe abateram. O irmão Ricardo, de catorze anos, sacristão na igreja da Candelária, foi encontrado morto numa gruta no Corcovado, num provável caso de pedofilia. Um conhecido da família foi acusado do crime, condenado as galés e depois teve a pena reduzida para doze anos de prisão. A irmã Maria morreu antes de casar-se com um primo a que estava prometida. O seu pai foi assassinado numa briga de rua...

---Ai! Meu *bato* (pai) morreu, a quem buscarei ajuda?

O Dr. Souto deve ter "ouvido" o pedido de ajuda do rapaz, enquanto este tocava o violão e improvisava os seus versos nas festas cariocas. Nesta época ele morava na Rua do Castelo nº 26. Soube também que ele abandonara o curso de medicina por viver na absoluta miséria. Tinha períodos que ele não podia sair de casa por não ter sapatos. Descalços nas ruas, unicamente os escravos. Souto ofereceu ajuda e levou-lhe para a sua casa em Salvador, matriculou-lhe na FMB, influenciou-lhe o suficiente para que este fizesse a tese na área de Química e apresentou aos seus amigos.

Na Bahia e sob a sua proteção o Lagartixa se espalhou, apesar de assustar os baianos, com a sua falta de limites, tanto sociais, quanto artísticos. O jovem médico Antônio Álvares da Silva (1831-1865), um dos fundadores do Conservatório Dramático, registrou esta estranheza frente ao alienígena:

> "*Estava elle* pálido, ou antes *amarellado, alquebrado, rosto de moço com resaibos* (sic) *valetunários em um corpo de meia idade, sobrecenho carregado, maltrapilho, língua desempeçada*

CAPÍTULO 5 ENCONTRO COM O CIGANO LAGARTIXA

a cortar pelo mundo com um desembaraço epigrammático que me incommodou. Com o maior sangue frio saltava por cima de certos respeitos e deferências, em uma linguagem que eu nunca tinha ouvido"[156].

A partir da casa de Souto, o cigano Lagartixa frequentou o Teatro S. João, animou bailes com música e poesia. Criou um círculo de amizades onde se sobressaia o repentista Francisco Moniz Barreto, de quem aprendeu algumas malícias do improviso poético, deixou-se invadir pelos temas baianos cantou as festas do Bomfim, o 2 de Julho – a independência brasileira na Bahia, fez o elogio fúnebre do coronel Martinho Tamarindo, que lutara nela[157], do poeta Junqueira Freire, do general Labatut – lembre-se que o conselheiro Souto emprestou quatro cadeiras da sua casa para o velório do controvertido mercenário. A poesia do cigano Lagartixa adquiriu também uma vertente obscena e grosseira, com temas "abaixo do baixo-ventre", tão a gosto de certa faixa da população baiana, até hoje. Desenvolvia também motivos ouvidos nas festas ciganas, como tema do arrependimento, conhecido em versões orais desde o século XVI, e ao que ele deu um formato erudito.

---

156 SILVA, Antonio Álvares da. "O Dr. Laurindo José da Silva Rabello". Em: CORREIO PAULISTANO, 17 de dezembro de 1864. p. 2

157 O coronel MARTINHO FERREIRA TAMARINDO (1802-1861), de Inhambupe, foi o patriarca de uma linhagem de combatentes românticos surgidos na Dantas-landes. O sobrinho, coronel Pedro Tamarindo (1838-1897), veterano da Guerra do Paraguai, foi o que ao assumir o comando da tropa em apuros em Canudos, após a morte do coronel Moreira César, deu a ordem de retirada: "É tempo de murici, cada um cuide de si". Foi morto e depois empalado pelos Conselheiristas. O neto de Pedro, o tenente Mario Carpenter (1898-1922), foi um dos Dezoito do Forte, que tombaram em Copacabana, numa das páginas mais bonitas de cavalheirismo que a guerra produziu no Brasil, quando sem nenhuma chance de vitória os combatentes saíram de peito aberto a enfrentar a morte esperada.

"Deus pede estrita conta do meu tempo, | É forçoso do tempo já dar conta; | Mas, como dar sem tempo tanta conta, | Eu que gastei sem conta tanto tempo | Para ter minha conta feita a tempo | Dado me foi bem tempo e não fiz conta. | Não quis sobrando tempo fazer conta, | quero hoje fazer conta e falta tempo. | Oh! Vós que tendes tempo sem ter conta | Não gasteis esse tempo em passatempo: | Cuidai enquanto é tempo em fazer conta, | Mas, oh! Se os que contam com seu tempo | Fizessem desse tempo alguma conta, | Não choravam eu o não ter tempo"[158].

Graças ao Conselheiro Souto ele publicou o seu primeiro livro, *Trovas* (1855), com poemas do mais profundo lirismo, na tipografia onde se imprimiam as teses da FMB, com a confissão de gratidão ao seu benfeitor baiano:

"Ordenaste que tal não fizesse, mas não vos pude obedecer. Perdoae-me: o respeito que vos consagro é bem profundo, mas contra elle combateram a amisade e a gratidão (...) Bem mereço portanto o perdão que vos peço, e certo de que me não será negado pela vossa bondade, desde já uso delle como de mais um motivo para confessar-me o mais respeitoso dos vossos discípulos e dos vosso amigos o mais obrigado"[159].

Concluído o curso de Medicina, talvez em 1858, voltou ao Rio de Janeiro onde fez a defesa de tese para exercer a profissão de médico, porém sem recursos, não conseguiu imprimi-la para tirar a carta da profissão. Foi médico e professor em instituições militares. Escreveu uma gramática usada nas escolas da época. Casou-se com Adelaide Luísa Cordeiro em 1860, mas não se equilibrou, pois não tinha o

---

158 RABELO, Laurindo. Poesias completas, p. 157.
159 SOUZA-SYLVA, J. Norberto. Obras poéticas de Laurindo José da Silva Rabello colligidas, annotadas precedidas do juízo crítico de escriptores nacionaes e de uma notícia sobre o auctor e suas obras. p. 59.

CAPÍTULO 5 ENCONTRO COM O CIGANO LAGARTIXA

menor constrangimento em ridicularizar os seus superiores em versos. Quase todos os seus chefes foram esculhambados por sua poesia. Uma destas "vítimas" foi Manoel Felizardo (1805-1866), batizado por ele como o *Feliz-asno*, político de sucesso, que dirigiu as províncias do Ceará, Maranhão, Alagoas, S. Paulo e Pernambuco, ministro e senador, seu "chefe":

"Se Camões cantou um Gama | Por seus feitos de valor, | Também merece um cantor | Quem feliz-asno *se chama. | Qualquer burro pela lama | Enterra pata e nariz, | Mas este que com ardis | Chegou a ser senador, é besta d´alto primor, | É de certo asno feliz"*[160].

O chefe do Corpo de Saúde fluminense, conselheiro Mariano Carlos de Sousa Correia (1804-1878), era chamado pelas costas de "Rato Molhado":

"Cabeça, triste é dizê-lo!| Cabeça, que desconsolo! | Por fora não tem cabelo, | Por dentro não tem miolo"[161].

No *"Soneto do Príncipe Bastardo"*, ele numa só penada atingiu até o Imperador, mostrando alegoricamente como das relações entre a Casa Real e o povo, "a fêmea capixaba", nasceu o aristocrata brasileiro típico, retratado com as características negativas dos mandões, seus contemporâneos. É como os qualquer-coisa-dos-Santos viam os seus dirigentes:

"A fêmea capixaba deu entrada | no seu leito ao monarcha brasileiro, | Que nos gozos de amor | hábil, matreiro, | a sujeita deixou logo emprenhada | um jumento pariu (pobre coitada!) | Tem do Mattoso[162] *o rosto traçoeiro, | do Monte*

---

160 MELLO MORAES FILHO. Ob. cit., p. 159.
161 MELLO MORAES FILHO. Ob. cit., p. 157.
162 EUSÉBIO DE QUEIRÓS Coutinho Matoso da Câmara (1812-1868), político e magistrado nascido na África.

Alegre[163] *as pattas, e o traseiro | É a cara do Olinda* [164]*retractada. | Tem do Torres*[165] *a força intelligente, | Do Manoel Felizardo a prenda brava, | Com que raivoso vinga-se da gente. | Quando o Jobim*[166]*, parteiro, o apresentava | Todo o povo dizia geralmente | que tal pae, tal filho se esperava".*

A exposição de Laurindo Rabelo a miséria congênita resultou em doenças crônicas e consequentemente a morte ainda jovem, aos trinta e oito anos, feita por uma hipertrofia do coração. Esta causa de morbidade é frequente entre os ciganos. A antropóloga francesa Nicole Martinez atribui a origem destas doenças a exclusão social. A insalubridade é companheira de tuberculose; a impossibilidade de quebrar este ciclo vicioso, a apatia frente a vida; e o alcoolismo, as doenças cardíacas[167]. A nosografia do cigano Lagartixa continha todas estas doenças mencionadas.

Surpreendentemente este poeta *underground*, um Bocage sem charme teve um enterro oficial pago pelo próprio D. Pedro II no cemitério S. João Batista, no Rio de Janeiro, em 29 de setembro de 1864. Frente a cova aberta estavam o tenente-general Visconde de Santa Teresa (Polidoro da Fonseca Quintanilha Jordão, 1792-1872), em nome da Escola Militar e que daria o seu nome no futuro a rua frente ao cemitério, mais outros dois sujeitos perigosos para o regime

---

163 MARQUÊS DE MONTE ALEGRE (José da Costa Carvalho, 1796-1860), político baiano e presidente de S. Paulo.

164 MARQUÊS DE OLINDA (Pedro de Araújo Lima, 1793-1870), político pernambucano e regente durante a menoridade de D. Pedro II.

165 VISCONDE DE ITABORAÍ (Joaquim José Rodrigues Torres, 1802-1872), político e jornalista fluminense.

166 JOSÉ MARTINS DA CRUZ JOBIM (1802-1878), médico e político gaúcho, tio-bisavô do compositor Tom Jobim e do jornalista João Saldanha.

167 MARTINEZ, Nicole. Os ciganos, pp. 64-7.

CAPÍTULO 5 ENCONTRO COM O CIGANO LAGARTIXA

monárquico, os republicanos Saldanha Marinho (1816-1905) e Quintino Bocaiuva (1836-1912), que se tornariam Grão--mestres da Maçonaria brasileira e teriam papéis importantes na derrubada da monarquia. Também estava presente o seu benfeitor baiano, conselheiro Souto, que reencontrara na Corte com Laurindo Rabelo, ele na condição de deputado e o outro como poeta e professor no Colégio S. Pedro Apóstolo em Botafogo. E mais uma guarda de honra formada por quarenta fuzileiros. Foi um sepultamento que desmentiu inteiramente o seu testamento poético:

"Quando eu morrer, não chorem minha morte | entreguem o meu corpo à sepultura, | Pobre, sem pompas; sejam-lhe a mortalha | os andrajos que deu-me a desventura. | Não mintam ao sepulcro apresentando | um rico funeral de aspecto nobre: | Como agora a zombar me dizem vivo | Digam, também morto – aí vai um pobre"[168].

Quase trinta anos depois do encontro de Souto com o cigano Lagartixa, o etnógrafo Mello Morais Filho (1844-1919) que frequentara a casa do Conselheiro em Salvador e que também frequentava a comunidade cigana carioca publicou o livro *Os ciganos no Brasil. Contribuição Ethnografica* em 1886, retratando o grupo de onde saíra Laurindo Rabelo, o cigano Lagartixa, o primeiro estudo sério sobre os ciganos brasileiros, aliás, ele também escreveu sobre as influências muçulmanas em Alagoas, e como sempre, ouvindo os personagens do seu trabalho.

---

168 RABELLO, Laurindo. "O Desalento – Ao meu amigo Leopoldo Luiz da Cunha". Em: Obras poéticas de Laurindo José da Silva Rabello, pp. 188-9.

CAPÍTULO 6

As palavras de um deputado baiano, 1862-1881

A atividade predileta dos políticos do 2º Reinado era derrubar gabinetes, tanto que se foram trinta e seis gabinetes em menos de meio século. Um ministro que fosse ao Parlamento era recebido com hostilidade, que não era disfarçada nem pela cortesia regimental, ali era o momento para se acertar contas. Como o conjunto dos administradores públicos era pequeno e quase impermeável a entrada de novos dirigentes, com a exceção dos filhos-herdeiros, a possibilidade de algum Ministro ter demitido alguém muito próximo, ter sido eleito através de fraude muito grosseira, tudo era motivo para a desforra na inquirição parlamentar.

Viver na Bahia era estar imerso numa imensa parentela biológica, que se bem articulada, também era a parentela política. Os problemas dos indivíduos eram resolvidos através da atuação interna deste organismo, onde se confundia parentesco biológico com o político. Acionava-se primeiro a família conjugal, depois percorria-se as instâncias sucessivas, até chegar a última instância, o chefe do partido. Quando não ocorria a solução do problema pelos meios esperados, deixava-se perplexo o candidato logrado.

Caso exemplar é o narrado por Antônio Moniz de Sousa (1782-1857), bisavô do filósofo sergipano Tobias Barreto, autor de um livro que além da descrição da flora, é também um livro onde ele busca compreender a sociedade brasileira a partir de suas experiências pessoais:

> "*Offereço-me a Labatut* [general Pedro L., 1776-1849, lider militar que venceu os portugueses nas Guerras de Independência na Bahia] *para qualquer emprego, e principalmente dos Hospitais, porém elle nem resposta me deo, e me olhava como para hum insecto, mas eu também olhava para elle como para hum Elefante, hum bruto, hum monstro, e hum homem immoral sem política, e sem instrucção de qualidade"* [169].

Conselheiro Dantas, o "Gato Marisco"

As confusões surgiam nas discussões mais despropositadas, até numa seção onde os senadores liberais Zacarias de Góis e o conselheiro Manoel Dantas colocaram o Visconde de S. Lourenço na parede com as questões provinciais. A inquirição era áspera, porém do nada, Zacarias descobriu que o colega de partido, conselheiro Dantas não iria a Roma, para não prestar homenagens ao Papa, irritou-se profundamente com isto e disse que o seu desejo era beijar os pés do Papa, quase que ambos esquecem o adversário para se engalfinharem; mas, o ódio provincial falou mais forte e ambos voltaram ao "Pelicano" como eles chamavam desrespeitosamente a S. Lourenço.

---

169 SOUSA, Antonio Moniz. Viagens e observações de um brasileiro, p. 126.

O conselheiro Salustiano Souto e os amigos pertenciam a família política Liberal. Era do grupo conhecido nacionalmente como os "Luzias" em oposição aos "Saquaremas". O nome nascera de um deboche a derrota militar dos Liberais mineiros em Santa Luzia, na revolta de 1842, frente a tropa legalista comandada pelo Duque de Caxias (Luís Alves de Lima e Silva, 1803-1880). O apelido pejorativo transformou-se em rótulo político. Na Bahia ele aliava-se no grupo do conselheiro Dantas, do conselheiro Saraiva e de Zacarias de Góis, cujos partidários eram chamados no Sertão de "Lisos" ou "Pebas"[170].

O conselheiro Souto seguia as orientações e era fiel ao conselheiro Manoel Dantas, Manoel Pinto de Sousa Dantas (Fazenda Itapororocas, Itapicuru, 1831- Rio de Janeiro, 1894); este, pertencente a mais importante família sertaneja radicada entre a Bahia e o sul de Sergipe, descendentes de um homem que dizia chamar-se Baltasar dos Reis, "síndico dos Santos Lugares em Jerusalém" (coletor de fundos para manter o Santo Sepulcro em Jerusalém), que veio do Porto tomar posse de uma sesmaria na Bahia e já em 1754 comprava pedaços de terras pertencentes do Morgado de Torre, de quem era procurador no sertão. O avô materno do conselheiro Dantas, João d´Antas dos Imperiais

---

170 Como uma pequena amostra desta teia de parentesco genético e político: Antônio José, irmão do conselheiro Saraiva, foi casado com Clara de Cerqueira Lima Berenguer César, bisneta do cirurgião militar Manoel Fernandes Nabuco (1738-1817), natural de Escalhão e ancestral de barões e senadores, alguns personagens deste trabalho, como o senador José Tomás Nabuco de Araújo (adversário na vaga senatorial pretendida por José Ferreira Souto, irmão do conselheiro Salustiano) e Joaquim Nabuco. Antônio José e Clara tiveram dois filhos: Maria da Conceição, que se casou com Manoelzinho, filho do conselheiro Dantas; e José Antônio, casado com uma Liberato de Matos.

O MÉDICO DOS POBRES

Itapicuru (Itapicuru, 1773 – Salvador, 1832) foi o capitão-
-mor de Itapicuru e neto do tripeiro Baltasar, grande proprietário rural, arrematante dos dízimos reais no Sertão,
de Itapicuru a Jacobina[171]. Durante as lutas da independência comandou uma tropa de dois mil homens as suas ex-
pensas que seguiu até Propriá em Sergipe para firmar o
rompimento com a Metrópole[172]. O conselheiro Dantas
conduzia os Liberais, enquanto o seu tio, Barão de Jeremoabo, era seguido pelos Conservadores[173]. O respeito de-
via-se não só a imensa quantidade de terras acumuladas
por eles, o que permitia desfrutar de grande riqueza pecuária e controlar vasta clientela política e econômica,
mas também a fama de honestidade da parentela, ambos
seguidores de rigorosa ética sertaneja.

O conselheiro Dantas foi casado com Amália Josefina Barata de Almeida, sobrinha-neta do revolucionário Cipriano
Barata – este Cipriano, avô do médico Cândido Barata Ribeiro (1843-1910), o prefeito do Rio de Janeiro que botou abaixo

---

171 Nos anos Quarenta do século XX, ainda era possível ver um "boi do Dízimo", recebido como pagamento de tributo; agora com o ferro do capitão Tomé Dantas
(1870 - ?), pastando livremente pelo Riachão, demonstrando que a ocupação ainda
era mantida na parentela. Ele era filho de Francisco José de Andrade e Ana Dantas
da Costa, casado com Maria Felisbela Amado. Comerciante, grande pecuarista entre Tobias Barreto (onde foi intendente) e Riachão do Dantas.

172 DANTAS JUNIOR, J. C. Pinto. "O capitão-mor João d'Antas e sua descendência".
Em: REVISTA GENEALÓGICA BRASILEIRA nº 2, segundo semestre de 1940, pp.
379-419.

173 O BARÃO DE JEREMOABO (Cornélio Cícero Dantas Martins, 1838-1903), nasceu na
fazenda Caritá em Jeremoabo. Neto paterno de João Dantas, capitão-mór de Itapicuru; e materno, de João Martins Fontes, capitão-mór de Estância. Casado com Mariana
Costa Pinto, filha do Visconde de Sergimirim (Antônio da Costa Pinto, 1807-1880).
Tiveram três filhos: Maria, que morreu inupta; Joãozinho, fazendeiro e deputado,
casado com a poeta Ana Adelaide, Naninha (1877-1959), filha do oftalmologista Ribeiro dos Santos (é filho do casal, João da Costa Pinto Dantas Jr., genealogista) e
Tota, fazendeiro e deputado, casado com a prima Adalgisa Fiel de Carvalho.

o cortiço Cabeça de Porco na rua Barão de S. Félix; e bisavô do também revolucionário capitão Agildo Barata (1905-1968). O casal Dantas teve geração ilustre: Manoelzinho, presidente do Paraná e diplomata, casada com Maria Luísa Martins; Rodolfo Epifânio, fundador do "Jornal do Brasil", casado com Alice, filha dos Condes de S. Clemente; o engenheiro João, responsável pela construção da ferrovia Bahia-S. Francisco, casado com Ana Cecília Maria de Lima e Silva, filha de Luís César de Lima e Silva (filho do Conde de Tocantins, irmão do Duque de Caxias) e Vera Haritoff; Francisquinho, médico, casado com Maria da Conceição, sobrinha do conselheiro Saraiva; Zezinho, diplomata, casado com Maria Alice Taupin; Maurício, morreu solteiro; e Naninha, casada com o médico Jeronimo Sodré Pereira, deputado abolicionista. Um dos netos do casal, filho de Manoelzinho, o embaixador Luís Martins de Sousa Dantas (1876-1954), deu exemplos do humanismo cultivado familiarmente ao conceder vistos brasileiros a centenas de vítimas de perseguição política e antissemitismo durante o período que antecedeu a II Guerra Mundial[174]. Ele viveu por décadas como embaixador brasileiro em Paris, onde aos quarenta e três anos, casou-se com a viúva americana Elise Hortense Stern, irmã do empresário Eugene Isaac Meyer, Jr. (1875-1959), primeiro presidente do Banco Mundial e dono do jornal *Washington Post*.

O melhor retrato do conselheiro Dantas foi traçado por um adversário anônimo, que mesmo usando a ironia e o deboche reconheceu o seu sentido de organização e capacidade

---

174 KOIFMAN, Fábio. Quixote nas trevas: o embaixador Souza Dantas e os refugiados do nazismo. Rio de Janeiro: Record, 2002.

estratégica para ocupar tantos espaços diferentes, o poder de sedução política e visão para o recrutamento de quadros partidários. Mesmo que o autor anônimo não reconheça estas virtudes ao esculhambar os seus pupilos, hoje um século adiante, já se pode fazer a avaliação do legado como positivo (é só comparar nome por nome).

"Quem o vir rechonchudo como um repolho, na única cadeira de braços que o Diário *possue, com as pernas em cima da mesa, contar anedotas e historietas, ora do padre Coelho, ora do Barriga de areia; quem o encontrar em casa, sempre n´uma* súcia de amigos, fiéis e numerosos, a tomar chá até meia noite e a rir-se como o fazia no *Alcazar na corte; quem lá for ao escriptorio, e a contemplar, sempre a fallar de si e dos outros, de seu passado e do futuro do partido...há de pensar que S. Ex. é um vadio como o Alexandre, um preguiçoso como o Firmino, um peralta como o Marciano, um homem desempregado como o Menezes, e elle é o homem mais activo, mais trabalhador, mais útil desta terra!*

Elle só faz tudo o que fazem os outros e tudo o que outros não fazem.

Que seria do Diário, *da misericórdia, do asylo dos loucos, do asylo dos expostos, do hospital, da libertadora, do lyceu de artes, do dous de julho, se elle* não fosse?

Se não fosse elle – que seria do Albino, do Friandes, do Firmino, do Marciano, do Candinho, do André, do Victoriano, do Marcolino, do Zama, do Bulcão, do Souto, do José Luiz, do Menezes, do Ruy, do Rodrigues, do Seixas, do Moreira, e do próprio Saraiva!

Que seria do Malaquias, do Daltro, do Demétrio, de d. Augusto, do compadre Moraes, do Liberato de Mattos, do José Lopes, do liberto Nemésio?

CAPÍTULO 6 AS PALAVRAS DE UM DEPUTADO BAIANO, 1862-1881

Quem daria assumptos ao Jornal da Bahia, *motes ao Vello-so, consolações ao Zama, matéria de folhetins? Quem formaria os meetings? Quem fundaria o asylo, quem ressuscitaria o dous de Julho, quem ampararia o Frias Villar, quem chamaria a casa do Diário palacete, quem faria o Marcolino deputado, quem lograria o Cruz Machado, quem conteria o Cotegipe e seria o terror do poder pessoal?*
Quem crearia o conselho geral? A comissão permanente? Quem sustentaria a linha da Victória? Quem crearia a liga operária? Quem promoveria o prolongamento da estrada de ferro da Bahia e a navegação no S. Francisco?
O Velloso escreve bons artigos sobre Jorge III: é elle que empresta os livros. O Zama faz bons improvisos na assembleia: é elle que lhe da os apontamentos. O José Luiz promoveu um benefício – foi elle que lhe suggeriu a idea. O lyceu de artes comprou uma casa: foi elle que decidiu o barão de Pirajá a vende--la. O governo faz taes e taes nomeações: é com medo delle.
Tudo se faz nesta terra ou por elle, ou contra elle: elle é o centro de toda atracção e de toda repulsão"[175].

Barão de Cotegipe, o "Pelicanozinho"

Os adversários do conselheiro Souto eram os Conservadores, conhecidos como Saquaremas, cujo nome "homenageava" os protegidos do Visconde de Itaboraí (Joaquim José Rodrigues Torres, 1802-1872) e do Visconde do Uruguai (Paulino José Soares de Sousa, 1807-1866), dois grandes proprietários em Saquarema, que livraram os seus eleitores das perseguições do padre José Cea e Almeida,

---

175 O PHAROL DA LIBERDADE (pseudônimo), "A pedido: the fast man", CORREIO DA BAHIA, Salvador, 17 de dezembro de 1876, p. 2.

141

O MÉDICO DOS POBRES

delegado de polícia em Saquarema e político Liberal, que autorizou por escrito o assassinato de eleitores Conservadores naquela cidade em 1845. No Sertão eles eram conhecidos como "Marrãos" ou "Cabaús".

A principal liderança Conservadora baiana era a do Barão de Cotegipe (João Maurício Wanderley, 1815-1889), olhos gazos de cabo-verde, moreninho e zombeteiro. Descendente de um militar holandês que ficara no Brasil após o retorno derrotado de suas tropas para casa; ou seja, da mesma linhagem que deu o sábio Gilberto Freyre (1900-1987) em Pernambuco. Era filho do capitão-mór de S. Francisco das Chagas da Barra do Rio Grande. O seu padrinho de batismo fora o Marquês de Barbacena, representado no ato religioso pelo capitão José Mariani (1770-1826). O seu primeiro banho foi numa bacia de ouro pertencente a família. Casou-se bem. Com Antônia Teresa de Sá Pita e Argolo, filha do riquíssimo senhor de engenho Conde de Passé (Antônio Bernardo da Rocha Pita e Argolo, 1793-1877) e de Maria Luísa Munis Barreto[176]. Em 1856, o Passé já possuía sete engenhos na Bahia, 8428 tarefas (equivalente a 0,43 alqueire) de terras, 765 escravos, patrimônio avaliado em 1.400.000$000[177].

O Cotegipe também possuía ancestralidade africana visível; a ponto do adversário, Rui Barbosa censurá-lo

---

176 O neto do casal, JOSÉ WANDERLEY DE ARAUJO PINHO (1890-1967), dentre outras obras históricas, deixou dois livros incontornáveis sobre o período e os personagens: Salões e damas do Segundo Reinado e História de um engenho do Recôncavo: Matoim, Novo Caboto, Freguesia: 1552-1944.

177 PINHO, Wanderley. História de um engenho do Recôncavo: Matoim, Novo Caboto, Freguesia: 1552-1944, p. 195.

CAPÍTULO 6 AS PALAVRAS DE UM DEPUTADO BAIANO, 1862-1881

asperamente, crendo que esta genealogia escondida lhe obrigasse ser um Abolicionista; esquecendo-se que para ele a questão escravagista era apenas econômica.

"(...) *O desertor da rainha Pomaré, que supõe filiar-se à Teutônia, azular o sangue e jaspear a tez alugando-se aos senhores de seu país como algoz de seus parentes* (...)"[178]

Ele tinha grande competência política e um humor sarcástico, que não poupava ninguém; mas não era vira-folhas; pois, respeitava a palavra empenhada. Não tinha duas caras ou abraçava somente a conveniência pessoal do momento. Ele continuou fiel ao seu programa político até quando este já não tinha a menor chance de prosperar. Mesmo quando os grandes fazendeiros da região de Campinas, liderados por José de Camargo Penteado começaram a negociar salários para os escravos (*"5$000 mensaes a cada um, sem distinção de sexo ou edade"*[179]), garantindo o trabalho até os anos noventa, ou a conversão (sic) dos conselheiros Moreira de Barros (1841-1896) e Antônio Prado (1840-1924) grandes cafeicultores ao Abolicionismo em 1887, na velha estratégia do tancredismo, do Príncipe Tancredi Falconeri:

"Se vogliano Che tutto rimanga com´e bisogna che tutto cambi" (*mudar tudo para continuar como está*) [180].

Depois de ser o único senador a votar contra a lei da Abolição da escravatura, não teve dúvidas, Cotegipe ironizou a vitória abolicionista, na pessoa da princesa Isabel; *"A Senhora*

---

178 BATISTA PEREIRA. Figuras do Império e outros ensaios. S. Paulo/Brasília: Editora Nacional, 1975, p. 63.

179 O ASTERÓIDE, 23 de setembro de 1887, p. 2

180 LAMPEDUSA, Giuseppe Tomasi di. Il Gattopardo, p. 41.

acabou de redimir uma raça e perder o trono". Mostrando a inutilidade da manobra desesperada feita pela dinastia bragantina destinada a conservar pelo menos o trono, já que o projeto completo da maioria abolicionista incluía a república.

O mundo eleitoral

As eleições eram disciplinadas pela lei nº 387, de 19 de agosto de 1846 e que seria aprimorada posteriormente pela Lei Saraiva, redigida pelo deputado Rui Barbosa, promulgada em 9 de janeiro de 1881. As votações eram realizadas nas paróquias, aproveitando a estrutura administrativa da Igreja, pois o eleitorado estava dividido por freguesias e curatos. Nestes momentos os padres mais previdentes tiravam as imagens dos seus altares, não para transformá-lo em espaço laico, mas para protegê-las do quebra-quebra que seguia a votação. Para ser eleitor exigia-se a nacionalidade brasileira – o escravo era considerado estrangeiro, ter uma idade mínima e determinada renda anual.

As pressões sobre os eleitores eram exercidas pelo mandão, materializada nos "piquetes de força", quando se usavam armas brancas, de fogo e até a capoeira para o convencimento do eleitor. O lema era simples: *"para os amigos pão, para os inimigos pau"*. Dois "profissionais" eram usados para cometer a fraude eleitoral, o *cabalista* e o *fósforo*. O primeiro estudava os mapas eleitorais, sabia quem não ia votar e o substituía por um duplo de sua parcialidade, o *fósforo*. Ambas as figuras foram fixadas pelo deputado Conservador e ministro da Fazenda Belisário Soares de Sousa (1839-1889),

Salustiano Ferreira Souto na guerra do Paraguai (Casa de Rui Barbosa, Rio de Janeiro). Acima, João Lins Vieira Cansanção de Sinimbu, Visconde de Sinimbu (Galeria dos Brasileiros Ilustres, de Sébastien Auguste Sisson). Abaixo, a Vila Nova da Rainha (Coleção não-identificada).

No alto, Vila Nova da Rainha (Coleção não-identificada) e, acima, o Passeio Público, Salvador (Coleção não-identificada).

Adelaide Bandeira Dobbert (Coleção familiar). Abaixo, Grupo de malês na Igreja do Rosário (Coleção Antônio Monteiro).

Rº 6 Jnº 80

Dr Ruy

É com muito constragimento que vou importunal o com o objecto desta carta, e acredite que si eu fosse mais moço ou com melhores meios de vida nunca o incomodaria. Aqui vae a nota das pequenas, mas succesivas quantias que lhe pude emprestar em 1876. Já lá vão quatro annos e quatro annos na minha idade aproximas me para muito perto do tumulo. Não é assim?

Não desejo que para esse pagamento, do qual careço, faça pesado sacrificio; mas si poder dar algums passos eu estimarei, e si por acaso não tivesse meios para isso, peço lhe ao menos

e misericordia, e que esta prestes para Cumprir
tela apenitencia que porela meça ele for
dada. foi lhe mandado, que ele senamgoia
desta cidade sem licença da mesa e que
venga leloqe quando he fer mandado. e ele
aggoprometeo deser. e logui amy notario
que por ele asignasse eu asshkey aqui a seu
rogo pormin saber e leuen e e a Inquer
zes de bruos e esfrem

Don Ao Calunga frez Bautista francisco de boias

Aos dez e leis dias do mes de Maio de mil
seiscentos e quinge anos em esta cidade nos
paços da cidade despacho de a Inqui cam
estando eu em audiencia despla mança a o for
Dsor Dom R. D. deunga jn qu mondon vir
perante si Diogo conse uido zebes autr
sendo presente para emteder dizer verdade
lhe foi dado juramento dos sos euangelhos
bngres e ele por ares e este arreger de ele
prometeo de a dizer Pregunctado se cuidou
em alg cu lpas como nesta meça ega foi
mandado, e se tem mais que dizer do que responde
Disse que nao Pregunctado se algua bora se opporson
de nossa fe lei catholica no coraca e ele proçes
bem a Seita de Mafamede. e le cuidou sua
para si que se podia saluar nela. Disse
que nam Pregunctado se ora ele e os ess.

No sentido horário, a partir do alto, Xeque
Shahbaz, mestre sufi (Arquivo Nacional,
Rio de Janeiro), Major José Antônio da Silva
Castro, o "Periquitão" (Coleção não-iden-
tificada), recorte da Gazeta de Notícias,
Rio de Janeiro, 1º de dezembro de 1937, e
Dr. Abdala Abdel Chakour Kamel Hassan,
primeiro líder islâmico oficial no Brasil
(Arquivo Nacional, Rio de Janeiro).

CONFERENCIAS

Snr. Shabog Cecil Best

Na Sociedade Brasileira de Cultura Ingleza realizou-se hontem,
a conferencia do sr. Shabaz Cecil
Best, em proseguimento e conclusão da interessante serie de conferencias que a convite daquella Sociedade aquelle eminente natura-
lista vem realizando com brilhan-
tismo.

A conferencia de hontem, perante um numeroso e selecto audito-
rio, foi presidida pelo sr. R. A.
Philipps, da Universidade de Ox-
ford e presidente do Departamen-
to de Ensino da Sociedade B. de
Cultura Ingleza, que ao terminar
a erudita exposição do sr. Best,
pronunciou algumas palavras de
agradecimento para com o confe-
rencista que a seguir foi vivamen-
te applaudido.

Assento de Batismo, Salustiano Ferreira Souto, Vila Nova da Rainha, Bahia.

Assento de Óbito de Antônio Ferreira Souto (irmão de Salustiano), Cachoeira, Bahia.

Assento de Batismo de Antônio do Prado Valadares, Santo Amaro da Purificação, Bahia.

Salustiano Ferreira Souto, sem o bigode, senha para se reconhecer um muçulmano em situação críptica de taquiya (coleção familiar).

CAPÍTULO 6 AS PALAVRAS DE UM DEPUTADO BAIANO, 1862-1881

sobrinho do Visconde de Itaboraí e primo do visconde do Uruguai, já citados linhas antes, famoso por ter hipotecado no Banco do Brasil os seus escravos ao perceber a chegada da Abolição, transferindo assim o seu prejuízo de grande fazendeiro para a nação.

Qualquer candidato era vigiado de perto pelos adversários. Na correspondência recebida por Cotegipe, percebe-se o controle dos movimentos dos adversários através das mensagens escritas por seus informantes. Pertence ao seu acervo uma foto de Salustiano como cirurgião militar em Montevidéu, tirada no estúdio dos franceses Desiderio Jouant e Emílio Lahore. Lembrança da coragem do adversário político.

A linguagem era desabrida. Entendia-se por liberdade de imprensa a maior capacidade de insultar os adversários, mesmo tendo que distorcer os fatos e mentir com bastante convicção. O motivo disto era simples, bastava um sujeito criativo para elaborar o texto e uma tipografia para imprimi-lo e estava pronto um destes pequenos jornais. Não era preciso grandes estruturas econômicas para sustentá-lo, o que permitia liberdade editorial para o trabalho. Alguns como o *Corsário*, no Rio de Janeiro, são tão criativos que podem ser vistos como precursores dos jornais alternativos nos anos Setenta no século passado. Eles aproveitavam a situação de injustiça geral em que viviam os pequenos para manipular o seu ódio aos governantes do momento. Enquanto isto, Liberais e Conservadores iam se revezando no governo e no desfrute de suas benesses.

"Dizem que o ex-professor da faculdade sentio cócegas com a partida do Sr. Desembargador Barboza de Almeida; e que

O MÉDICO DOS POBRES

a mando do Sr. Conselheiro Manoel Dantas foi no "piso" do illustre magistrado, cuja presença o Sr. Souto disse que neutralisará.. *O Sr. Souto, antes de partir, teve o cuidado de propalar que ia curar a Srª Sinimbu* [a anglo-germânica Valéria Touner Vogeler, 1819-1889, esposa do Visconde de Sinimbu], *como si no Rio de Janeiro precisasse das* luzes *do illustre professor bahiano. Veremos no que dá tudo isso*"[181].

Ganhar uma eleição significava ter ultrapassado todos estes obstáculos.

A assembleia provincial servia de porta de entrada para a carreira política a ser desenvolvida principalmente na Corte. Em 1834, nas *"eleições para eleitores"*[182], quando foram escolhidos os representantes do bairro de S. Pedro, ele ficou em 13º colocado, com 725 votos. Era o início de sua carreira política, que tomou importância em 1864, quando foi eleito deputado geral pelo colégio eleitoral formado pela capital, Mata de S. João (onde está a Torre de Garcia d´Ávila) e Abrantes, quando integrou a bancada baiana de quatorze deputados, que era formada pelos doutores João Barbosa, pai de Rui Barbosa; Pedro Moniz (1827 – 1894), futuro Barão do Rio das Contas; Pinto de Lima (1832 – 1901), futuro Barão de Pinto Lima; José Augusto Chaves; Pedro Antônio Falcão Brandão; Casemiro de Sena Madureira[183], Justiniano Batista Madureira, o chefe de polícia que reprimira a revolta da "farinha sem caroço";

---

181 O GLOBO, Rio de Janeiro, 22 de setembro de 1875, p. 4.
182 CORREIO MERCANTIL, Bahia, 20 de setembro de 1844, p. 1
183 Filho do capitão-mor BERNARDINO DE SENA MADUREIRA (1769-1852), natural de Jiquiriça, comandante da fortaleza do morro de S. Paulo. Irmão do Barão de Jiquiriça (Isidro de Sena Madureira, 1806-1860), médico, exportador de dendê e industrial (tecelagem em Valença). Casemiro é pai do major Antônio de Sena Madureira, pivô da Questão Militar por reivindicar as indenizações devidas a Guerra do Paraguai e bisavô do editor Pedro Paulo de Sena Madureira.

CAPÍTULO 6 AS PALAVRAS DE UM DEPUTADO BAIANO, 1862-1881

conselheiro José Antônio Saraiva[184]; conselheiro Manoel Dantas (1831-1894); Ferreira de Moura, cuja mãe e as esposas (duas) eram Costa Pinto[185]; Junqueira Júnior (1832 – 1887); Frederico Augusto de Almeida, descendente de grandes proprietários rurais de Barreiras, seu amigo, tanto que Souto lhe deixou em testamento um par de botões pretos com o seu monograma e para o filho chamado Frederico, o alfinete de gravata com pérolas; e finalmente o coronel Antônio de Sousa Spínola, proprietário de fazendas que chegavam a oitenta quilômetros de extensão ao lado do Rio S. Francisco.

A bancada baiana era uma bancada de letrados, oriundos das grandes famílias de proprietários – com a exceção de um deputado, o coronel Antônio de Sousa Spínola, todos os outros possuíam títulos acadêmicos, dividiam-se entre formados em Direito ou Medicina. O coronel Spínola foi sogro de um aluno do Dr. Souto, o médico e chefe político Deocleciano Pires Teixeira (1844 – 1930), pai do educador Anísio Teixeira (1900 – 1974). Muitos dos seus colegas de legislatura desenvolveriam carreiras brilhantes na administração

---

184 JOSÉ ANTONIO SARAIVA nasceu na freguesia do Bom Jardim, Santo Amaro da Purificação e morreu em Salvador (1823-1895). Senador e Ministro em várias pastas. Dirigiu quatro províncias: Piauí, Alagoas, S. Paulo e Pernambuco. Construiu uma nova capital para o Piauí aos vinte e poucos anos (Teresina). Casado com Francisca Veloso Saraiva, neta de Domingos Ferreira Veloso, capitão-mór de Inhambupe. Os Velosos são os proprietários da Fazenda e depois Engenho Coité em Inhambupe. A importância social da família é registrada em versos: "(...) Eleva as torres, e Inhambupe com ela, / Onde os Velosos preponderam (...)".

185 O casal Manoel Dias de Leão e Josefina Ferreira da Encarnação deixou descendência fortemente endógama. JOÃO FERREIRA DE MOURA, o Janjão (1830-1912), era filho de Maria Luísa Costa Pinto, bisneta do casal. Ele casou-se com Maria Rita, filha do tio materno José; viúvo, casou-se novamente com Maria Luísa, irmã germana da primeira esposa e viúva do seu irmão Antônio Joaquim. O sociólogo baiano Luís de Aguiar Costa Pinto (1937-2007), membro desta parentela, dentre outros trabalhos é autor do clássico: Lutas de famílias no Brasil.

155

pública, dois deles se tornaram barões e cinco governaram províncias: Saraiva (Piauí, Alagoas, S. Paulo e Pernambuco), Pinto Lima (S. Paulo, Rio de Janeiro e Rio Grande do Sul), Dantas (Bahia e Alagoas), Moura (Bahia) e Junqueira (Piauí, Rio Grande do Norte e Pernambuco).

Souto já conhecia bem o Rio. No ano anterior fora a Corte falar ao Marquês de Olinda na condição de procurador e amigo do velho e feroz Barão de Cajaíba (Alexandre Gomes de Argolo Ferrão, 1800-1870), que dirigia com mão de ferro a província baiana, recomendado a ter apoio e proteção do antigo regente. Ele alojou-se, com um escravo para trabalhos domésticos, na Rua do Campo da Aclamação (hoje Praça da República) nº 26. A casa era a residência do irmão José e de sua esposa Carolina Júlia Accioli, que não tinham filhos. José estava muito mal de saúde, tanto que morreu logo depois da chegada do irmão, saindo as 10hs de 23 de fevereiro de 1864, para ser sepultado no cemitério S. João Batista[186].

Os Ferreiras-Souto eram vizinhos dos deputados, na rua do Campo da Aclamação, no nº 20 – do paraibano Dr. Aragão e Melo e do pernambucano Dr. Herculano Bandeira (1818-1884), avô do poeta Manuel Bandeira (1886 – 1968) e no nº 30 – do Dr. Joaquim Manuel de Macedo (1820 – 1882), professor dos netos de D. Pedro II, autor do romance A moreninha e do obituário do seu irmão José; e do Dr. Manuel Joaquim da Silva, ambos do Rio de Janeiro. Na mesma rua havia também uma loja de fazendas secas no nº 5

---

186 DIÁRIO DO RIO DE JANEIRO, 23 de fevereiro de 1864, p. 3.

CAPÍTULO 6 AS PALAVRAS DE UM DEPUTADO BAIANO, 1862-1881

e uma marcenaria no n° 129, mais um museu e o Instituto dos Surdos-Mudos. Na esquina com a Rua de S. Pedro, estava o "depósito de cadáveres" para as autópsias.

O prédio do Museu, antigo solar do Conde dos Arcos (Marcos de Noronha e Brito, 1771-1828), último vice-rei do Brasil e governador da Bahia, fora presenteado pelos comerciantes baianos, depois de comprá-lo por quarenta e quatro contos de réis em 1824, e doá-lo ao ex-governador que os favorecera. Conta-se que o Noronha Periquito quando era governador na Bahia, um pleiteante a cargo no Sertão, encontrando dificuldades para lhe falar, deu ao seu filho moedas de ouro para brincar. O Conde ao ver aquilo chamou o candidato e perguntou se este sabia o "Pai Nosso", quando este começou a oração cristã, cortou secamente o interlocutor:

"Não, senhor. Não é assim. Veja lá como é: Se deres ao pae o que deste ao filho, será Capitão do Serro Frio"[187].

O Parlamento ficava na antiga Cadeia Velha, que foi derrubado posteriormente e construído no terreno o Palácio Tiradentes. As seções começavam pontualmente as onze horas. Souto, este era o seu nome parlamentar, talvez gastasse vinte minutos ou meia hora de casa a ele. Era assíduo e pontual. A vestimenta era formal, escura. O curioso era a informalidade entre os deputados, algo que assustou até Afonso Celso, o filho. Contava-se piadas nos corredores, e quando alguém discursava, o tempo era aproveitado para ler jornais ou sair para fumar. Faltava-se bastante e muitos

---

187 CAMPOS, J. da Silva. "Tradições bahianas". Em: Revista do IGHBA n° 56, 1930, p. 364.

só apareciam no dia do pagamento do subsídio e da indenização das despesas da "vinda e volta", como se dizia na época. O dinheiro era necessário, pois todos se diziam pobres, mesmo os que eram conhecidos como desonestos.

A atuação política do deputado Souto no Parlamento foi constante. Deputado provincial em 1862 e geral em 1864 a 1866, 1867 a 1868 e 1878 a 1881. Ele se preocupava fundamentalmente com assuntos econômicos e militares. Percebia-se que estudava as consequências de cada proposta que seria votada na Câmara.

Mas o que ele era politicamente? Liberal ou Conservador? Ele recusava qualquer rótulo ideológico dado pelos colegas parlamentares.

"(...) nem qualquer outro poderá dar-me patente de conservador ou de liberal. Eu a tenho conquistado por mim próprio, pelo direito que tenho adquirido por minhas crenças, por minhas idéias e por meus princípios. Eu sou o que sou, e não o que querem ou desejão (...)"[188].

A definição identitária do conselheiro Salustiano Souto é semelhante a do príncipe Obá II d´África, recuperada e interpretada pelo historiador Eduardo Silva, que terminava os seus artigos com a frase bíblica *"ego sum qui sum"* (sou o que sou), que Obá II vertia para o iorubá e depois retraduzia para o português numa complexa operação linguística: *"não me bata, filho de rei é rei"*. Imagem bebida no episódio veterotestamentário da sarça ardente, quando a Divindade se manifestou a Moisés, mas no caso de ambos,

---

188 Sessão parlamentar em 10 de agosto de 1864. Em: ANNAES, 4, 94.

CAPÍTULO 6 AS PALAVRAS DE UM DEPUTADO BAIANO, 1862-1881

é como dissessem, não se aborreçam comigo, sou único, não seria a definição externa que os modificará[189]. Ele interferia com volúpia nas discussões econômicas sempre com o intuito de cortar os gastos do Tesouro. A sua fundamentação teórica estava em autores franceses, como Mathieu de Dombasle (1777-1843), precursor da educação agrícola; Adolphe Thiers (1797 – 1877), Alexandre Paul Boiteau (1830 – 1886) e Michel Chevalier (1806 – 1874), dentre outros, cujos argumentos usou na tribuna para fortalecer as suas apreciações. A saúde do orçamento nacional para ele dependia da manutenção de três equilíbrios, entre a produção e o consumo, entre o gasto e a receita e finalmente entre o custo e o benefício.

A solução desta equação estava na proteção a agricultura.

"(...) A lavoura de todos os paizes tem suas condições precisas e necessárias, tem seus elementos indispensáveis para seu desenvolvimento; se esse elementos são auxiliados e desenvolvidos, o comércio há de ter vida e a lavoura há de florecer, e nesse paiz não terá déficit, quando, porém não são pelo governo auxiliados com empenho, com methodo e systema, em vez de prosperarem cahem logo em decadência (...)"[190].

E continuava na exposição de suas ideias sobre a organização agrícola:

"Peço-lhe que não espere nada dos institutos agrícolas, e que trate de dar quanto antes a instrucção necessária ao paiz. E esta só lhe poderá ser dada por dous meios, ou mandando crear uma fazenda modelo, uma escola agrícola regida por um homem notável reconhecido no mundo das letras, como o

---

189 SILVA, Eduardo. Ob. cit., p. 159.
190 Sessão parlamentar de 28 de maio de 1864. Em: ANNAES, 4, p. 226.

Sr. Barão de Martius[191], *tão amigo da prosperidade do Brazil, homem muito patriota e muito brazileiro, não por nascimento, mas pelo coração, e que muitos serviços nos tem prestado na sciencia, ou então mandando annunciar aqui e na Europa, que o governo garantirá o juro de 7% ao capital de duas companhias que disso se encarreguem, uma do sul e outras ao norte, e que se apresentem funccionando de modo útil e conveniente à lavoura de nosso paiz"*[192]

A agricultura brasileira, além de linhas de crédito, necessitava de colonos imigrantes, mas segundo ele devia selecionar sua origem para que estes não formassem uma *"agglomeração urbana"*, principal defeito da imigração portuguesa, combatida por ele. Na época, o que se entendia por aglomeração urbana, será o que os teóricos da imigração no futuro vão chamar de *"quistos raciais"*, ao combater a imigração alemã no sul, a japonesa e a judaica em S. Paulo no século XX. É quando um grupo étnico se torna autossuficiente ajudando-se mutuamente e cultivando as suas tradições culturais, protegendo-se economicamente. Na interpretação de Souto, o problema não era racial, mas claramente econômico.

"Desse augmento de população agglomerada nas capitaes, Sr. presidente, veio o desequilíbrio entre a produção e o consumo; o que esta provado pelo augmento no preço dos gêneros alimentícios, e pela importação de gêneros de primeira necessidade, como milho, feijão e arroz, que cada dia entre maior augmento em nossos portos"[193].

---

191 No orçamento de 1864 havia uma emenda ao orçamento para "Auxilio ao Dr. Martius para a publicação da Flora Brazileira – 2.000$000" (p. 14).

192 Sessão de 28 de maio de 1864. Em: Annaes do Parlamento Brasileiro. Camara dos deputados. Segundo anno da duodécima legislatura. Sessão de 1864, 1, p. 229.

193 Sessão parlamentar em 28 de maio de 1864. Em: ANNAES, 2, p. 228.

CAPÍTULO 6 AS PALAVRAS DE UM DEPUTADO BAIANO, 1862-1881

Souto apresentava-se como um jacobino moderado. Era contra a imigração portuguesa, fundamentalmente por interpretá-la como geradora de inflação, pois segundo ele, os portugueses controlavam o comércio e serviços, formando uma espécie de cartel e interferindo artificialmente na formação dos preços. Lastimava que não tivesse aproveitada a chance de se ter estimulada a imigração dos irlandeses para o Brasil e não para os EUA, numa fórmula barata, trazê-los juntos aos contratos das ferrovias inglesas, para que eles ocupassem as bordas das estradas de ferro. A grande preocupação do produtor rural era não ter braços para a lavoura, elevando pela escassez de mão de obra o custo do trabalho, diminuindo a sua produtividade e os lucros.

A substituição do escravo pelo imigrante era um problema que devia ser resolvido com urgência, pois se ele fosse enfrentado, poderia levar a eclosão de uma nova Guerra da Secessão (1861-5) como nos EUA. Guerra que não era tão distante da Bahia, como se pensa, pois o cruzador Confederado C. S. S. Flórida, foi se pela questrado no porto de Salvador, os seus oficiais mortos, corveta U.S.S. *Wassuchett*, comandada pelo capitão Napoleon Collins (1814-1875), em 7 de outubro de 1864. Era urgente trocar os escravos por imigrantes livres, antes que o mesmo acontecesse por aqui:

> "*O exemplo dessa guerra fratricida que tem ensopado a terra americana com o sangue de seus filhos, é para nós um aviso eloqüente que nos adverte a não dormirmos o sonno da indolência a borda de um abysmo*"[194].

---

194 Sessão parlamentar em 23 de maio de 1864. Em: ANNAES, 1, p. 227.

No século XIX a escravidão como fornecedora da força de trabalho já não atendia mais os interesses da economia ocidental pelo custo direto e indireto, algo que no Brasil os produtores rurais não queriam aceitar, mas, que os pecuaristas já tinham compreendido na prática. O custo direto estava na posse e manutenção do escravo produtivo, enquanto o indireto recaia no estado, possuir tropas suficientes para reprimir as sucessivas rebeliões e garantir a segurança das cidades. O grande problema era como substituir esta mão de obra fixada a terra, já que não havia escravos o bastante para transformá-los em assalariados e os negros livres não era tolos para retornarem ao eito, enquanto como prestadores de serviços nas cidades ganhavam mais e tinham a liberdade de movimentos, que muitas vezes significava até a liberdade religiosa.

A possibilidade da substituição desta mão de obra e o consequente universo a ser substituído, que era grande o suficiente para gerar imensos lucros, despertou a ganância de muitos candidatos a intermediários, cujo trabalho seria identificar os potenciais trabalhadores estrangeiros e convencê-los a vir para o Brasil, a custo da bolsa governamental. Era gente esperta de todas as origens, desde brasileiros a personagens singulares como o mandarim Tong King-sing (1832-1892), representante de interesses anglo-chineses, que era visto com a vestimenta oriental e o rabicho, fazendo lobby no Rio de Janeiro, em S. Paulo e até no beija-mão do Imperador em outubro de 1883. Enquanto os produtores buscavam lentamente fazer esta transição, o movimento abolicionista buscou apressar o fim dele pelos meios legais ou não.

CAPÍTULO 6 AS PALAVRAS DE UM DEPUTADO BAIANO, 1862-1881

O abolicionismo

O Abolicionismo do conselheiro Souto e dos seus amigos era feito dentro dos limites legais, bem distinto do método voluntarista dos Caifazes paulistas, de Antônio Bento (1843-1898), que aliciavam escravos nas fazendas e perseguiam os capitães do mato. O grupo de Souto agia no âmbito da propaganda antiescravista, sentimentalizando a questão através da poesia, como a de Castro Alves, o que ampliava a simpatia da plateia, comprando a liberdade de escravos justamente no dia da Independência (7 de setembro), atrelando esta causa ao patriotismo e posteriormente no Parlamento através de pronunciamento e leis.

O seu grupo abolicionista, a Sociedade Libertadora Sete de Setembro da Bahia durou pouco menos que uma década e era subsidiado por impostos estatais. Ele esteve ativo entre 1869 a 1878. Foi uma sociedade de elite apesar dos propósitos populares. O número de sócios era expressivo, ela chegou a ter 497 homens e 15 mulheres em seus quadros. O historiador negro Manoel Querino (1851-1923) foi um deles. O principal impulsionador desta sociedade foi o advogado Frederico Marinho de Araújo (1843-1921), em cuja casa, no Pelourinho n° 4, funcionava a agremiação e também a redação do jornal O Abolicionista. Ele foi o seu primeiro presidente, sucedido pelo educador Barão de Macaúbas (Abílio César Borges, 1824-1891), casado com uma sobrinha do Cotegipe e professor de dois dos principais abolicionistas, Castro Alves e Rui Barbosa; depois a sociedade foi presidida pelo professor da FMB, conselheiro José

Luís de Almeida Couto (1833-1895), cuja filha Dona Maricas casou-se com o Dr. Nina Rodrigues (1862-1906), pioneiro do estudo da presença africana no Brasil; a seguir pelo advogado Francisco José da Rocha (1832-1897), futuro presidente de Santa Catarina; posteriormente pelo conselheiro Dantas, e finalmente pelo conselheiro Souto.

Durante o seu mandato como presidente da sociedade ele atuou em várias frentes, tanto na ação, quanto na propaganda. No final de 1875 ele este no Rio expondo a contradição de se proibir o tráfico da Costa da África e permiti-lo internamente. Apresentou também números expressivos conseguidos pela Sociedade até aquela data: 347 cartas de alforria, onde foram gastos 8:381$000 na compra desta liberdades[195]. O Dr. Souto também procurou envolver as mulheres na luta abolicionista promovendo eventos que dependessem de atividades femininas. Um deles foi um leilão de trabalhos manuais feitos por mulheres baianas, cujo resultado seria comprar a liberdade de uma mocinha escrava.

"As bahianas.

Confiado nos sentimentos nobres e generosos das minhas comprovincianas, convencido de que ellas não quererão ficar a quem das senhoras de outras províncias, que tem formado associações para libertarem escravos, seguro ainda de que as mulheres que formam o ornamento e o encanto de nossas sociedades, estão sempre promptas para todas as obras de doçura e caridade, venho pedir-lhes que se dignem de mandar ao abaixo assignado, trabalhos de suas mãos mimosas, para serem postos em leilão no Passeio Público, em fevereiro e em

---

195 A REFORMA, Rio de Janeiro, 17 de outubro de 1875, p. 2.

CAPÍTULO 6 AS PALAVRAS DE UM DEPUTADO BAIANO, 1862-1881

outras vezes, com cujo producto será libertada em fevereiro uma mulatinha de 15 annos, que ainda geme no cativeiro, e nos mezes seguintes outras que merecerem ser preferidas para receberem a sua liberdade. Bahia, 8 de janeiro de 1885. Dr. S. Souto"[196].

A importância destas associações para a abolição não se devia apenas as manumissões que realizavam com grande publicidade, mas fundamentalmente na criação de uma atmosfera de rejeição popular a escravidão, suficiente para justificar a desobediência civil. A poesia abolicionista difundindo o imaginário tenebroso da instituição servil garantia a legitimação moral deste comportamento. E quando compravam a liberdade de um escravo como o pernambucano Miguel, pertencente a Matilde da Fonseca Pinto, descrito como *"semi-branco"*[197], despertava o sentimento de autopreservação dos brancos pobres. A propaganda gerada por estas sociedades atingiam todas as faixas da população, pois incentivava o escravo a rebelar-se, motivava a esposa e os filhos do proprietário reprovar o comportamento do chefe da casa.

Na seção parlamentar de 10 de agosto de 1864, Souto numa manifestação mais longa falou sobre dois temas, que nos interessam particularmente e são o centro deste trabalho, religião e o que fazer com os escravos libertos. Ele falou com cautela sobre o tema servil. Propunha avanços sociais, como autodeterminação de certos grupos de ex-escravos, mas

---

196 GAZETA DA BAHIA, 9 de janeiro de 1885, p. 2.
197 DIARIO DO RIO DE JANEIRO, 14 de julho de 1870, p. 3. O texto completo é: "Manoel, SEMI-BRANCO (grifo do autor), nascido a 3 de maio de 1869, filho de Valeriana, escrava de Mathilde Gercina da Fonseca Pinto, tendo por padrinho o Exmº Sr. general Joaquim José Gonçalves Fontes".

fazia ressalvas, aparentemente pro-*establishment*, mas que eram inócuas no seu cumprimento, talvez para não assustar o seu eleitorado:

> *"Fora mais acertado dar-lhes uma bella localidade, onde formarem sua colônia agrícola. Desejo e peço ao novo ministro igual emancipação para todos os Africanos entregues ao governo da Bahia, o que se achao ao serviço della. Peço que emancipados se lhes alli, naquela província, terreno aproximado a capital, onde sob as próximas vistas da polícia e do governo, elles estabeleção uma colônia agrícola"* [198].

Mais tarde, Souto refinou a sua ideia e apresentou em março de 1879, um projeto ao parlamento aproveitando também as fazendas nacionais. Souto pensou em duas colônias, uma no Amazonas e outra na Bahia e na *"reorganização e desenvolvimento"* do Estabelecimento Rural de S. Pedro de Alcântara, no Piauí. A colônia piauiense fora fundada em 1873 e dirigida pelo agrônomo maranhense Francisco Parentes (1839-1876) em antigas propriedades tomadas aos Jesuítas, com um objetivo claro.

> *"Acolher ingênuos e libertos menos, a fim de dar-lhes educação physica, moral e religiosa, e instrucção primaria, artistica, industrial e zootechnica, como introduzir na industria pastoril os melhoramentos que foram compatíveis com os recursos de que dispõe, applicando os methodos de melhorar as raças por cruzamento e por seleção. No estabelecimento se executarão as industrias de curtume, saboaria, do preparo da graxa e outras"*[199].

As colônias do Amazonas e da Bahia seriam preenchidas por desocupados, órfãos e oriundos das casas de expostos a

---

198 Sessão parlamentar em 10 de agosto de 1864. Em: ANNAES, 4, p. 99.

199 Decreto nº 9303, 27 de setembro de 1884.

CAPÍTULO 6 AS PALAVRAS DE UM DEPUTADO BAIANO, 1862-1881

partir de quinze anos, de forma compulsória, enquanto o espaço piauiense seria para os *"maiores de 15 annos libertos pela lei de 28 de setembro de 1874"*[200]. O projeto não prosperou. A esta ação seguiram de forma explicita a fala do amigo Jerônimo Sodré que inaugurou o tema no Parlamento, num pronunciamento feito em 5 de março de 1879. Os discursos que legitimavam as adesões a esta ideia eram motivadas por várias razões, tanto de natureza moral, impulsionadas pelo Protestantismo britânico (Quaker) – pois tanto o Catolicismo como o Islamismo, relutaram em condenar a escravidão humana e principalmente pelo cinismo econômico, expresso pelo jurista baiano Policarpo Lopes de Leão (1814-1882), presidente de S. Paulo e Rio de Janeiro, que na ponta do lápis concluiu que um empregado europeu custava bem menos que um escravo, além de não precisar lhe sustentar na velhice ou perder o capital quando de sua morte. Bastava buscá-los na Alemanha e Itália, quando através de vários artifícios, podia torná-lo bem mais barato que o custo do escravo[201].

> *"A economia, que resulta de não sustentar, e curar servos doentes, que não podem trabalhar, e enterrar os mortos, nem sustentar os filhos d'elles durante annos, até que cheguem a idade de prestar serviço (...) Não perder capital com a morte do escravo (...) o aluguel de um escravo, como se diz geralmente, para todo*

---

200 O REPORTER, Rio de Janeiro, 22 de março de 1879, p. 2.

201 POLICARPO LOPES DE LEÃO é neto de Miguel José Bernardino de Leão, dono do trapiche Barnabé em Salvador, pertencia a mesma família que fundou e dirigiu por anos a empresa paranaense Matte Leão. Alguns indícios genealógicos sugerem ligação a família de cristãos-novos aparentados aos Mogadouros. Ele e o Dr. Egas Muniz Barreto de Aragão receberam uma concessão governamental para trazer dez mil imigrantes alemães na formação de colônias na Bahia (lei nº 5117, 19 de outubro de 1872).

serviço, isto é, quando não tem especialidade alguma, é hoje de 30$000; ao passo que o aluguel do creado europeu nas mesmas circunstâncias é de 20$000. Quando elles tem uma especialidade a proporção é a mesma. Um cocheiro, um cosinheiro europeus, custa regularmente de 35$000 a 40$000; nenhum cocheiro, nenhum cosinheiro, escravo, custa menos de 40$000 a 50$000, e muitas vezes mais"[202]

O ilustre jurista não mencionou as orelhas-de-burro, vale que substituía o dinheiro do pagamento recebível unicamente nos armazéns da fazenda ou um pouco mais sofisticadamente a chamada Lei de Ferro dos salários formulada pelo economista inglês David Ricardo (1772-1823), descendente de uma família de cristãos-novos portugueses, cujo membro mais importante fora Henriques de Sequeira, médico de D. João VI e que acompanhariam estes trabalhadores e colonos por toda a vida, comprimindo a sua remuneração.

O cinismo econômico foi o modo da Abolição entrar na agenda política de forma efetiva, perdendo o seu caráter inicial de subversão, que tinha, quando era defendida por um pequeno grupo de moralistas. A escravidão só mereceu uma condenação mais veemente do Catolicismo em 1839, com a bula *In Supremo Apostolatus* do papa Gregório XVI (1765-1846), enquanto entre os muçulmanos, sem uma autoridade central, somente no final do século XIX é que surgiu no mundo islâmico um pensador abolicionista, e assim mesmo, por influência britânica, o educador indiano "Sir"

---

202 LEÃO, Polycarpo Lopes de. Como pensa sobre o Elemento Servil o Dr. Polycarpo Lopes de Leão natural da capital da Província do Brasil e Desembargador da Relação do Rio de Janeiro, p. 12-3.

CAPÍTULO 6 AS PALAVRAS DE UM DEPUTADO BAIANO, 1862-1881

Syed Ahmed Khan (1817-1898), que interpretou a escravidão humana como contrária ao pensamento do profeta Maomé e ao Alcorão, algo que mereceu a reprovação unânime da hierarquia laica e religiosa islâmica. Os muçulmanos só abandonaram a ideia de escravidão, sob a pressão inglesa no século XX, nem mesmo os modernizantes Jovens Turcos tinham esta questão em sua agenda política.

A abolição da escravidão do ponto de vista legal chegou com a lei nº 3353, de 13 de maio de 1888, apelidada de Áurea, de autoria do deputado Rodrigo Augusto da Silva (1833-1889), Conservador, e assinada por ele já na condição de ministro da Agricultura. O nome aparentemente comum do autor escondia um dos maiores herdeiros paulistas, o seu pai, Barão do Tietê (José Manuel da Silva, 1793-1877), tinha deixado para os seus um montante de oitocentos contos de réis. Ele pertencia a uma rede de parentesco na elite conservadora local e também na nacional, pois era casado com Catarina de Queirós Matoso Ribeiro, filha do poderoso Eusébio de Queirós, ministro que interrompera legalmente o tráfico de escravos. O papel dos Conservadores fora retardar o quanto possível esta abolição, através do acompanhamento das leis, enxertando emendas que lhe alteravam muitas vezes o objetivo. No caso desta lei, ela chegou num momento que já era apenas simbólica, beneficiando algo por volta de setecentos mil escravos.

Foi uma lei feita sob medida para beneficiar D. Isabel, herdeira do trono, que era contestada por disputas familiares provocadas pelo apetite conspirador do sobrinho D. Pedro Augusto (1866-1934) e com o marido, Conde d´Eu,

169

rejeitado pelo Povo por não se reconhecerem num príncipe estrangeiro visto como muxiba, sem carisma e ainda por cima, surdo, num momento em que a sucessão estava muito próxima de ser uma realidade. Foi uma manobra política arriscada aliar-se aos adversários, pois sabia-se que o Abolicionismo evoluiria para a República, manobra tática destinada a preservar o trono no longo prazo, sem sucesso como se viu depois.

Atividades no parlamento

No Parlamento o deputado Souto foi membro de uma Comissão de Orçamento e Contas, junto aos deputados Cristiano Ottoni (1811 – 1896), engenheiro ferroviário que se tornaria milionário com a escolha do modo de transportes; grandalhão Martinho Campos (1816 – 1887), último defensor da Escravidão, dele se contava que num dia de chuva convidara ao escravo que seguia ao lado, para entrar no seu carro e não se molhar; o conselheiro Manoel Dantas, baixinho, gordo e amoroso; Saldanha Marinho, líder maçom e republicano e o Visconde de Ouro Preto (Afonso Celso de Assis Figueiredo, 1860 – 1938), último líder do governo imperial.

O trabalho desta comissão era muito semelhante as comissões de hoje, harmonizar os interesses das províncias com os da Corte, levar dinheiro para obras no interior, combater o desperdício e também a corrupção, que já era comum neste período. Discursou o deputado Souto numa destas ocasiões:

CAPÍTULO 6 AS PALAVRAS DE UM DEPUTADO BAIANO, 1862-1881

"Quanto aos outros paragraphos, isto é, os §§ 11 e 12, que consignão a quantia de 1.823:000$ para obras públicas na corte e socorros as províncias, eu também não me sinto disposto a prestar-lhes meu voto, e de mais esse socorro as obras das províncias é uma verdadeira burla (risadas e apoiados); são 1.800:000$ para as obras do município neutro e nada mais: e se olharmos para este pequeno kalendario das despezas do ministério da agricultura, veremos que só com o encanamento das águas neste município tem gasto 6.840:000$ em 12 anos. Só com inspecção e guardas empregados das águas se gasta annualmente na corte 129:000$. É um horrível disperdicio que deve findar-se. Já se vê que não posso concordar com este orçamento de despezas, com esse disperdicio de dinheiros públicos. Peço licença a V. Excia para não só condemnar essa despeza, como apresentar o modo por que se deve Ella realizar; votar tão avultada verba para obras sem methodo e sem systhema é abrir a boca de um sorvedouro debaixo do nome de fornecimento de águas do município neutro, é um verdadeiro escândalo, contra o qual eu protesto desta tribuna. Sabe V. Excia., o Sr. presidente, que é horrível que sem proveito se tenha gasto neste encanamento de água para o município da corte, de 1852 para cá, 6.800:000$. É horrível!"[203].

Depois desta pequena exposição do deputado Souto sobre os custos e o andamento das obras de saneamento do *"município neutro"* (Rio de Janeiro, a corte), veio a informação do deputado Aristides Lobo, que apesar dos gastos excessivos, a cidade ainda não tinha água.

---

203 Sessão parlamentar em 28 de maio de 1864. Em: Annaes do Parlamento Brasileiro. Camara dos deputados. Segundo anno da duodécima legislatura. Sessão de 1864, 1, p. 228.

No Parlamento o deputado Souto possuía um discurso recorrente e hostil aos excessos do funcionalismo público, que ele via como empreguismo:

"o actual gabinete há de acabar com esse funcionalismo, que é uma lepra que affeia a nação; com o desperdício dos dinheiros públicos" [204].

Para Souto o problema se agravava com o desperdício e a desordem fiscal, que levava a risco o trono dos Braganças:

"Não desejo que no reinado do Sr. D. Pedro II se dê o que se deu no reinado de Luiz XIV, em que o desperdício trouxe a descrença e o ódio das províncias, e deu cauza, como entendem celebres escriptores, o apparecimento da grande revolução" [205].

Defendia a reciprocidade comercial com os países que mantinham relações com o Brasil. Nacionalista e protecionista buscava regular a entrada de mercadorias estrangeiras através da taxação. Dava exemplos:

"Temos liberdade commercial em Portugal, quando não podemos entrar alli com meia dúzia de charutos na algibeira?" [206].

E concluía:

"Nos Estados-Unidos, que todos sabem ser o paiz da liberdade, o governo goza da faculdade de augmentar ou diminuir as tarifas, segundo a necessidade que tem de proteger suas indústrias" [207].

A sua doutrina geopolítica era simples. A paz com os vizinhos dependia da capacidade de amedrontar o inimigo

---

204 Sessão parlamentar em 28 de maio de 1864. Em: Annaes do Parlamento Brasileiro. Camara dos deputados. Segundo anno da duodécima legislatura. Sessão de 1864, 1, p. 224.

205 Sessão parlamentar em 28 de maio de 1864. Em: Annaes do Parlamento Brasileiro. Camara dos deputados. Segundo anno da duodécima legislatura. Sessão de 1864, 1, p. 229.

206 Sessão parlamentar em 28 de maio de 1864. Em: Annaes do Parlamento Brasileiro. Camara dos deputados. Segundo anno da duodécima legislatura. Sessão de 1864, 1, p. 226.

207 Sessão parlamentar em 28 de maio de 1864. Em: ANNAES, 1, p. 226.

CAPÍTULO 6 AS PALAVRAS DE UM DEPUTADO BAIANO, 1862-1881

externo. Um século antes de Henry Kissinger, Secretário de Estado dos EUA entre 1973 a 1977, já defendia uma doutrina parecida de contenção do adversário, durante a Guerra Fria.

"O progresso das indústrias e as conquistas da civilização hão de dominar o mundo; espero que a voz do canhão há de emmudecer um dia diante do direito e da razão universal; mas antes que ele se calle; enquanto sua voz atroadora pesar nos destinos da guerra, eu prestarei meu apoio para que o Brasil esteja convenientemente fortificado e a sólida defesa de um paiz é, na phrase de Palmerston [Henry John P., 1784-1865], *a maior garantia de paz. Elle repetio uma verdade já dita – se vis pacem, para bellum* [Se queres a paz, prepara--te para a guerra", do autor romano Vegetius]"[208].

O deputado Souto chamava atenção pela verbosidade quase barroca, suficientemente elaborada para espantar até o pernóstico Rui Barbosa com a *"linguagem dele"* [209]. O linguajar peculiar era visto a princípio como elemento de comicidade, mas depois se transformava em simpatia por ele. Um dos primeiros discursos que o Dr. Souto pronunciou como político já com estas marcas gongóricas foi na Câmara Municipal de Santa Isabel do Paraguaçu (Mucugê) em 31 de outubro de 1859, ao saudar D. Pedro II. Vale a pena rememorar suas imagens para descrever a cidade pedregosa. Enquanto ele discursava, estava ao seu lado, o Dr. João Barbosa, companheiro de todas as horas.

"Senhor - Um município, ora confrangido por soffrimentos e que fica para o ponto onde parece-se occultar o sol, que tem

---

208 Sessão parlamentar em 10 de agosto de 1864. Em: ANNAES, 4, p. 95.
209 Carta de Rui Barbosa a Maria Augusta Viana Bandeira, Rio de Janeiro, 23 de outubro de 1876. Em: BARBOSA, Rui. Op. cit., 214.

173

O MÉDICO DOS POBRES

brasado seus campos e minguado seus alimentos, tendo em suas entranhas pedras preciosas com que se tem augmentado as rendas do estado: um município que nasci de seus pedregaes caudal e majestoso Paraguassu, que depois de fertilizar valles e planícies com suas águas prateadas vem abraçar amoroso as duas filhas que se olham, e unidas derão o primeiro combate na luta de independência, luta que deu à nossa história uma página de glória, e a nós liberdade e throno; a Villa de Santa Isabel enfim, esquecida de suas dores, vem, Senhor, jubilosa, leal e cheia de esperança, trazer perfalças (?) e dar as boas vindas a Vossa Majestade Imperial e a esposa augusta e virtuosa.

No systema planetário o sol, rei, derrama luz, calor a distancias infinitas, e com seus raios faz resplandecer cometas e planetas nos espaços celestes: chefe augusto desta monarchia, há de V. M I., no círculo majestoso que descreve, mandar raios de progresso, garantia e lei a todos os pontos, ao sul e ao norte do Império e todos os nós receberemos os benefícios que prommete o reinado de V. M. I., distincto pelas virtudes, pela intelligencia cultivada e robusta e pelo amor as instituições progressivas do paiz.

Magnânimo e sábio, tendes dado auxílio aos triumphos da intelligencia e as conquistas do pensamento.

Imperador Constitucional, V. M. tem estendido a mão sobre os lábios deste povo, e este povo tem freneticamente beijado a mão augusta de seu chefe, porque este povo, que reage com vigor irresistível, sente, pensa e por isso ama a V. M. I. como monarcha digno do século.

A Villa de S. Isabel do Paraguassu, por sua câmara municipal, da qual somos neste momento vosso pensamento, crê que assentada a raiz da monarchia na profundez do sentimento e do pensamento do povo, há de V. M. I. fazê-lo feliz; porque monarcha e pai tem firmado seu throno, não no mérito da baioneta, do canhão e do sabre, mas no coração fervente dos brasileiros.

CAPÍTULO 6 AS PALAVRAS DE UM DEPUTADO BAIANO, 1862-1881

A musa do deserto, a musa singella d´aquellas montanhas e d´aquelles prados tem alli cantado o nome de V. M. I., e mais tarde esta Villa como todo o império bafejada pelas aulas de progresso plantado pelas mãos de V. M. I., e pela civilização do século, hade mandar no canto harmonioso de suas musas, na felicidade de seus filhos, nas águas sulcadas de seus rios, e no perfume de suas flores, hymnos de gratidão pelo reinado de V. M. I. e Constitucional"[210].

O romancista carioca Machado de Assis (1839 – 1908), numa crítica feita a oratória vazia dos parlamentares brasileiros, tomou como exemplo disto o brinde que Souto teria erguido num almoço entre deputados em Barra do Piraí:

"Comemorando os resultados da descoberta do vapor, verdadeiro transformador da humanidade"[211].

Se o conselheiro Souto disse isto foi uma tolice a lhe perdoar; mas, não se deve esquecer que ele era personagem de uma geração que se fascinava pela ciência e, portanto via a tecnologia como solução de todos os problemas. Nos anos Oitenta ele aproveitou o seu prestígio e fez um anúncio testemunhal de algo aparentemente inusitado para um médico, mas necessário para quem fora responsável por um jardim botânico:

"Comprei uma machina destruidora das formigas em mão do seu autor privilegiando o Sr. José Bento Gil Carmines, e que do uso della tendo tirado grande proveito na extinção das formigas"[212]

---

210 O ARGOS DA PROVINCIA DE SANTA CATARINA, Desterro, 1 de dezembro de 1859, pp. 2-3.
211 MASSA, Jean-Michel. Dispersos de Machado de Assis, p. 198.
212 O MONITOR, Bahia, 13 de agosto de 1880, p. 1.

Nos embates com os adversários, apesar de polido, era ríspido. Num destes momentos agressivos fustigou a vaidade do deputado Silveira Lobo (1826-1886), futuro presidente de Pernambuco e Minas Gerais:

"O nobre deputado tem uma grande crença, é a demasiada estima de si próprio, que se torna insuportavel presumpção. O nobre deputado é idolatra de sua própria pessoa, quer sacrificar a todos no seu êxtase político" [213].

O vaidoso deputado não respondeu a provocação.

Ao deputado mineiro Felício dos Santos (1822 – 1895), advogado dos herdeiros da ex-escrava mineira Chica da Silva (c. 1732 – 1796), que fingira não compreendê-lo, usou a ironia para calá-lo:

"Julgo que entenderão-me todos, porque fallei em portuguez" [214].

E rematava com sarcasmo:

"Se o nobre deputado [Felício dos Santos], *porém quer contrariar minha asserção, comece por demonstrar que são falsos os balanços e peças officiaes daquelles Estados naquele tempo, documentos em que encontrei o que afirmo e posso afirmar. Qual é o paiz no mundo, meus senhores, que sustentando uma guerra pode conservar suas finanças em bom estado, como em circumstâncias ordinárias? Quem é esse financeiro e estadista d'entre os nossos que possa fazer esse milagre? Felicito-me por ter uma pátria commum com esse gênio, que poderá deste modo dar lições aos velhos economistas da velha Europa"*[215]

---

213 Sessão parlamentar em 10 de agosto de 1864. Em: ANNAES, 4, p. 99.
214 Sessão parlamentar em 10 de junho de 1864. Em: ANNAES, 2, p. 212.
215 Sessão parlamentar em 10 de junho de 1864. Em: ANNAES, 2, p. 212.

CAPÍTULO 6 AS PALAVRAS DE UM DEPUTADO BAIANO, 1862-1881

O novo testamento de João

O Dr. Souto não era um político na acepção conhecida nas atividades de negociador ou legislador, mas, buscava ser visto como um mandarim ou tecnocrata no mundo contemporâneo, alguém que aproveitara a *carrière ouverte aux talents* para se fazer na vida profissional. Na seção de 10 de agosto de 1864 se autoidentificou orgulhosamente:

"Posso dizer alto e bom som que não tenho recebido graças do poder, que sou lente de uma faculdade para onde entrei, não pela porta do favor e do patronato, mas por força de um concurso que me deu approvação plena de uma faculdade inteira (Apoiados). E assim que me apresento nesta câmara, é este o meu título de glória que me faz tão independente como o nobre deputado, ou qualquer outro (...)"[216].

A sua competência profissional levou a criar relações também com a elite médica da Corte, onde também havia outra faculdade de medicina e os profissionais que atendiam a Família Imperial. Estas relações levaram-no a ser membro do Imperial Instituto Médico Fluminense, fundado em agosto de 1867, na cidade de Niterói, para pensar a saúde pública. Nela o Dr. Souto conviveu com notabilidades médicas, como o Dr. José Martins da Cruz Jobim, o Barão de Petrópolis (Dr. Manoel de Valadão Pimentel, 1812-1882), o Visconde de S. Isabel (Dr. Luís da Cunha Feijó, 1817-1881), todos médicos ligados a Família Imperial. Pois foi nesta dupla condição de médico e político que ele meteu-se numa confusão célebre, o chamado caso do testamento Carneiro,

---

216 Sessão parlamentar em 10 de agosto de 1864. Em: ANNAES, 4, p. 99.

177

O MÉDICO DOS POBRES

que envolveu figuras importantes da vida brasileira, no Rio de Janeiro, em fevereiro de 1877.

O comendador João Carneiro de Almeida, fluminense, setenta anos, solteiro, agonizava consciente num quarto da casa de saúde pertencente a dois genros do Barão de Petrópolis, o Dr. Marinho e o Dr. Cata-Preta, a Cata-Preta, Marinho & Werneck na Rua da Fresca nº 1[217]. A solidão e o seu patrimônio tinham o mesmo efeito amargo do *chá da meia noite*[218]. A expectativa da morte de um homem muito rico e sem parentes provocou um grande entra e sai na camarinha, deixando o enfermeiro Sousa de lado, lá estavam várias pessoas gradas na vida pública: o deputado Alfredo d´Escragnolle Taunay, futuro visconde de Taunay (1843-1899), o Visconde do Rio Branco (José Maria da Silva Paranhos, 1819-1880), o Barão de Sapucaia (Manuel Antônio Airosa, + 1883), cafeicultor; o Visconde de Niterói (Francisco de Paula de Negreiros Saião Lobato, 1815–1884), ex--ministro da justiça por duas vezes, e o monsenhor Joaquim Pinto de Campos (1819-1887), famoso por sua viagem a Terra Santa e por seu ultramontanismo, dentre outros personagens da elite política brasileira[219].

---

217 Os três sócios eram os médicos, Lucas Antônio de Oliveira Cata-Preta (1829-1920), João Marinho de Azevedo (1844-1907) e Francisco Furquim Werneck (1846-1908), introdutor do parto cesariano no Brasil e prefeito do Rio de Janeiro.

218 Chá da meia noite foi uma explicação popular, que sobreviveu até nós, da alta taxa de mortalidade dos pacientes desvalidos em hospitais públicos, atribuindo esta espécie de eutanásia a um misterioso chá ministrado durante a noite fora das vistas leigas para apressar suas mortes.

219 O padre JOAQUIM PINTO DE CAMPOS pertence a uma parentela formada por políticos e militares, gerada pelo avô, o capitão Manuel José de Campos, natural de Penafiel e estabelecido em Pernambuco. O tenente Siqueira Campos (1898-1930), um dos "18 do Forte de Copacabana" é sobrinho-neto do Padre.

CAPÍTULO 6 AS PALAVRAS DE UM DEPUTADO BAIANO, 1862-1881

O Dr. Souto fora ao hospital a pedido do paciente, já que era o seu médico particular e nele tinha bastante confiança, pois alguns anos antes lhe tratara com sucesso de uma úlcera cancroide (epitelioma) no nariz. Num momento que eternizou-se em letra de forma e seria usado por ambos lados na contenda judicial vindoura, o Monsenhor Joaquim indagou com as sobrancelhas ao Dr. Souto, qual a situação do doente? Este com os olhos respondeu que estava nas últimas. Imediatamente começou uma discussão entre os presentes se o moribundo já fizera o testamento. O doente não respondia a pergunta, mas mostrava-se angustiado pela insistência. Nisto entrou o tabelião João de Cerqueira Lima, que viera por indicação de um parente do Visconde de Niterói, que também estava no quarto. Monsenhor Pinto de Campos que era um dos mais agitados, indagava nervosamente como ficaria a promessa do candidato a finado doar sua fortuna ao Visconde de Niterói? O Dr. Souto aproveitou a oportunidade e pediu ao moribundo a liberdade do seu escravo. O tumulto tomou conta do ambiente e neste momento, o tabelião e o Dr. Souto abandonaram o quarto em direção a rua. No meio da escada escutaram o chamado dos circunstantes para que voltassem.

"Sr. Dr. volte, Sr. Doutor: o homem já quer fazer o testamento"[220].

Souto voltou e assinou pelo testador o documento lavrado pelo tabelião Cerqueira Lima, mas não fez a ressalva explicando porque assinara em nome do moribundo e morto alguns minutos depois, se o fizera pelo testador ser analfabeto ou por não poder fazê-lo naquele momento. Posteriormente,

---

220 O GLOBO, Rio de Janeiro, 18 de agosto de 1877, p. 2.

os Costa-Guimarães e os Rademaker-Grünwalds, que se diziam parentes do falecido, impugnaram o documento pela ausência desta formalidade jurídica e pelas estranhezas que rondavam a sua origem. O processo percorreu o itinerário judicante e deu as patacas ao Visconde de Niterói.

Discussões sobre a lisura de testamentos aconteciam com frequência nestes tempos, muitos cariocas conheciam uma história dessas, desde o sumiço do testamento do tenente-general Visconde de Santa Teresa em 1879 ou a falsificação do testamento do negreiro Visconde de Vila Nova do Minho (João Bernardino de Sá, 1802-1855), dentre tantos outros perdidos na memória dos logrados.

O senado é uma miragem

O conselheiro Souto tentou somente uma vez obter uma cadeira no Senado, que era um cargo vitalício e cuja escolha era feita num sistema misto. Primeiro havia uma eleição entre os eleitores qualificados e depois o Imperador escolhia o nome numa lista tríplice. Não é verdade que ele tenha disputado duas eleições para o Senado e sido recusado pelo monarca. O Souto que Joaquim Nabuco cita na biografia do pai como concorrente na disputa da cadeira do senador Cassiano Esperidião (1797-1857), o político que anunciara a maioridade de D. Pedro II, foi o irmão do conselheiro Souto, desembargador José Ferreira Souto, deputado por várias vezes e não Salustiano como está no livro[221].

---

221 NABUCO, Joaquim. Um estadista do Império. Nabuco de Araújo, sua vida, suas opiniões, sua época por seu filho J.N., II, 1857-1866, p. 12.

CAPÍTULO 6 AS PALAVRAS DE UM DEPUTADO BAIANO, 1862-1881

Ele só disputou a eleição de agosto de 1878, quando foram colocadas duas cadeiras senatoriais a disposição dos candidatos, a dos senadores José Thomaz Nabuco (pai de Joaquim Nabuco) e Zacarias de Goes, e chegou em quinto lugar, o que lhe dava direito para a indicação da vaga. Ficou em primeiro o conselheiro Dantas, 2037 votos; em segundo, Leão Veloso, 1910 votos; na terceira colocação, Ferreira de Moura, 1850 votos; em quarto lugar, Justiniano Madureira, 1826 votos; em quinto, Salustiano Souto, 1818 votos e finalmente, Frederico Augusto de Almeida, 1601 votos. O Imperador devia escolher dois deles, e o fez, escolhendo os primeiros colocados: o conselheiro Manoel Dantas e Pedro Leão Veloso (1828 – 1902), o político que governou mais províncias no Brasil (Espírito Santo, Maranhão, Rio Grande do Norte, Piauí e Ceará), neto do capitão-mor de Inhambupe, Domingos Ferreira Veloso.

Por estas e outras escolhas, onde fora preterido, ele sentia-se discriminado injustamente o tempo todo. Há exemplos abundantes destas queixas em suas cartas. O seu antídoto para isto seria a honra adquirida pelo comportamento pessoal, a noção de honra sertaneja herdada dos seus maiores. O conselheiro Souto era um político muito independente para o Governo confiar em si dando-lhe um ministério ou mesmo o governo de uma província, porém ele era leal aos seus amigos e colegas de partido, mesmo nos momentos difíceis, como se mostra neste desabafo a um dos seus líderes políticos, não identificado na carta.

"Só a occasião mostra os homens e suas inclinações, e disposições. O tempo melhora minha fraquesa; mas elle marcará

O MÉDICO DOS POBRES

em seo kalendario um dia, em que eu lhe possa mostrar mi-
nha estima e agradecimento. Deos lhe dê saúde e venturas e
a todos os seos, e Vossa excelência disponha do humilde médi-
co, que ora lhe escrevo. Não carece responder as minhas car-
tas, que sendo para demonstrar estima e afecto sem servir-lhe
o pezo, obrigando-o a repetidas respostas. Meo fim não é ser
honrado com suas letras; mas mostrar-me reconhecido"[222].

Entre os sentimentos e o calculo político, ele ficava
com os sentimentos de lealdade, afetividade e a bondade
do sertanejo. Era um homem cordial na sua melhor acepção, mas, também não evitava a guerra.

---

222 Carta de Salustiano Ferreira Souto a destinatário não-identificado, sem data. Em:
CARNEIRO, Zenaide de Oliveira Novais. "Cartas brasileiras (1809-1904: um
estudo lingüístico-filológico", p. 781.

CAPITULO 7

O Conselheiro Souto vai à Guerra

Nos primeiros dias da guerra contra o Paraguai o sentimento patriótico tomou conta da população baiana. O conflito era muito próximo aos baianos, apesar da distância geográfica de onde acontecia os fatos, pois o que desencadeara a guerra fora o apresamento do *Marquês de Olinda*, pequeno vapor de dois mastros e uma chaminé, pertencente a recém-fundada Companhia de Navegação do Alto Paraguai, comandado pelo tenente reformado José Antônio da Silva Souto, que fazia o percurso entre Montevidéu a Cuiabá em novembro de 1864. O prisioneiro principal era o coronel baiano Frederico Carneiro de Campos (1800-1867), sobrinho dos Marqueses de Caravelas (José Joaquim Carneiro de Campos, 1768-1836) e o de Nazaré (Clemente Ferreira França, 1777-1827), família solidamente fincada a Bahia. A sua esposa e prima, Auta, era filha do Dr. Francinha (Antônio Ferreira França, 1771-1848), professor na FMB. Ela enlouqueceu ao saber o destino do marido. O coronel Carneiro de Campos ia tomar posse como presidente do Mato Grosso. Outro refém ligado a Bahia era o médico Antônio Antunes da Luz (1818-1867), formado pela FMB, em cuja banca de doutorado fora presente o conselheiro Souto. Eles seriam

183

torturados pelos captores e assassinados por inanição. O barco foi incorporado a Marinha paraguaia.

No Brasil os chefes políticos tomaram a frente da guerra, faziam a conscrição de voluntários, notadamente negros ou pobres, o que dava no mesmo, e depois por mesquinharia, recrutamento à força dos seus adversários políticos (*"sob captura"* na linguagem legal). Os ricos contribuíam simbolicamente – o magnate Cotegipe ofereceu a sua aposentadoria de desembargador (838$222 anuais) como contribuição e por modéstia, a indicação para que os seus adversários Barbosa de Oliveira tivessem a oportunidade de serem heróis (um deles, o Dr. José Augusto, irmão do Dr. João Barbosa, morreu na Guerra em 1864). A família não perdoou o assassinato patriótico do seu filho.

Os zuavos baianos

O conselheiro Souto entrou na Guerra organizando um batalhão de negros, sob a sugestão do seu chefe político, o conselheiro Dantas, batalhão que genericamente tomou o nome de Zuavos, como outros que foram conscritos na Bahia, que se vestiam de bombachas vermelhas, blusa e casaquinho verde com debruns amarelos. O nome e o uniforme fora inspirado em tropas francesas recrutadas entre os árabes magrebinos. O amigo Francisco Moniz Barreto não perdeu a oportunidade e compôs um hino para motivar a tropa:

"Sou crioulo da guerra da Crisma | Por zuavo o meu nome troquei | Tenho sede de sangue inimigo | Para bebê-lo o meu sangue darei | D´Henrique Dias | Neto esforçado | Vou ao

CAPITULO 7 O CONSELHEIRO SOUTO VAI À GUERRA

teu brado | Pátria gentil! | Mais que da França | Ligeiro e bravo | seja o Zuavo | cá do Brasil"[223] .

O cunhado do conselheiro Souto, capitão Hermenegildo Ferreira Nobre casado com a sua irmã Felismina, recrutou e levou até Salvador outro batalhão de voluntários chamado "Princesa Leopoldina", mas em 1865 resignou ao comando da tropa. Foi soldado deste batalhão, o futuro tenente-coronel Feliciano Cândido Pimentel, que tornou-se ajudante de ordens do marechal Deodoro da Fonseca e terminou a carreira como administrador do Depósito de Pólvora na Bahia.

A guerra também recuperou antigos militares afrodescendentes. O Dr. Manoel Maurício Rebouças na condição de antigo alferes, que lutara pela Independência, foi ministrar instrução militar aos novos soldados.

A atuação dos Zuavos na Guerra foi impressionante. No calculo do general Dionísio Cerqueira, primo do poeta Castro Alves, entre soldados e oficiais eles chegaram a somar 431 combatentes e tiveram 243 baixas, ou seja, mais da metade do contingente morreu na guerra. As vezes a preferência para escalá-los nas missões mais arriscadas, deixava os Zuavos "intrigados", como o capitão José Soares Cupim, conscrito em 1 de fevereiro de 1865, que indagou aos superiores:

"Sou eu a fera do Exército destinada ás posições mais arriscadas?"[224].

---

223 KRAAY, Hendrik. "Patriotic mobilization in Brazil". Em: KRAAY, Hendrik; WHIGHAM, Thomas L. I die with my country. Perspectives on the Paraguayan War, 1864-1870, p. 49.
224 QUERINO, Manoel. A raça africana, p. 169.

O MÉDICO DOS POBRES

Como já era esperado diante de comportamento tão temerário, Cupim morreu em combate em 13 de janeiro de 1869, deixando viúva Pamfila Luisa Tolentino em Salvador. Suponho que ele seja irmão do capitão Bibiano Soares Cupim, figura extraordinária da presença africana na Bahia por suas múltiplas atividades em áreas diferentes. Oficial da Guarda Nacional, dono de açougue, bicheiro, axogum (sacrificador ritual) no Gantois que fora iniciado no candomblé pelo babalaô Benzinho (Felisberto Américo Sowzer, + 1933), prior da Ordem Terceira de Rosário e militante político na Sociedade Protetora dos Desvalidos e Centro Operário, locais de sociabilidades onde serão encontrados os malês de importância social.

O Zuavo que ficou mais conhecido, isto depois da guerra, foi o alferes baiano Cândido da Fonseca Galvão (1845-1890), nascido em Lençóis, filho de um liberto iorubá e neto ou descendente de Abiodum, último rei da cidade de Oyó, destruída pelos fulanis em 1837, cujos sobreviventes foram vendidos como escravos para o Brasil. O alferes fez a guerra entre 1865, quando foi recrutado pelo mandão Conservador Antônio Gomes Calmon e terminou a campanha em 1866, retornando ferido ao Brasil. Completamente inadaptado a vida paisana, cavou um atestado de incapacidade física, depois de submeter-se a exame na Faculdade de Medicina da Bahia. Reformado o alferes Galvão, como outros baianos de origem africana mudou-se para a Corte em busca de melhores oportunidades profissionais. No Rio ele assumiu a identidade de um príncipe africano, D. Obá II, representando os seus patrícios da

CAPITULO 7 O CONSELHEIRO SOUTO VAI À GUERRA

"Pequena África" (termo adaptado de uma frase do pintor Heitor dos Prazeres, 1898-1962), um conjunto de ruas na região portuária[225], onde moravam muitos destes afrobaianos. Numa das sátiras políticas do *Carbonário*, o conselheiro Souto e o príncipe Obá, caminhavam juntos:

"*Vinha o Souto reformado, / O grande touro – Barrão / Ernesto Diniz Duarte / O Príncipe Obá-Galvão*". [226]

Dr. Souto no teatro de operações

Mesmo definindo-se apenas como um simples soldado, o conselheiro Souto conhecia em profundidade a arte militar, o suficiente para pensar uma escola militar essencialmente brasileira. Preocupava-se com a disciplina dos soldados, a sua formação militar e a renovação do material bélico no Parlamento. Ele sugeriu incorporar a cavalaria nacional o uso do laço e da boleadeira usada entre os gaúchos para dar o caráter nativista a força terrestre.

Ele percebia que detalhes eram importantes para a formação de uma infantaria eficiente. Reclamava que em deslocamento a tropa brasileira só conhecia os passos "ordinário" e o "dobrado", mas que já havia o passo "caçador", usado pelos Caçadores de Vincennes, e o "ginástico", usado por seus Zuavos, aprendidos de um instrutor francês, e testado anteriormente em combates contra os russos. Ele conhecia as novidades europeias em armamentos que

---

225 Para conhecer o príncipe Obá II: SILVA, Eduardo. Dom Obá II d´África, o Príncipe do Povo. Vida, tempo e pensamento de um homem livre de cor.
226 CARBONÁRIO, "Chegança feminil", 3 de agosto de 1881, p. 2.

recomendava a força terrestre, como a carabina Menié, os fuzis Lefaucheaux e os canhões Krupp. Defendia a importância da artilharia pesada na defesa da costa marítima, citando como exemplo, o canhão Rodman, que arremessava uma bola de quatorze arrobas, suficiente para furar um encouraçado; ou o Withworth, que depois faria nome como a *Matadeira* e seria usado no Sertão baiano contra os seguidores de Antônio Conselheiro (1830-1897).

Estimulado pelo clima patriótico da FMB, quando quinze professores e vinte e seis alunos foram a guerra, ele também resolveu enganjar-se mais concretamente neste esforço bélico. A sua opção foi anunciada da tribuna da Câmara em seção do dia 17 de julho de 1867, causando espanto nos colegas deputados, *"sensação"*, segundo a taquigrafia da casa:

> *"Sr. presidente, a camara e o paiz esperão grandes acontecimentos entre os exércitos do Paraguay e o brazileiro, e julgo em consciência que nesta occasião posso prestar meus fracos serviços cirúrgicos com mais vantagem aos meus patrícios feridos gloriosamente no campo da batalha, do que na camara dos Srs. Deputados, e por isso peço a Ella licença para ir unir-me ao exército brazileiro em campanha"[227].*

O conselheiro Souto foi comissionado como médico na retaguarda. O seu prestígio social impediu que fosse enviado para frente de batalha. Em 16 de outubro de 1866 substituiu o Dr. José Garcia de Mendonça na direção do Hospital Militar instalado em Buenos Aires. Numa carta firmada em Buenos Aires, a 23 de outubro de 1866, ele contou o seu cotidiano na guerra, falando dos ciúmes, das

---

227 Sessão parlamentar em 17 de julho de 1867. Em: ANNAES, 5, p. 243.

CAPITULO 7 O CONSELHEIRO SOUTO VAI À GUERRA

injustiças, de suas dúvidas e principalmente do seu trabalho como médico.

"Não dou como seguro mas é juízo inda que o brasileiríssimo do bravo Tamandaré [Joaquim Marques Lisboa, marquês de T., 1807-1897] tem dado lugar a ciúmes e ódios. Quando ahi estava desejava saber de tudo, aqui procuro aqui quase ignorar tudo. Quanto a mim, estou em enfermaria curando e cortando braços e pernas dos meos infelizes patrícios, eos tractando com disvelo e amor. De nada mais sei, e desejoso que a chegada do mez de Dezembro para voltar a velha nossa Bahia"[228]

Os quatro maiores fatores de baixas na guerra eram por ordem decrescente, o cólera, a varíola, os ferimentos por armas brancas e de fogo, e finalmente a diarreia. As críticas que comparavam desvantajosamente a necrologia da força terrestre brasileira e dos europeus em combate levou a troca de comando na área da Saúde Militar. Souto narrou como lhe era difícil usar os cotovelos, pois perdera a direção do hospital para o rival Barão da Vila da Barra (Dr. Francisco Bonifácio de Abreu, 1819 – 1887), outro médico baiano, causando um problema na hierarquia militar daquela unidade.

"Como 1º Cirurgiam e segundo suas entrecções [sic] tomei o serviço de saúde, mas não me dando bem com o seo Major e chegando o Bonifácio de Abreu com ordem do Marechal Feliciano para tomar conta deste Hospital, entreguei-lhe a direcção do serviço, e contentei-me, em me embaraçar com antiguidade, de tomar sob suas ordens conta da minha enfermaria e curar (...) dos meos enfermos. Nem posso estar vexado

---

228 Carta de Salustiano Ferreira Souto a destinatário não-identificado, Buenos Aires, 23 de outubro de 1866 (o ano deve ser outro). Em: CARNEIRO, Zenaide de Oliveira Novais. Ob. cit. p. 777.

por estar sob as ordens do Bonifácio quando estou sob as ordens do Major! É tudo sacrifício, sacrificarei, orgulho não, meu amor próprio, minha pequena posição por ao bem dos meus patrícios, aos quais servirei por 3 a 4 meses"[229].

A guerra era uma tarefa tantalizante, o que lhe abalava a ideia da necessidade de estar por ali.

"Já estou fora de casa a onze meses, e já vou sentindo, não direi saudades, mas necessidade de meos commodos. Os Hospitaes estão cheio de doentes, e os ferimentos de arma de fogo, são de difícil e prolongado curativo, e não há probabilidade de ficarem vasios" [230].

Com o prosseguimento da guerra, como em todas as outras, convivia-se com a fadiga e a desilusão. No passar das batalhas as Ordens do Dia são invadidas por soldados embriagados, que atiram ou esfaqueiam oficiais, roubam víveres, se recusam a cumprir ordens, facilitam a fuga de presos e outros até mais radicais que desertam. Muitos buscam uma desculpa para voltar a casa, um motivo *"honroso"* nas palavras de Souto. O Príncipe Obá II arranjou um ferimento na mão e em 31 de agosto de 1866 já tinha caído fora. O futuro historiador Manoel Querino através do padrinho, o conselheiro Dantas voltou para a Corte. Quem estava fora da frente de batalha também procurava se afastar dela mais ainda, mesmo que tivesse que recorrer a doenças imprecisas e usar a influência familiar. A princesa

---

229 Carta de Salustiano Ferreira Souto a destinatário não-identificado, Buenos Aires, 23 de outubro de 1866 (o ano deve ser outro). Em: CARNEIRO, Zenaide de Oliveira Novais. Ob. cit. p. 777.

230 Carta de Salustiano Ferreira Souto a destinatário não-identificado, Buenos Aires, 23 de outubro de 1866 (deve ser outro). Em: CARNEIRO, Zenaide de Oliveira Novais. Ob. cit. p. 777.

CAPITULO 7 O CONSELHEIRO SOUTO VAI À GUERRA

Isabel, herdeira do trono brasileiro, buscou tirar o marido, que era marechal, da longa guerra, escrevendo preocupada ao pai e imperador, D. Pedro II, em 22 de fevereiro de 1869, justificando que o seu marido não podia tomar sereno: *"Feijó* [Luís da Cunha F., Visconde de S. Isabel, 1817-1881, médico da família] *recomendou-lhe muito que não apanhasse muito sol, nem chuva, nem sereno, e como evitar-se isso quando se está na guerra? Caxias* [Luís Alves de Lima e Silva, 1803-1880] *não pode ficar lá porque tem uns ataques de dor de cabeça que podem se curar, e, além disso, poderia ficar em Montevidéu onde se dá bem; e seria o meu Gastón* [Luís Filipe Maria Fernando Gastão de Orleans, Conde d´Eu, 1842-1922] *que iria apanhar por lá uma doença do peito, que raras vezes se cura?"*[231].

A guerra perdera o sentido de manifestação patriótica dos brasileiros, tornando-se um negócio rendoso para muita gente, conseguida através da fraude mais simples; de oficiais que pediam indenizações pelos cavalos mortos em combate (mas que continuavam vivíssimos e saltitantes), recebimento de soldos dos combatentes mortos e o pior, a ganância dos fornecedores, que se refletia na queda gradual da qualidade da alimentação, como se percebe nos versos da época.

"Osório nos deu churrasco / e o Polidoro farinha . / O Marquês (de Caxias) nos deu jabá / e Sua Alteza (o Conde d´Eu) sardinha"[232].

Mesmo estando longe da frente de batalha, Salustiano, também começou a pensar em deixar a guerra.

---

231 Carta da princesa Isabel a D. Pedro II, 22 de fevereiro de 1869. Em: CELESTINO, Elvira. "Princeza Izabel", REVISTA DA IGH BAHIA nº 73, 1946, p. 222.
232 CERQUEIRA, Dionísio. Reminiscências da campanha do Paraguai, p. 137.

"*Felismente ando com vontade de ter um motivo honroso para me ir para a Bahia. Antes quero andar buscando voluntários na Bahia do que prestando serviços médicos por aqui, bem que me acho habilitado a continuar em minha missão apesar de ter estado 10 annos desquitado da Cirurgia. O que tenho visto e observado me dão orgulho e crença de que a cirurgia moderna está muito atrasada do que eu sabia a 10 annos. Vejo a política, pelos jornaes, por ahi* tão enigmática e indecifrável, como tudo que respeita a esta guerra *actual, e cujos combates conta entre si intervallos de 30, 40 e 60 dias*" [233].

...Quase ministro

A sua rotina na guerra era simples. Escrevia cartas quase que diariamente aos amigos que ficaram no Brasil, relatando a sua rotina médica e avaliando a condução da guerra. Escreve principalmente para o conselheiro Dantas, o seu palinuro nas tempestades e o Marquês de Paranaguá, futuro sogro de Dominique-Horace de Barral, que alguns consideravam o seu filho adulterino. Nestas epístolas particulares, Souto denuncia oficiais venais como o Aguiar, que era desbocado, lascivo, especulava e alugara uma casa para ser um hospital e ali instalara a sua amante e filhos. Como um Liberal duvidava da condução bélica feita pelos Conservadores.

"*(...) onde está a perícia, o talento militar – o tino do Caxias? É como os outros tantos, mortal (..)*"[234]

---

233 Carta de Salustiano Ferreira Souto a destinatário não-identificado, Buenos Aires, 23 de outubro de 1866 (O ano deve ser outro). Em: CARNEIRO, Zenaide de Oliveira Novais. Ob. cit, p. 777.

234 Carta de Salustiano Souto ao Marquês de Paranaguá, Montevidéu, sem data. Em IHGB, lata 313, pasta 24-1.

CAPITULO 7 O CONSELHEIRO SOUTO VAI À GUERRA

Souto também esteve numa missão obscura, de natureza diplomática, quando jantou em 16 de agosto de 1867, no *Brooklyn*, belonave da flotilha americana, fundeado no Rio de Janeiro. O convite fora do almirante Charles Henry Davis (1807-1877) ao conselheiro Dantas e ao representante britânico, *"Sir"* Edward Thornton (1817-1906). A América Latina estava na área de influência geopolítica do *British Empire*, daí a cautela do bigodudo *yankee*. O desejo americano era esperar que o veado guarani não fosse devorado, mas que também a onça brasileira não morresse de fome. O conselheiro Dantas entendeu a natureza do convite, mas, por prudência e preservação de sua posição, não foi ao jantar e mandou um dos seus homens de confiança, Souto e os deputados, Visconde de Cabo Frio (Joaquim Tomás do Amaral, 1818-1907) e o Barão de Mamoré (Ambrósio Leitão da Cunha, 1825-1898), este último avô do embaixador Vasco Leitão da Cunha (1903-1984), MRE entre 1964 a 1966.

A situação era inquietante. Perto de três dezenas de navios de guerra, americanos, ingleses, franceses, espanhóis e um italiano e outro holandês, estavam ancorados na baia do Rio de Janeiro já adivinhando o desfecho da guerra. Os americanos sob o comando do bigodudo Davis patrulhavam o litoral brasileiro sem que os brasileiros pudessem oferecer resistência. Bastava lembrar o caso recente da nave *Wassuchett* que sequestrou o Confederado *Florida* na madrugada de 7 de outubro de 1864, no porto de Salvador, aproveitando que os seus marinheiros e oficialidade estavam em terra, desrespeitando a soberania nacional. Proibido de aportar no Brasil como punição, o *Wassuchett* continuou observando a costa brasileira, tanto que salvou a tripulação do vapor brasileiro *D. Pedro Segundo* naufragado no litoral catarinenses, quando tropas de Lima e Silva seguiam para o combate no Paraguai. Ele foi perdoado da pirataria por este ato humanitário. Era conveniente escutar o que Davis tinha a dizer. Além do poder bélico, tinha também o político. Era casado com filha de senador e a sua filha casar-se-ia com o senador Henry Cabot Lodge (1850-1904), estabelecendo uma linha de poder dentro da diplomacia até os anos Sessenta do século XX.

Não há registros do que foi discutido no jantar. È certo que tratou-se da defesa dos interesses anglo-americanos no conflito. Os rios Amazonas e São Francisco que estavam vedados a navegação estrangeira, foram liberados a estes interessados.. É provável que trataram do destino das imensas propriedades e da integridade física da *señora* Francisco Solano López (*née* Lynch), *british citizen*. Outra vantagem americana tirada destas conversações foi a permissão para a flotilha do almirante Davis, 12 de dezembro do ano seguinte, romper o bloqueio naval do Paraguai e levar o general Martin Thomas McMahon (1838-1906) para ocupar a posição de representante americano na corte do ditador López.

Cumprida a missão, o conselheiro Souto voltou a rotina bélica. Em 17 de outubro de 1867 foi nomeado e enviado para Montevidéu como "delegado do cirurgião-mór do Exército" [235].

---

235 Ordens do Dia – Segundo volume (comprehendendo as de n° 97 a 171). Exército em operações na República do Paraguay – Sob o commando em chefe de todas as forças de S. Ex. o Sr. Marechal de Exército Luiz Alves de Lima e Silva, 1867, p. 268.

CAPITULO 7 O CONSELHEIRO SOUTO VAI À GUERRA

"*Aqui cheguei desde o dia 6 e no immediato tomei conta de uma enfermaria, onde comecei a cortar duas metades anteriores, dos dois pés, cujos dedos foram gangrenados pelo frio*"[236].

Enquanto ia amputando membros em cirurgias improvisadas, o colega médico Rosendo Moniz Barreto (1845-1897), filho do repentista Francisco Moniz Barreto, estava em Tuiuti, no mesmo lugar onde ocorrera a mais sangrenta batalha da América do Sul, com seis mil mortos, compôs o poema "*Um sorriso*" para o "*especial amigo e mestre*", que foi musicada uma versão pelo pianista Artur Napoleão (1843-1925). É um canto do amor impossível que começa em algo que lembra o episódio da expulsão de Agar (Hagar) e o filho Ismael (Ismail), ancestral mítico dos muçulmanos, sem que o poeta precise explicitá-lo:

"*(...) Deus condoído das lágrimas / da pobre mãe supplicante, / abre as pálpebras do infante que desprende a afflicta Sara / um sorriso (...) Um sorriso da vil pérfida / que voltou costas ao crente! / E o solitário clemente louve ao longe o escarneo e chora! / E enquanto em ciúme indômito / Segue doudo um trilho errôneo, / d´aquella mulher – demônio / na falsa bôcca inda mora um sorriso! (...) Si de Lucifer aos crédulos / Deus marcou penosos trilhos, / com que do peccado os filhos /hoje tanto se consomem, / De Deus abrandou-se, a cólera / Para os humanos destinos / quando em lábios femininos / deixou por Éden do homem um sorriso*"[237].

---

236 Carta de Salustiano Ferreira Souto ao Marquês de Paranaguá, Montevidéu, 8 de dezembro de 1867. Em: IHGB, lata 313, pasta 24.

237 BARRETTO, Rozendo Moniz. "Um sorriso – Oferecido ao meu especial amigo e mestre o Ex. Sr. Dr. Sallustiano Ferreira Souto". Em: Cantos d´Aurora. Versos, p.152-7.

Pode-se depreender que o poema é uma parte da vida do conselheiro Souto conhecida pelo autor. O tema é sobre um segredo de quem cultivava tantos mistérios. Mas qual deles? O Dr. Souto não tinha envolvimento direto nos combates, a sua participação mais lembrada foi ajudar a debelar a epidemia de cólera que grassou em Montevidéu. Logo a guerra acabou para ele. Na despedida recebeu como expressão de gratidão da cidade de Montevidéu um álbum cravejado de brilhantes, que ele deixou para a afilhada Dona Maroquinhas e a sua filha Maria Constança Pinto da Silva.

"Obra d´arte luxuosa, mais preciosa, porém, pelo seu elevadíssimo valor moral; era o preito de um povo condensado n´aquellas pedras e stenographado n´aquellas assignaturas, firmadas por mãos tremulas de reconhecimento"[238].

Com a morte precoce de Maria Constança, o seu pai, Dr. Cincinato, doou o álbum ao Liceu de Artes e Ofícios, em 29 de março de 1890:

"Confiando a guarda de uma instituição respeitável e patriota essa peça de valor artístico apreciável, é meu desejo, e minha esperança que ella seja religiosamente conservada por motivos caros ao meu coração"[239]

No retorno do conselheiro Souto ao Brasil, ele voltou as atividades parlamentares, tanto que em 10 de junho de 1868, a pedido do partido Liberal subiu a tribuna para defender a política do Gabinete Zacarias de Góis. O gabinete fora organizado dois anos antes e era formado pelos seguintes titulares: NEGÓCIOS DO IMPÉRIO: José Joaquim

---

238 DIARIO DA BAHIA, 20 de novembro de 1887, p. 1.
239 PEQUENO JORNAL, Bahia, 23 de abril de 1890, p. 2.

CAPITULO 7 O CONSELHEIRO SOUTO VAI À GUERRA

Fernandes Torres (1797-1869); JUSTIÇA: Marquês de Paranaguá (João Lustosa da Cunha Paranaguá, 1821-1912) e Martim Francisco, o 2º (1825-1886); ESTRANGEIROS: Antônio Coelho de Sá e Albuquerque (1821-1866); Martim Francisco, Paranaguá e João Silveira de Sousa (1824-1906); MARINHA: Visconde de Ouro Preto (Afonso Celso de Assis Figueiredo, 1836-1912); GUERRA: Barão de Uruguaiana (Ângelo Moniz da Silva Ferraz, 1812-1867) e Paranaguá; AGRICULTURA, COMÉRCIO E OBRAS PÚBLICAS: Conselheiro Dantas.

No discurso que durou mais de duas horas, o conselheiro Souto respondeu as várias críticas pontuais que os Conservadores faziam a condução da guerra. Este discurso pode ser chamado: *"Não tem feito o gabinete"*, graças ao refrão que ponteou a sua fala por várias vezes. Dois meses depois caiu o Gabinete defendido.

Com o fim da Guerra as festas pela vitória se multiplicaram na Bahia. Os Liberais acreditavam que tinha sido uma vitória dos seus líderes. O mais importante destes encontros foi a romaria a casa do conselheiro Saraiva no Engenho Purificação em Pojuca, no domingo, 3 de abril de 1870. Duzentos militantes graduados saíram da estação de Jequitaia em bondes, ao som de banda de música, as 8h30, pararam em Itacaranha, onde o conselheiro Dantas recebeu um ramalhete de cravos para ser entregue a Saraiva, depois em Aratu e Mata, até chegarem ao ponto final as 11h30. Foram recebidos com muitos fogos pelo conselheiro Saraiva, a sua esposa Francisca e o sogro, coronel Simão Veloso, veterano da Independência.

O MÉDICO DOS POBRES

O almoço transcorreu entre as manumissões dos escravos Luís, Presciliana e Clara, pertencentes ao dono da casa; discursos, declamação de má poesia por D. Augusto Baltasar da Silveira ("...*Vencemos! E porque o cordeiro povo / foi ao bosque pedir garras ao tigre...*"), improviso do poeta João de Brito, funcionário da biblioteca pública e dezoito brindes. Brindaram Silva e Almeida, Leão Veloso, desembargador Silva Gomes, Antônio Eusébio (primo de Rui Barbosa), conselheiro Dantas, Gonçalinho Bulcão, Janjão Ferreira de Moura, o deputado Zama, Francisco Sodré, Jeronimo Sodré, João Barbosa (o pai de Rui), general Faria Rocha, Marcolino Moura[240], o estudante da FMB Sátiro Dias[241], conselheiro Antunes e finalmente o conselheiro Saraiva. Salustiano também fez o seu brinde:

> "*Ao corpo do commercio, que associou-se sempre nos dias luctuosos da guerra, como agora, que os canticos da victória annuncião a sua terminação, aos soffrimentos e as alegrias do Brazil*"[242]

Conhecendo Salustiano, ela é uma saudação sem sal. Ele não homenageia os caciques do Partido Liberal – que era o objetivo do encontro, nem os generais vencedores, mas, os comerciantes da cidade. Não se comprometeu

---

240 MARCOLINO DE MOURA e ALBUQUERQUE (1838-1910), advogado, tenente-coronel e deputado Abolicionista. Pertencia as parentelas envolvidas na guerra aos Canguçus. Comandou o Batalhão Imperatriz, o "22", formado por 386 Zuavos, que empregaram a capoeira como arma na guerra do Paraguai.

241 Um brinde bem celebrado garantia a carreira política: o médico MANOEL SÁTIRO DE OLIVEIRA DIAS (1844-1913), de Inhambupe, lutou na guerra do Paraguai e governou o Amazonas, Rio Grande do Norte e Ceará (onde assinou a libertação dos 21.516 escravos locais, 1884).

242 Notícia descriptiva da felicitação dirigida em nome do Partido Liberal ao Sr. Conselheiro José Antonio Saraiva (em sua residencia a Pojuca). Bahia, Typographia do Diario, 1870, p. 30.

CAPITULO 7 O CONSELHEIRO SOUTO VAI À GUERRA

com ninguém. Mágoas? Cálculo político? Ouvindo os outros que fizeram brindes, há loas constantes ao Conde d´Eu, ao general Osório, porém, nenhuma palavra para Caxias, o general Conservador. A ele, o silêncio. Dias depois em 4 de maio de 1870, ao lado do conselheiro Dantas, do desembargador Luís Antônio Barbosa de Oliveira (1812-1892), que lastimava ter gasto três contos e quinhentos para eleger deputado o primo e cunhado Dr. João Barbosa, que amuado estava ao seu lado, responsabilizado mais tarde pelo filho do Dr. João, Rui, como o "canalha" que matara a sua mãe[243]. Eles receberam o 46º batalhão de Voluntários da Pátria comandados pelo coronel Alexandre Maia Bittencourt, com desfile de soldados, banda de música e fogos de artifício, frente a igreja da Conceição da Praia.

O ciclo de celebrações pela vitória encerrou-se com o recebimento triunfal do general vitorioso. No 23 de outubro de 1877, na frente do prédio do Diário da Bahia a comissão formada pelos políticos Liberais: José Luís de Almeida Couto (sogro do Dr. Nina Rodrigues), Aristides Zama, Francisco Rodrigues da Silva, Antônio Carneiro da Rocha, o jornalista Augusto Alves Guimarães (casado com Adelaide, irmã do poeta Castro Alves e afilhada do conselheiro Souto), Rui Barbosa, Luís Barreto Correia de Menezes e o conselheiro Souto, receberam o Marquês de Erval (Manuel Luís Osório, 1808-1879), general e senador Liberal para homageá-lo. Subiram no palanque também os dirigentes consulares e o comandante militar da área, general João do Rego Barros

---

243 Carta de Rui Barbosa a Maria Augusta Viana Bandeira, Rio de Janeiro, 8 de setembro de 1876. Em: BARBOSA, Rui. Ob. cit., 172.

Falcão. Mas até nisto vigorava a fratura partidária da nação: havia o general Conservador, Caxias; e o Liberal, Erval. Cada família política celebrava o seu vencedor.

A guerra do Paraguai terminara para os soldados. A luta continuava agora pela manutenção do poder no município, na província e no país. Para o advogado Rui Barbosa começava o seu ganha-pão – tentar recuperar para os criminosos de guerra López, família que provocou a conflito, as propriedades que alegavam ter no Mato Grosso e que foram confiscadas durante o conflito.

Em tempo de paz

A guerra do Paraguai terminara para todos os combatentes, mas no caso do Dr. Souto ele voltou a ser o soldado do Partido Liberal, envolvendo-se nos interesses de sua família política, tanto como deputado ou dentro da Medicina Legal. Reconhecido na atividade médica como pioneiro[244]. A sua tarefa mais importante foi a mando do conselheiro Dantas exumar e periciar o cadáver do pernambucano Vitoriano de Sá e Albuquerque, sepultado no cemitério Campo Santo em Salvador.

Vitoriano de Sá e Albuquerque morrera em alto-mar na manhã de 14 de junho de 1870, após a morte do irmão, o tenente-coronel João de Sá e Albuquerque, parentes próximos

---

244 O médico Hélio Gomes em Medicina Legal, volume 2 (Rio de Janeiro: Jornal do Brasil, 1942) dividiu o Brasil em duas escolas, a baiana e a carioca. Na escola baiana, estabeleceu que de 1832 a 1855 é a fase "silenciosa"; de 1856 a 1882, fase "oratória", do conselheiro Souto e de 1882 a 1942, a fase "prática" de Nina Rodrigues.

CAPITULO 7 O CONSELHEIRO SOUTO VAI À GUERRA

de Joaquim Nabuco. A vítima suspeitando que estivesse envenenada, a conselho dos médicos, embarcara no vapor americano *South America* para recuperar-se em outro sítio, mas não deu tempo de curar-se, pois morreu na altura de Alagoas e Sergipe. Como ambos os mortos eram proeminentes Liberais suspeitou-se de crime político, apesar da confissão do escravo Eduardo que os envenenara e conforme a sua confissão matara a mando do senhor de engenho Gaspar Cavalcanti de Albuquerque Uchoa, em troca de algum dinheiro, sua liberdade e também de sua mãe Eva.

A exumação de Vitoriano em 5 de outubro de 1870 foi sob a direção do conselheiro Dantas, advogado da família Sá e Albuquerque, que recepcionado pelo administrador e capelão do Campo Santo, padre José Maria de Almeida Varela, levou os peritos médicos, Salustiano Ferreira Souto, Jerônimo Sodré Pereira e Francisco Rodrigues da Silva, para os trabalhos de recolhimento dos restos humanos no local. Acompanhavam o grupo, o promotor público Pedro da Costa e Abreu, o delegado Américo José dos Santos e os empregados Francisco Maria Corte Imperial e Bento da Silva Friandes que giravam em torno da liderança Liberal.

O cadáver foi retirado da carneira e colocado numa mesa ao lado. Os três médicos exumavam e descreviam o que viam, das roupas ao estado do corpo:

"O cadáver parece ter sido de um homem robusto e bem compecionado, de cabellos e barbas grisalhas, mostrando ter 50 annos pouco mais ou menos, e que media sette palmos e uma polegada (...)".

O trabalho era penoso, mas fazia parte de sua profissão:

O MÉDICO DOS POBRES

"(...) A região abdominal inteiramente desprevenida, apresentava a pelle que a reveste coberta de pellos e de manchas esverdeadas e amarellas. Na região publiana, também guarnecida de pellos espessos e bastos notaram uma grande mancha vermelha escura. Os órgãos genitaes já em decomposição adiantada nada revelaram de anormal. Os membros inferiores partecipavam da putrefação geral. Terminada o exame do habito externo exploraram a cavidade boccal; suas paredes lateraes e gengivas putrefeitas; alguns dentes molares fora de seus alvéolos foram encontrados na massa formada pelos tecidos molles. A língua completamente murcha de cor vermelha escura. Procederam a abertura da cavidade abdominal na qual penetram por duas largas incisões oblíquas (...)"[245]

O trio pericial concluiu que a vítima tinha sido envenenada por arsênico. O caso misterioso ocupou os jornais por vários meses com as especulações e acusações sobre os mandantes dos crimes. O cotidiano do Dr. Souto não era fácil., porém lhe restava o convívio com os amigos, onde podia esquecer estes momentos.

---

245 O LIBERAL, Recife, 06 de outubro de 1870, p. 1.

CAPITULO 8

O abolicionista enriquecido pela escravidão

O Souto conheceu Antônio José Alves (1818-1866) na FMB e a amizade se estendeu aos seus filhos, pois tinham interesses comuns, ambos eram professores de medicina e gostavam de artes. O Dr. Alves era filho de um bodegueiro em Salvador, minhoto de S. João dos Longos Vales, em Monção, que ficara órfão muito cedo. Sustentou-se enquanto estudante trabalhando na botica de Jerônimo José Barata no Terreiro de Jesus. No quinto ano do curso de Medicina ficou doente dos pulmões e a convite do colega Antônio de Cerqueira Pinto Filho, foi se restabelecer na fazenda dos seus familiares, que eram por negócios ligados aos Ferreiras-Souto, do Dr. Souto.

Os Cerqueiras-Pinto são uma parentela oriunda da Fazenda do Magalhães, formada na estrada de S. Gonçalo (Cachoeira) em direção a Feira de Santana. Eles descendem do casal fundador, tenente-coronel Antônio de Cerqueira Pinto (1773-1869) e Ana Joaquina da Trindade, cujos filhos, Antônio, José Raimundo, Francisco Xavier, Manoel e Dionísio, semearam descendência por toda a região. Antônio, o colega do Dr. Antônio José Alves, casou-se com uma Castro e tiveram o filho, dentre outros, o general

Dionísio Cerqueira (1847-1910), voluntário na Guerra do Paraguai, memorialista e que trabalhou na construção das fronteiras brasileiras como engenheiro.

O vôo do Periquitão

Na temporada com os Cerqueiras-Pinto ele conheceu uma menina morena e muito bem-educada chamada Clélia Brasília (1825-1859), filha do fazendeiro conhecido como Periquitão, que seria futuramente a sua esposa. O futuro sogro do Dr. Alves era uma figura peculiar na vida baiana, o coronel José Antônio da Silva Castro (Curralinho, 1792- Caitité, 1844), filho de antigos tropeiros vindos do Sul, conhecido como Periquitão, por ter usado nas Guerras de Independência um uniforme militar espalhafatoso onde se combinava o verde e o amarelo.

O Periquitão era um homem turbulento e indisciplinado, tanto na vida privada, quanto na pública. Foi casado com Joana de S. João Castro, viúva de Manoel Trindade Moreira, procurador da Casa da Ponte, com quem teve seis filhos. D. Joana herdara do marido falecido *"nove surrões de moedas de ouro"* [246]. A estes filhos do casal reuniram-se três filhos legitimados: Manoel (1810-1834), morto num confronto com os índios Cariris em Pedra Branca, de quem não se conhece a mãe; com a cigana Ana Rita Viegas, filha dos *calons* Claudina Rosa e Antônio Soares Viegas, que viviam no bairro da Mouraria em Salvador, tivera a filha Clélia Brasília (1825-1859),

---

246 ALMEIDA, Norma Silveira Castro de; TANAJURA, Amanda Rodrigues Lima. José Antônio da Silva Castro. O Periquitão, p. 8.

que se casou com o Dr. Alves; e com outra mulher, a filha Pórcia Carolina, cuja disputa por sua posse gerou uma das maiores guerras de famílias (vingança privada) já ocorridas no Sertão, com baixas em ambos os lados. O caso eventual com a cigana não era incomum, pois, os grandes fazendeiros costumavam exercer uma espécie do "direito de pernada" nesta população itinerante e vulnerável. São muitos os registros destas associações forçadas na genealogia sertaneja, com os filhos destas uniões criados, ora como ciganos, ou como gajões (não-ciganos). Somente como exemplos: os descendentes da cigana Montanha e o coronel Francisco Martins da Silva Soares, senhor do Engenho Cadoz em Pacatuba, Sergipe, viveram como *calons*[247]. Já os descendentes do coronel João Pinto de Mendonça (1878-1951), outro latifundiário sergipano e a cigana Júlia Neves Pereira, pertencente a uma *cumpania* sérvia de "macaqueiros" (amestradores de macacos), foram criados como grandes proprietários de terras[248].

Como era comum entre os grandes proprietários rurais do seu tempo, o Periquitão dividia-se entre a administração das propriedades e as atividades militares. Combateu nas lutas pela Independência do Brasil, comandando um batalhão de setecentos voluntários, entre eles, a célebre Maria Quitéria. A vitória não lhe deu sossego, pois um velho camarada de armas, o coronel Felisberto Gomes Caldeira, sobrinho do Marquês de Barbacena (Felisberto Caldeira

---

247 CASANOVA, Mario Leônidas. Ioiô Pequeno da Várzea Nova, p. 17.
248 TITO LIVIO. Os produbrutantes, p. 286. O nome da cigana foi tirado do Assento de matrimônio da filha Adélia com o latifundiário José ("Dorinha") Dória de Almeida (Simão Dias, 12 de outubro de 1933).

Brant, 1772-1842), lhe tirou o comando da tropa. Não demorou a sua reação: Felisberto foi fuzilado por seus homens em 1824.

Quando o Periquitão morreu em 1844, ele deixou um imenso patrimônio dividido entre duas dezenas de fazendas espalhadas por quase toda a Bahia, do Recôncavo ao S. Francisco, escravos, canaviais, duas mil cabeças de gado, equinos e muares. Após a sua morte, uma caravana de familiares comandada pelo coronel Feliciano de Aquino Tanajura, primo dos Castros, saiu da fazenda Cajueiro em Monte Alto (atual Guanambi) para alcançar a outra propriedade familiar, fazenda Cabaceiras, em Curralinho (hoje Castro Alves), onde Clélia se casaria com o Dr. Alves. No deslocamento eles pararam na Fazenda do Brejo dos Canguçus em Brumado para descansarem, onde ficaram por alguns dias e quando retomaram o caminho, perceberam a falta da irmã da noiva, Pórcia Carolina. Ela fora raptada pelo filho do dono da casa, Leolino Canguçu, o Lô. A caravana seguiu em frente, o casamento foi realizado sem a presença dos familiares, pois eles se empenharam na limpeza da honra, ferida com a tomada de Pórcia. Primeiro recuperaram a sequestrada que se casaria depois com Francisco de Cerqueira Daltro, após o resgate os Castro-Tanajuras reunidos a outra parentela sertaneja, os Mouras de Santa Rita, que também tinha o seu contencioso com os Canguçus, atacaram o Brejo e destruíram a fazenda. Outro grupo de batedores saiu à caça de Leolino e três anos depois o tocaiaram em Grão-Mogol, em Minas e o mataram sem nenhuma piedade, restabelecendo a honra familiar

CAPITULO 8 O ABOLICIONISTA ENRIQUECIDO PELA ESCRAVIDÃO

segundo a ética sertaneja. O episódio do sequestro de Pórcia foi usado pelo médico baiano Afrânio Peixoto (1876-1947) para compor o romance *Sinhazinha* (1929).

Dr. Alves e a família

Mas voltando ao Dr. Alves: ele se casou com Clélia e teve sete filhos. Foi madrinha do casamento uma irmã do Dr. Alves, Jesuína Carolina Alves (1815-1875), com o seu marido, o médico Francisco Sabino Coelho de Sampaio (1811-1893), bisavós do pensador católico Jackson de Figueiredo (1891-1928) e trisavós do escultor Mario Cravo Júnior (1923), autor de uma obra escultória espalhada por Salvador, como o conhecido monumento à cidade na Praça Cairu, próximo ao Mercado Modelo em Salvador e a cruz caída no belvedere da Sé. O novo casal teve sete filhos: José Antônio (1846-1865), Antônio Frederico (1847-1871), Guilherme (1852-1877), Elisa (1853-1931), Adelaide (1854-1940), Clélia (1826-1859) e Amélia (1852-1934).

As relações com os Cerqueira-Pintos foram estreitadas mais ainda, com o Dr. Alves, tomando Dionísio Cerqueira para padrinho do filho Antonio, que ficou conhecido mais tarde como o poeta Castro Alves. Dionísio, era irmão do Dr. Antonio Cerqueira, a temida autoridade que conseguira prender o malfeitor Lucas da Feira, famoso pela crueldade com que tratava as vítimas e levá-lo para ser enforcado por um filho de suas vítimas (Lucas assassinara-lhe o pai e estuprara as suas três irmãs), em Feira de Santana, em 25 de setembro de 1844. O Dr. Nina Rodrigues estudou o crânio do criminoso e não conseguiu encontrar argumentos para confirmar as teses lombrosianas.

Os Alves só ficaram ricos no segundo casamento do Dr. Alves, pois quando faleceu Dona Clélia Brasília, ele casou-se com Dona Maria Ramos, viúva do opulento negreiro Francisco Lopes Guimarães (1801-1851), minhoto de Paredes de Coura, que lhe deixara cento e quarenta e quatro contos e o palácio do Sodré como herança. Um filho do casal Francisco e Maria, também chamado Francisco casou-se com Elisa, filha do Dr. Alves com Clélia Brasília, tornando-se assim genro do padrasto. O Souto teve relações profundas com toda a família Alves. O Dr. Alves, João Barbosa, Souto e outro médico, o bem-humorado Jônatas Abbott, fundaram no Caminho Novo do Gravatá a Sociedade de Belas Artes em 1856, embrião do futuro Museu de Arte da Bahia, no Palácio da Vitória. O Dr. Abbott foi um inglês que chegou a Bahia em 1812, como ajudante do Dr. José Álvares do Amaral, proprietário das terras chamadas depois de Amaralina, em sua homenagem. Ele adaptou-se tão bem ao país, foi testemunha da revolta dos Malês e de quem cabe lembrar o registro nacionalista que fez ao visitar o jardim botânico de Marselha:

"Tirei o chapéu a uma bananeira, tão satisfeito fiquei de ver uma patrícia, mesmo entre as plantas" [249].

Os Alves, apesar de serem a primeira geração no Brasil, já estavam perfeitamente adaptados a vida turbulenta de Salvador, participando ativamente da luta política local.

---

249 GALVÃO, Fernando Abbott. Ob. cit., p. 140.

CAPITULO 8 O ABOLICIONISTA ENRIQUECIDO PELA ESCRAVIDÃO

Um dos irmãos do Dr. Alves, o capitão João José Alves (1824-1879), amigo do sobrinho poeta, era o mais extremado da família. Liberal e nacionalista, teve uma vida aventurosa, foi perdoado da pena de morte por matar em duelo um oficial francês, lutou como oficial no Uruguai, Paraguai e durante as eleições costumava destruir as urnas adversárias. O cume de sua atuação política foi na reinauguração do teatro S. João em 23 de setembro de 1854.

A principal atração desta reinauguração, além da ópera *Ernani*, era o pano de boca pintado por um alemão, onde se mostrava Caramuru e os seus índios ajoelhados aos pés do governador Tomé de Sousa (1503-1579). João José Alves tomou a pintura como ofensa aos brasileiros, profundamente irritado, esperou o momento, e quando percebeu as autoridades presentes no teatro, o presidente Cotegipe, o comandante da polícia, Visconde de Itaparica (Alexandre Gomes de Argolo Ferrão Filho, 1821-1870), berrou para os seguidores: *"Pano à boca!"*, e com uma faca danificou a peça. Já na rua os descontentes aproveitaram para apedrejar o presidente da província e confrontar-se com a polícia.

A política estava no cotidiano da família. O próprio Dr. Alves interrompera o curso de medicina para combater a Sabinada em 1837.

Souto tornou-se padrinho de Adelaide, a Sinhá, filha do Dr. Alves, batizada no oratório da família em sua casa na Rua do Passo nº 17, no dia 9 de julho de 1857. A madrinha foi Maria Angélica, esposa de Francisco Liberato de Matos, que quatro meses depois assumiria a presidência do Paraná. O celebrante foi o padre Vicente Ferreira de Oliveira que vivia as turras com os vizinhos negros do Rosário[250].

Como padrinho Souto se preocupava com a formação da afilhada, pagava professores de piano e de canto e quando ela se casou com o seu amigo Dr. Augusto Álvares Guimarães (1846-1896), que comprara o jornal *Diário da Bahia*, do conselheiro Dantas, indicou folhetins do francês Georges Ohnet (1848-1918) para que ela traduzisse e publicasse no seu jornal.

Este pessoal frequentava a casa do conselheiro Souto.

Castro Alves e os judeus

Foi a professora de canto, cantora famosa, a soprano italiana Agnese Trinci Murri (1848 – 1926) que marcou uma destas reuniões, convidada, ela cantou trechos das óperas, como o *Barbeiro de Sevilha* e *La Traviata* e encantou o irmão de Adelaide, o estudante de direito Cecéu, que compôs e declamou vários poemas para a sua musa. Ele, o poeta Castro Alves (1847 - 1871) também era muito ligado afetuosamente ao Dr. Souto, pois além dele ser o seu médico, lhe dera um cavalo de nome Richelieu para que pudesse passear e vir até a sua casa, num tempo em que os transportes públicos ainda eram incipientes, apenas começavam com as carruagens dos Arianis. Quando precisava de dinheiro, Castro Alves enviava o escravo Gregório a casa do Dr. Souto, para busca-lo.

---

250 No assento redigido pelo padre Vicente o Souto é assim identificado: "Doutor Salustiano Ferreira Souto, branco, solteiro, morador na freguesia de São Pedro Velho".

CAPITULO 8 O ABOLICIONISTA ENRIQUECIDO PELA ESCRAVIDÃO

"Peço-lhe que mande cinqüenta mil-réis pelo Gregório, que preciso há dias para vários destinos"[251]

Numa época que não havia compositores de MPB e Caetano Veloso era apenas um revolucionário[252], ele fazia este papel, seduzindo mocinhas, assumindo uma causa simpática a quase todos e colocando o seu imenso talento a serviço disto. Moço bonito vivia de paixão em paixão. A sua poesia militante não perdeu força com a Abolição, alcançou o futuro e serviu para denunciar outras situações de injustiça no país. Basta lembrar que no sepultamento no Cemitério Israelita do Butantã do jornalista Vlado Herzog (1937-1975), assassinado num organismo de repressão política, o seu poema *"Navio Negreiro"* foi declamado pelo também jornalista Audálio Dantas[253] junto aos salmos e rezas judaicas, algo que ajudou a iluminar a angustia daquele momento familiar e histórico.

É possível que o conselheiro Souto buscasse casá-la com alguma frequentadora do salão, sem sucesso. Um dia foi Agnese Trinci Murri, a Consuelo de sua poesia e noutro foram as filhas do rico comerciante anglo-lusitano Isaac Amzalak, falecido em Salvador, em 1872, *sefaradi* (judeu de origem ibérica), vindo de Lisboa, vizinhas de sua casa, mas que não frequentavam a casa de Souto.

---

251 Exposição Castro Alves. Centenário do nascimento de Castro Alves 1847-1947, p. 282.

252 No processo da Revolta dos Búzios aparece em 26 de agosto de 1798, o sapateiro Caetano Vellozo Barretto "filho ligitimo de Caetano Vellozo, e Antonia Maria tem de idade vinte e seis annos (...) homem branco de baixa estatura seco de corpo (...)". Em: Inconfidência da Bahia. Devassas e Sequestros, II. Rio de Janeiro: Biblioteca Nacional, 1921, p. 7.

253 AUDÁLIO DANTAS (Tanque da Arca, 1929), descendente dos Dantas e Ferreiras--Ferro alagoanos citados no começo do livro. Jornalista, Deputado federal e a época do assassinato de Vlado Herzog, presidente do Sindicato dos Jornalistas do Estado de S. Paulo.

Os Amzalaks são uma família formada pelo pai Isaac, a esposa triestina Anna Grazia di Moïse Levi e os filhos: José, Simy, Ester, Mary Roberta, Abraham e Leão. Castro Alves compôs alguns poemas líricos para elas (*Pálida Madona* e *Ester*) e para uma delas, Simy (1851-1920), escreveu a bela poesia "*Hebréia*" em 1866:

> "*Pomba d'esp'rança sobre um mar d'escolhos! | Lírio do vale oriental, brilhante! | Estrela vésper do pastor errante! | Ramo de murta a recender cheirosa!... | Tu és, ó filha de Israel formosa... | Tu és, ó linda, sedutora Hebréia... | Pálida rosa da infeliz Judéia | Sem ter o orvalho, que do céu deriva! | Por que descoras, quando a tarde esquiva | Mira-se triste sobre o azul das vagas? | Serão saudades das infindas plagas, | Onde a oliveira no Jordão se inclina? | Sonhas acaso, quando o sol declina, | A terra santa do Oriente imenso? | E as caravanas no deserto extenso? | E os pegureiros da palmeira à sombra?!... | Sim, fora belo na relvosa alfombra, | Junto da fonte, onde Raquel gemera, | Viver contigo qual Jacó vivera | Guiando escravo teu feliz rebanho...| Depois nas águas de cheiroso banho | — Como Susana a estremecer de frio— | Fitar-te, ó flor do babilônio rio, |Fitar-te a medo no salgueiro oculto... Vem pois!... Contigo no deserto inculto, | Fugindo às iras de Saul embora, | Davi eu fora, se Micol tu foras, | Vibrando na harpa do profeta o canto... | Não vês?... Do seio me goteja o pranto | Qual da torrente do Cedron deserto!... | Como lutara o patriarca incerto | Lutei, meu anjo, mas caí vencido. | Eu sou o lótus para o chão pendido.| Vem ser o orvalho oriental, brilhante!. | Ai! guia o passo ao viajor perdido, Estrela vésper do pastor errante!...*" [254]

---

254 Exposição Castro Alves (...), p. 167/8.

CAPITULO 8 O ABOLICIONISTA ENRIQUECIDO PELA ESCRAVIDÃO

Poema que tornar-se-ia popular na Bahia a ponto de ser assobiado por papagaios e cantado como hino católico a Virgem Maria na Dantas-landes, na informação de Tobias Barreto[255], inclusive na sua Senhora Imperatriz dos Campos do Rio Real; e muitas vezes declamado na casa de Souto. Era um poema semelhante ao do português Tomás Ribeiro (1831-1901) chamado "A judia", composto três anos antes, que homenageava a bela lisboeta Ester Abudarham Amzalak (1845-1907), prima das musas baianas.

"Corria a branda noite; o Tejo era sereno; | a riba, silenciosa; a viração subtil; | a lua, em pleno azul erguia o rosto ameno | no céu, inteira paz; na terra, pleno Abril (...)" [256].

Os Amzalaks moravam na rua do Sodré, eram vizinhos dos Alves; mas, não se frequentavam, pois pertenciam a outro círculo social – a dos Conservadores ricos, como o Cotegipe, o Passé, o S. Lourenço, dentre outros. Castro Alves não tirou farinha com elas. Não eram para o seu bico, pois, previsivelmente elas se casaram dentro do seu grupo etnocultural. Simy com Alberto Henschel, Ester com José Henschel (irmão de Albert) e Mary Roberta com Samuel Edouard da Costa Mesquita, dentista e líder religioso da comunidade judaica de S. Paulo[257].

Os irmãos Alberto e José Henshel tinham um estúdio fotográfico chamado Photographia Alemã na Rua da

---

255 AMADO, Jorge. ABC de Castro Alves: louvações, p. 199.
256 RIBEIRO, Tomás. "A Judia. Recitada pela actriz Emília Adelaide Pimentel, no Theatro Normal, em uma noite de benefício". Em: REVISTA CONTEMPORANEA DE PORTUGAL E BRAZIL, abril de 1864, p. 17.
257 VALADARES, Paulo. "Qual a família judia mais antiga de S. Paulo?" REVISTA DA ASBRAP – Associação Brasileira de Pesquisadores de História e Genealogia nº 11, 2007, pp. 277-288.

Piedade nº 16. Curiosos em conhecer quem derrotara o conquistador do salão, os amigos de Castro Alves, inclusive o conselheiro Souto foram visitá-los com a desculpa de tirar retratos, quando então olharam os rivais e viram que eles pareciam uns *"lagartos"* pela presumível feiura. Curiosamente a melhor e mais conhecida fotografia do conselheiro Souto foi tirada por um dos Henschel neste período.

A Simy, que casou-se com o fotógrafo Alberto Henschel (1827-1882), ao ficar viúva, casou-se novamente, desta vez com o almirante José Carlos de Carvalho (1847-1934), o militar encarregado de transportar o meteorito Bendegó, do sertão baiano para o Rio de Janeiro em 1888. Já, Ester, foi com o marido José para a Alemanha e lá deixou descendentes. Anos depois sob o regime nazista, a neta Margot escreveu apavorada a Sé soteropolitana: ela queria provar que não era judia. Correspondência descoberta por Jorge Amado ao escrever a biografia de Castro Alves[258]. Não se sabe o que aconteceu a ela. Mas é possível imaginar.

O Dr. Souto conhecia o pai das Amzalaks das ruas de Salvador e esbarrara com ele algumas vezes nos salões dos navios que levavam a Corte.

Neste momento em Salvador os judeus não estavam organizados em forma de sociedade civil, pois nem possuíam o quorum ritual (*miniam*) necessário para as solenidades religiosas. É considerado o chefe da comunidade e quem puxa as rezas o Isaac Amzalak, a quem chamam de rabino; os genros Henschels; os Arianis (filhos e netos do

---

258 AMADO, Jorge. "Apuros de uma baiana para casar na Alemanha – um pingo de sangue judeu que atrapalha tudo". Em: ABC de Castro Alves, p. 201.

CAPITULO 8 O ABOLICIONISTA ENRIQUECIDO PELA ESCRAVIDÃO

rabino Prospero Moïse Ariani, de Mântua)[259], introdutores dos transportes urbanos na cidade; os Zagurys, os Alkaims, os Mór-Josés, dentre outros de escassos registros, mas recuperados através de genealogias posteriores, como os casos do mecânico italiano Enrico Balbino Caimi (grafia original), bisavô do músico Dorival Caymmi (1914-2008) e de Dona Ana Judia, matriarca dos Mendes que estão sepultados nos cemitérios israelitas de Vila Mariana e Butantã em S. Paulo, etc.

Talvez seja esta presença judaica em Salvador que ele via com os olhos bíblicos, tenha nutrido a sua poesia abolicionista, fornecendo-lhe imagens para os seus poemas. Ele olhava o Brasil escravista e via o Egito dos Faraós. No poema *"Vozes d´Africa"* (1868), um dos carros-chefe da propaganda abolicionista, isto é claro pelas imagens, personagens e paisagens utilizadas.

"Vi a ciência desertar do Egito... | Vi meu povo seguir – judeu maldito - | filho da perdição. | Depois vi minha prole desgraçada, | pelas garras d´Europa arrebatada, | - amestrado falcão. | Cristo! Embalde morreste sobre um monte... | Teu sangue que não lavou da minha fronte | a mancha original. | Ainda hoje são, por fado adverso, | meus filhos, - alimária do Universo, | eu – pasto universal | Hoje em meu sangue a América se nutre: | - condor que transformara-se em abutre, | ave da escravidão. | Ela juntou-se as marés...irmã traidora! | Qual de José os vis irmãos, outrora, | venderam seu irmão"[260]

Neste ambiente não era incomum encontrar escravos com prenomes vetero-testamentários, algo raro ou quase

---

259 SAMPAIO, Consuelo Novais. 50 anos de urbanização. Salvador da Bahia no século XIX, p. 28.
260 SILVA, Alberto da Costa e. Castro Alves: um poeta sempre jovem, p. 125-6..

inexistente entre lusodescendentes naquele momento, pois estes ainda guardavam o medo residual da Inquisição de serem confundidos com cristãos-novos, mas que transferiam o seu gosto para os escravos, sem correrem riscos. Cipriano Barata tivera os escravos Noé, Moisés, Isaías e Raquel. Esta opção onomástica chamou a atenção dos seus acusadores para um possível criptojudaísmo. O rábula Antonio Rebouças, pai do protossionista André, tinha para servi-lo o seu Abraão negro e a família do jurista Rui Barbosa, Lia, Judite, Noemi e Eva.

Castro Alves rapidamente curou-se dos amores, pois em 11 de novembro de 1868, pulando um riachinho no bairro do Brás em S. Paulo, onde cursava Direito, enquanto caçava, descarregou uma carga de chumbo no pé. Seis meses depois foi ao Rio onde lhe amputaram o pé esquerdo. Era mais uma das tragédias que atingiriam os Alves. Os seus pais tinham morrido de tuberculose, o irmão José Antônio enlouquecera e matou-se em 1864. No dia 6 de julho de 1871, as 15hs na Rua do Sodré nº 43, com o Dr. Souto ao pé da cama, Castro Alves morreu em consequência da tuberculose. No cemitério do Campo Santo, o poeta Rosendo Moniz Barreto em nome da Sociedade Libertadora Sete de Setembro fez o elogio do morto ilustre, porque o seu médico, Souto, não teve condições para falar. O doentio Souto enterrara o compadre médico e agora o seu filho poeta. Só lhe faltava o amor.

CAPÍTULO 9

O amor apresenta a sua conta

A família Barbosa de Oliveira era composta pelo Dr. João Barbosa, a esposa e prima Maria Adélia Barbosa de Almeida e os filhos, Rui e Brites. O padrinho do casamento fora o Dr. Jonathas Abbott. João e Maria Adélia descendiam de uma linhagem de militares oriundos do Porto e estava na Bahia, desde que o avô de João, Antônio Barbosa de Oliveira viera tomar posse de um cargo modesto na cidade. João formou-se na FMB em 1843, mas não dedicou-se a profissão, pois fora chumbado no concurso para professor da faculdade, porém, graças a influência familiar foi nomeado chefe da Instrução Pública substituindo o Barão de Macaúbas e demitido mais tarde em razão das lutas políticas. O Dr. João terminou a vida explorando sem sucesso uma olaria em Plataforma.

Os Barbosas-de-Oliveira moravam no Hospício, próximos a casa de Souto nos Aflitos e muitas vezes enquanto ele escrevia as suas cartas, via passar a cunhada e a filha do Dr. João Barbosa, em caminho da praia, que, vindas da casa, atravessavam a roça vizinha com a licença do dono para os banhos "salgados", considerados terapêuticos. Em 1876 morreu o Dr. João Barbosa e Souto trouxe o seu filho, o advogado Rui Barbosa (1849-1923) para morar provisoriamente na sua casa, enquanto este buscava um rumo para sua vida. Falou também com o Dr. Cincinato Pinto da Silva, provedor da Santa Casa, e com o consentimento do conselheiro Dantas lhe arranjou um emprego na instituição trazendo-o para o círculo Liberal. A sociedade da época funcionava desta forma, os problemas individuais eram resolvidos pelo grupo obedecendo a uma ordem hierárquica até chegar ao chefe, que por sua vez esperava a lealdade em troca da solução. Os favores recíprocos formavam uma teia baseado no princípio que uma mão lavava a outra.

O Dr. Souto também apresentou a Rui uma mocinha que frequentava a sua casa e que conhecera na Farmácia Diniz, nas Mercês nº 103, *"cenáculo de más línguas de eleitores liberais"*[261], que morava na vizinhança. Ela, Maria Augusta e a irmã Adelaide Clotilde (1848-1932) eram filhas do major Alfredo Ferreira Bandeira (1828-1877), escriturário da Recebedoria da Fazenda. As irmãs alegravam as noites festivas no Largo dos Aflitos, principalmente Adelaide cujo repertório incluía modinhas, como a sentimental *"tão longe de mim distante..."* do advogado sergipano Bittencourt Sampaio (1834-1895) e do compositor campineiro Carlos Gomes (1836-1896). Foi numa destas noites em que o Conselheiro fez a aproximação entre os futuros pretendentes.

Maria Augusta Viana Bandeira (1855-1947), a Cota, lembrava-se disto muitos anos depois:

---

261 MATTOS, Waldemar. História do palacete das Mercês. Aspectos da vida social e política da Bahia dos fins do Império e começo da República, p. 12.

CAPÍTULO 9 O AMOR APRESENTA A SUA CONTA

"(...) *veio visitar-nos* [o conselheiro Souto] *em companhia de dois rapazes, com um deles, eu havia de me casar, dissera por pilhéria na véspera. Os dois rapazes era Rui e Rodolfo Dantas* [1855-1901, um dos fundadores do Jornal do Brasil, RJ]. *Tempos depois, num entrudo, eles voltaram. Rodolfo envolto num lençol. E meu futuro marido, com a farda de chefe de polícia que pertencera ao Conselheiro Dantas. Mas Rui nunca teve jeito de brincar de carnaval. Deixou sobre a mesa da sala as laranjinhas. Assim nasceu o namoro. O pedido veio logo depois* (...)"[262].

Sem medo de virar luzerna[263]

A maior aproximação entre todos os personagens deste triângulo começou na doença de um deles. Adelaide, em 1876, foi prostrada pelo beribéri, que por coincidência era uma das especialidades médicas do Dr. Souto, uma doença que provocava no paciente a paralisação dos membros inferiores e era nas suas palavras de médico:

"uma moléstia produzida pela intoxicação do sangue por microphytas e consecutivamente por perturbações da innevação, sobretudo dos nervos vaso-motores" [264].

Dois anos antes da doença que acometeu Adelaide, o Dr. Souto estivera em Nova Friburgo a procura de novidades médicas no tratamento do beribéri, visitando o

---

262 BARBOSA, Francisco de Assis. Retratos de família, p. 30.

263 Luzerna é como o sertanejo nomeia o fogo-fátuo, que, é visto como um fenômeno sobrenatural. Como é vedado a união entre compadres, visto como uma espécie de incesto, além da possibilidade de tornar-se lobisomem quando infringem a lei, podem também transformar-se em luzerna.

264 LIMA, A. Rodrigues. "Tratamento do Beriberi pelos banhos galvânicos e duchas frias". Em: GAZETA MEDICA BAHIA Nº 11, maio de 1881, p. 499.

O MÉDICO DOS POBRES

Instituto Hidroterápico fundado pelos Doutores Carlos Eboli (1832 - 1885) e Fortunato Correia de Azevedo (1825 - 1877)[265]. Ele registrara a viagem numa carta assinada com a sua abreviatura modificada (S.F.V.) destinada a um amigo anônimo e que foi publicada no jornal *O Globo*. Antes pedira por carta a Rui Barbosa que intercedesse na redação pela publicação. É um trabalho com fins publicitários, apesar de sua aparência desinteressada e científica, onde descreve minuciosamente a viagem pela ferrovia criada pelo pai do Barão de Nova Friburgo (Bernardo Clemente Pinto Sobrinho, 1835-1914), um minhoto pobre de Ovelha do Marão, que enriquecera no tráfico de escravos. O Dr. Souto visitou Bernardo no seu palácio, lá deve ter visto a sobrinha do anfitrião, Ana, que na época tinha dez anos e que casaria-se com o filho do chefe político do médico baiano, Rodolfo Dantas, em 1883

Na viagem o Dr. Souto anotou as singularidades técnicas que foi encontrando pela frente.

"Só a pressão exercida pelos freios da locomotiva pode levar-se a 40 toneladas. Quanto ao declive a nossa sorpreza foi ainda maior, embora soubéssemos que o declive médio era de 6,6%. Este declive é representado por um ângulo de 3° 5'"[266].

A subida pelo Sistema Fell (informação de Souto) foi lenta, mas segura. Cem metros a cada dez minutos.

---

265 Filho e pai de médico, o Dr. FORTUNATO CORREIA DE AZEVEDO nascido na Madeira, pertenceu a importante parentela de médicos brasileiros, porém o mais conhecido deles foi o estudante de medicina (não conseguiu formar-se), o compositor Noel Rosa (1910-1937), seu bisneto. Noel também descendia pelo lado paterno de Garcia d´Ávila, criador do Morgado da Torre.

266 S.F.V. "Correspondências – Nova Friburgo". Em: O GLOBO, Rio de Janeiro, 19 de novembro de 1874, p. 3.

CAPÍTULO 9 O AMOR APRESENTA A SUA CONTA

"As 2 horas e 10 minutos achavamonos no alto, o thermometro marcava 22c. e o barômetro 674mm: accusando, portanto uma diferença de pressão atmospherica igual a 88mm em 5 horas e 45 minutos de tempo".

Descreveu a clínica, que conheceu numa visita guiada pelo Dr. Eboli e citou bibliografia médica estrangeira (Johnson, Gully, Bell, Fleury, Beni-Barde, Pleninger, etc.) para mostrar a qualidade do empreendimento. O local não era somente um ambiente de tratamento de saúde, mas também gerava uma expectativa romântica, com a sua elegância burguesa e principalmente a ausência do controle social de familiares e amigos. Foi nestas duas expectativas que o Dr. Souto propôs a Adelaide a cura em Nova Friburgo. O dinheiro não era problema. Ele bancaria a viagem.

Convencida por ele, o grupo formado por Adelaide, o marido Fernando Gustavo Dobbert e uma criada; mais o Dr. Souto e o escravo Ladislau, tomaram o paquete alemão *Salier* no porto de Salvador, em agosto de 1876 em busca da saúde perdida de Adelaide. O *Salier* era um navio da Norddeutscher Lloyd, que vinha do porto de Bremen e navegava até o Prata, trazendo muitas vezes imigrantes europeus, fazendo o trânsito interno e retornando com fumo e café pilado carregado na Bahia. Ele naufragou na costa da Espanha vinte anos depois desta viagem, causando a morte de quase trezentos passageiros.

Rui Barbosa, namorado da irmã de Adelaide, juntou-se a eles no Rio.

Adelaide tinha vinte e oito anos, era extrovertida, divertida e gregária. Bonita, de cabelos louros, olhos oblíquos e nariz arrebitado. Era casada há doze anos e já tinha três filhos; o mais velho, Fernando Alfredo com onze anos; a do meio, Elena[267], com sete anos e a caçulinha Anita, com quatro anos. Ela não suportava a rotina doméstica, como se depreende da carta que enviou a irmã Cota, alguns anos depois deste episódio, descrevendo como era a sua vida longe dos amigos.

"Uma verdadeira vida de Freiras, estamos todo os dias sós em caza"[268].

O Dr. Souto estava com sessenta e dois anos, fora a guerra e chegara ao ápice de sua vida pessoal e profissional. Granjeara reputação de sedutor, tanto que chegou-se a falar nas suas *"memórias assucaradas"*[269]. Além disto tinha o poder do dinheiro. Não era rico, mas tinha proventos garantidos como professor de medicina[270]. Ele, nesta época, é um homem de estatura mediana, longilíneo, de ombros estreitos, sempre bem-composto. Ligeiramente parecido com o nosso contemporâneo Zé Fernandes (1925 – 1979), jurado em programas de auditórios na TV, os mesmos lábios bem desenhados saltando do rosto em alto-relevo, a

---

267 Elena será avó do médico e jogador de futebol (Carlos Antônio Dobbert de) CARVALHO LEITE (1912-2004), grande artilheiro do Botafogo e que defendeu a seleção brasileira em duas Copas do Mundo, em 1930 e 1934.

268 Carta de Adelaide Dobbert a Maria Augusta Barbosa, Lisboa, 21 de fevereiro de 1894. Em: BANDEIRA, Carlos Viana. Lado a Lado de Rui (1876-1923), p, 45-56.

269 CORREIO MERCANTIL, Bahia, 23 de outubro de 1844, p. 3.

270 O retrato econômico do conselheiro Souto ficou no inventário quando de sua morte: Joias, mobílias e animais, etc (5.679$000); dinheiro encontrado numa gaveta (1.108$000); salário do Asilo dos Expostos (31$000); aposentadoria da Faculdade de Medicina da Bahia (254$540); Negócios com F. G. Dobbert (107$790); apólices (6.624$000). Total: 13.804$000. As fazendas Cumbe e Mocó não entraram na contabilidade. O inventário foi encerrado com o pagamento do imposto de transmissão na tesouraria provincial na quantia de 522$205 pelo testamenteiro Cincinato Pinto da Silva – DIARIO DO POVO, Salvador, 7 de fevereiro de 1889, p. 2.

CAPÍTULO 9 O AMOR APRESENTA A SUA CONTA

palidez suada de queijo e os cabelos crespos bem curtos repartidos cuidadosamente pelo risco do pente. De sua, barba em colar, confundindo-se como se fossem suíças e os lábios escanhoados como um sábio muçulmano. O marido de Adelaide, o hamburguês Fernando Gustavo Dobbert não era uma figura romântica e nem mesmo empreendedora. Identificava-se como corretor e apresentava-se como cônsul da Bolívia em Salvador, mas vivia atropelado por dívidas. A sua principal fonte de renda eram empréstimos feitos aos amigos ricos, muitas vezes ele passava longos períodos acossando magnates como Visconde de Guaí (Joaquim Elísio Pereira Marinho, 1841-1914), filho do conhecido comerciante de escravos, para tomar algum dinheiro. Na contabilidade do Dr. Souto ele aparece com destaque sempre devendo valores substanciais, inclusive no *Inventário*. Dobbert tinha um comportamento infantil, gostava de exibir-se com vestes extravagantes que ainda usavam os representantes diplomáticos, fardão e chapéu de penacho, reclamava sem nenhum pudor das hemorroidas que lhe corroíam e só aprumou-se na vida com o sucesso político do concunhado Rui.

No começo do tratamento a trupe acompanhou a doente que ficava hospedada no Hotel Leuenroth pertencente a um antigo mercenário alemão. Depois das seções de hidroterapia que começavam pela manhã, aonde ela ia num carrinho puxado por Ladislau, escravo do conselheiro Souto, a quem ela chamava de "*o meu cavalinho preto*" [271], de-

---

271 Carta de Rui Barbosa para Maria Augusta Viana Bandeira, Nova Friburgo, 18 de setembro de 1876. Em: BARBOSA, Rui. Ob. cit., p. 183.

pois voltava para o hotel - que aparece numa foto tirada meses antes por D. Pedro II[272], para almoçar e fazer a sua vida social com os acompanhantes. Eles almoçavam juntos e também se reuniam no seu quarto. Adelaide aproveitava o piano da sala e cantava as modinhas do seu repertório. Rui declamou "A Judia" de Tomás Ribeiro. O conselheiro Souto chegou a fingir-se que era ator representando uma pantomima. Apesar da poesia e da música ninguém se divertia, pois havia uma tensão erótica no ar, causada por sentimentos reprimidos. Por qualquer motivo todos choravam ou riam sem saber a razão.

"Quando ela, comovida, rompeu num pranto nervoso e convulsivo; o nosso Souto desfez-se também, abraçado com ela, em lágrimas"[273]

As relações entre Adelaide e Salustiano demonstradas nos descuidos eram escandalosamente próximas. Um dos pedidos que o Conselheiro fez a Cota, estava a de "roupas de banho" para ela, enquanto tudo isto acontecia o marido era um personagem indiferente, tanto que no final do tratamento abandonou-a por lá e saiu sem pagar as despesas finais.

---

272 D. Pedro II esteve em Nova Friburgo por algumas vezes e razões diferentes. Em fevereiro de 1876 quando fotografou o local, escreveu lembrando alguma brejeirice a sua amiga, a Condessa de Barral, que também a era do conselheiro Souto: "olho sempre com imensas saudades para os quartinhos do anexo do Hotel Leuenroth". Em: CARVALHO, José Murilo; GASPARI, Elio; SCHWARCZ, Lilian. D. Pedro II. S. Paulo: Editora Schwarcz, 2007, p. 68.

273 Carta de Rui Barbosa para Maria Augusta Viana Bandeira, Rio de Janeiro, 27 de outubro de 1876. Em: BARBOSA, Rui. Ob. cit., p. 217.

CAPÍTULO 9 O AMOR APRESENTA A SUA CONTA

O serralho carioca

Quando Adelaide melhorou de saúde, o Conselheiro desceu para o Rio de Janeiro, onde estava hospedado no Hotel des Princes, na Praça da Constituição (hoje Tiradentes) nº 8, entre a Carioca e a Sete de Setembro, local já conhecido de outras temporadas, ali com a desculpa de ficar no centro da cidade, ele podia discretamente ficar num hotel não tão casto, de onde se podia ir a caça em algum teatrinho alegre na Rua da Vala (Uruguaiana), podia ser o Alcazar, mas sem perder a compostura de homem sério, nem correr grandes riscos de macular a reputação. É possível que encontrasse por lá o Cotegipe e o Rio Branco postados discretamente na plateia, mas como não tinha nada a tratar com eles, prestava mais atenção em Mademoiselle Antonia, *"loura de olhos azues, figura esbelta, pernas buliçosas"* ou Mademoiselle Pauline, *"trigueira de olhos escuros, cabellos pretos ou quase, fórmas esculpturaes"* [274], dentre tantas odaliscas disponíveis no local. Uma delas, Mademoiselle Marie Philomène (1850-1898) casou-se com o Barão do Rio Branco, afilhado do desembargador José Ferreira Souto, irmão do Dr. Salustiano.

A mais bem-sucedida destas atrizes de dupla jornada, foi Mademoiselle Aimée (+ Paris, 02 de outubro de 1887), que depois de quatro anos no Brasil, voltou a pátria em 1868, levando um milhão e meio de francos na bolsa e ter recebido elogios do romancista Machado de Assis. O seu retrato, uma caricatura feita por Henrique Fleiuss (1824-1882),

---

274 A VIDA FLUMINENSE, 31 de julho de 1875, p. 241.

mostra como elas eram vistas na época: uma cadela na rua Uruguaiana acossada por vários cães de rostos humanos.

Ela não estava sozinha. Geraldo, o comprador do teatro Phenix Dramático, tinha o seu método para aumentar os lucros no ramo do sonambulismo, ele intermediava o encontro entre as coristas e o interessado, depois apresentava o agiota que emprestava dinheiros a 200% para concretizar o negócio. Se o caso se tornasse público, havia também a possibilidade da extorsão usando os pasquins como veículo da infâmia.

Não só aos domingos

Por algumas vezes, enquanto estava na cidade do Rio, o Dr. Souto caminhava até o porto, tomava a barca até Niterói e na estação ferroviária em Santana do Maruí, subia no trem até Cachoeiras de Macacu e dali se pegava a cremalheira, três horas e meia depois chegava a Friburgo e logo a Adelaide.

O apaixonado conselheiro Souto só via virtudes em tudo que *"minha adorada Adelaidinha"* fazia, como se expressava. O quarteto, Adelaide, Rui, Dobbert e Souto passava o tempo *"se namorando"* nas palavras da própria doente. *"Namorava de súcia"*, segundo ela[275]. Num dia de extrema comoção, Rui Barbosa declamou uma poesia que fizera para a noiva na Bahia, o Conselheiro mais uma vez chorou de soluçar abraçado a sua musa. Noutro dia Adelaide propôs que todos morassem juntos numa só casa e formassem uma só família. Rui ficou reticente pois

---

275 Carta de Rui Barbosa a Maria Augusta Viana Bandeira, Nova Friburgo, 18 de setembro de 1876. Em: BARBOSA, Rui. Ob. cit., p. 183.

CAPÍTULO 9 O AMOR APRESENTA A SUA CONTA

ainda não conhecia bem estas coisas de moças e rapazes. O Conselheiro berrou aprovando a ideia: *"sublime!"* [276].

Em 12 de outubro de 1876 numa carta de Rui a noiva o Conselheiro fez a ressalva como desabafo no fim da página com a sua própria letra:

"Só há de bom aqui a Srª D. Adelaide. Saudades a Anita" [277].

Noutro momento, Souto, pensando na menina distante, viu *"encher-se-lhe os olhos de lágrimas de saudade"* [278]. Ele não se lembrava dos outros filhos de Adelaide. Lembrava-se exclusivamente de Anita, a filha caçula de Adelaide, de quatro anos, nascida em 8 de novembro de 1872, que ficara em Salvador e morreria solteira em Niterói a 27 de agosto de 1932.

Aqui há outro mistério na vida do conselheiro Souto: Seria Anita sua filha? Pelo menos ele dava sinais disto, pois andava com uma medalha de ouro com o retrato de Anita e o seu nome, Salustiano Souto escrito em brilhantes. A joia ficou para Adelaide quando de sua morte. No *Testamento* colocou a menina como herdeira da clínica e também dos móveis da sala da casa dos Aflitos e neste documento ele escreveu por extenso o nome da criança segundo a sua versão, Annita *Souto* (o grifo é meu) Bandeira Dobbert, pelo menos, para ele era a sua filha.

O conselheiro Souto chegou a montar um consultório no Rio neste período. Ele era um vendedor natural que

---

276 Carta de Rui Barbosa a Maria Augusta Viana Bandeira, Rio de Janeiro, 19 de outubro de 1876. Em: BARBOSA, Rui. Ob. cit., p. p. 211.

277 Carta de Rui Barbosa a Maria Augusta Viana Bandeira, Nova Friburgo, 2 de outubro de 1876. Em: BARBOSA, Rui. Ob. cit., p. 194.

278 Carta de Rui Barbosa a Maria Augusta Viana Bandeira, Nova Friburgo, 2 de outubro de 1876. Em: BARBOSA, Rui. Ob. cit., p. 191.

sabia fazer propaganda de habilidades reais ou imaginadas, através de comunicados para os jornais e folhetos distribuídos pelas ruas:

"Descobriu um poderoso específico para a cura radical de todos os tumores externos do corpo humano, qualquer que seja a sua natureza, mesmo cancerosa, sem o emprego dos meios cirúrgicos" [279].

A dívida de Rui Barbosa

Foi nesta crise que ele resolveu meter a mão na algibeira e ajudar Cota, irmã de Adelaide, a se casar, oferecendo um empréstimo substancioso ao noivo Rui, quase quatro contos de réis, para começar a vida de casado. Os aspectos éticos do empréstimo proposto por Souto, dado ao risco de incumprimento, já tinham sido discutidos por Rui com o concunhado Dobbert, e este com o amigo Rodolfo Dantas, filho do conselheiro Dantas, que deu uma razão muito forte para aceitá-lo: *"nenhum mal farás, atentar as tuas e as circunstâncias dele Souto"* [280]. Era um argumento a Raskolnikov, que podia ser traduzido assim, Souto era uma bananeira que já tinha dado cacho, aparentemente não tinha herdeiros, enquanto Rui ... começava a vida. Esmolér do afeto humano, Souto fazia o impossível para ser amado, mesmo sem o retorno desejado.

Maria Augusta e Rui Barbosa se casaram em Salvador, a de novembro de 1876. Aceitando o pedido do conselheiro Souto, Dona Maroquinhas, irmã do Dr. João Vaz de Carvalho Sodré e esposa do Dr. Cincinato Pinto da Silva foi a

---

279 O ESPIRITO SANTENSE, 10 de outubro de 1876,

280 Carta de Rodolfo Dantas a Rui Barbosa, 29 de junho de 1876. DANTAS, Rodolfo. Correspondência de Rodolfo Epifânio de Souza Dantas, p. 16.

CAPÍTULO 9 O AMOR APRESENTA A SUA CONTA

madrinha da noiva. O Dr. Cincinato fora quem dera o primeiro emprego a Rui a pedido de Souto.

O empréstimo dado no impulso a Rui foi o que lhe traria as suas maiores preocupações nos anos seguintes, pois o devedor demorou muitos anos para pagá-lo. Souto escreveu durante este tempo muitas cartas a ele, reclamando a demora para solvê-la, lembrando que era um velho e principalmente que tinha vários dependentes. Falou disto em 16 de agosto de 1880:

> "Dever não é deshonra, e eu tão bem já devi e m[ui]t⁰, mas trabalhei m[ui]to e logrei ficassem credores. Seo debito é m[ui] t⁰ grande para com migo, que sou pobre e já tem cabellos brancos (...) Estou com os pés na sepultura, velho, doente, pobre e carregando [sic] com 17 parentes formando duas famílias, as quais gasto annualmente m[ensai]s de 2 contos de réis"[281].

Souto mantinha a mesma estratégia para comover o devedor e receber o dinheiro de volta. Meses depois a argumentação ainda é a mesma, pois escreve em 13 de dezembro do mesmo ano:

> "Médico velho e pobre, eu vivo, como deve viver o advogado, do meu honroso trabalho. Estou com 64 annos e por tanto a beira da sepultura, pois devo arranjar meos negócios antes da última viagem"[282].

Foram dez anos de angústia para ambos. Souto cobrando a dívida. Rui defendendo-se que não possuía este dinheiro. Nos meses de silêncio epistolar entre ambos – Souto com medo da pobreza na velhice, que afetaria os seus dependentes: "irmãs

---

281 Carta de Salustiano Ferreira Souto a Rui Barbosa, 16 de agosto de 1880. A autodefinição como "pobre e velho médico" também aparece na sua correspondência ao conselheiro Paranaguá: Montevidéu, 19 de dezembro de 1867.
282 Carta de Salustiano Ferreira Souto a Rui Barbosa, 13 de dezembro de 1880.

229

[no plural], *sobrinhas e parentas pobres que já foram ricas*" [283]. O que foi corroborado por seu amigo Elias Antônio Ferreira Souto, quando lembrará no seu obituário de "*irmans velhas e sobrinhos*" [284], as viúvas Maria Joaquina e Felismina. Rui Barbosa com o medo da possibilidade de uma chantagem, que lhe afetaria a sua carreira política ascendente. Cartas foram e vieram com as razões de cada um. Ele temia que a história saísse do círculo familiar e fosse explorada pelos inimigos, algo que lhe parecia possível, quando Souto encarregou de cobrá-lo o matreiro político sergipano Barão de Estância (Antônio Dias Coelho e Melo, 1822-1902), de quem se dizia que tinha o "*coração seco*", quando estava em jogo os seus interesses[285].

"*Ainda escrevo lhe esta carta* [em 12 de março de 1885] *que, como as outras que tenho lhe escripto, não terá resposta. Não sei por que V. E, altamte. collocado, advogado notável, esquecido de amigos dinheiro e importante, não quer pagar-me o que tão generosamente lhe emprestei há 10 annos (!) em horas angustiosas e difíceis p. V. Ex.?*"[286].

Finalmente, Souto recebeu em 30 de junho de 1885, através do procurador de Rui na Bahia, Francisco de Paula Aragão Gesteira, a quantia de 3.727$600 e em 1º de maio de 1886, outra remessa, esta de 2:727$600[287]. O dinheiro fora remetido através da Casa Zenha para a Casa Belchior, quantia considerada

---

283 Carta de Salustiano Ferreira Souto a Rui Barbosa, 28 de janeiro de 1882.
284 SOUTO, Elias Antônio Ferreira. "O conselheiro Souto". Em: O MACAUENSE, 16 de março de 1888, p. 3.
285 FIGUEIREDO, Ariosvaldo. História política de Sergipe, p. 84.
286 Carta de Salustiano Ferreira Souto a Rui Barbosa, 12 de março de 1885.
287 Recibos Casa de Rui Barbosa, 1º de maio de 1886.

CAPÍTULO 9 O AMOR APRESENTA A SUA CONTA

suficiente para quitar a dívida contraída por Rui Barbosa com as devidas atualizações monetárias.

Perto do fim

O conselheiro Souto chegou a velhice morando com os empregados no casarão do Largo dos Aflitos, onde ainda mantinha o costume de receber os amigos em saraus como anteriormente, agora, com menor periodicidade. Ele foi jubilado em 24 de agosto de 1866[288]. Teve uma festa bonita, assim que foi concedida a sua aposentadoria pelo governo imperial, os estudantes do sexto ano dirigiram-se a sua casa e o representante dos alunos, Domingos Guedes Cabral (1852-1883), filho de um paciente e amigo, fez um discurso, sendo respondido por Souto. A turma era composta de vinte e nove alunos, contando com Cabral, e dos que ficariam mais conhecidos, os alunos Luís Anselmo da Fonseca (1842?-1929) e Cazuza, o futuro oftalmologista Ribeiro dos Santos que terá a filha Naninha casada com Joãozinho, filho do Barão de Jeremoabo, o Dantas Conservador[289]. O estudante Cabral teve grandes problemas para doutorar-se, pois a sua tese influenciada pelo Evolucionismo foi reprovada pela banca, somente depois de reescrita, ela foi aprovada. Apesar do desfecho positivo ele sofreu a perseguição do clero católico e teve que desterrar-se nos cafundós de Sergipe.

---

288 Decreto nº 1341, artigo 7, da mesma data.

289 JOSÉ JOAQUIM RIBEIRO DOS SANTOS (1851-1911), nasceu na fazenda Bom Sucesso em Cruz das Almas, filho do coronel Joaquim Inácio Ribeiro dos Santos e Ana Maria do Nascimento. Oftalmologista de fama e pioneiro na indústria têxtil baiana, fundador da Companhia Fabril dos Fiais em 1890. Morou e atendeu na antiga rua do Paço nº 50 (hoje Ribeiro dos Santos) em Salvador.

Ele reformou-se, mas não parou de trabalhar, tanto em sua clínica de hidroterapia na Rua do Hospício, quanto no Asilo dos Expostos no Campo da Pólvora, aonde chegava montado na bestinha ruça e continuou também na militância partidária.

Neste período foi atacado violentamente pelos jornais oposicionistas por sua atuação no Asilo dos Expostos, junto ao mordomo da instituição, o comerciante Antônio de Lacerda, o mesmo do elevador, pela introdução pioneira do leite em pó na alimentação das crianças expostas, a quem os jornais atribuía a alta taxa de mortalidade na instituição. O Dr. Souto defendeu-se com números refutando as informações da oposição, mas isto não impediu que a campanha de sua desconstrução continuasse nestes jornais.

"Também o Souto deu seu benefício | Em favor dos meninos | Eu faço idéa! Agora os pequeninos | Que vida regalada não vão ter! | Boas papas...finíssima farinha...| Bom leite condensado...| Timoesinhos de cassa e de babado!... | Muito breve há de ver | o ranchinho feliz dos pequenitos | Todos frescos, papudos, | alegres e bonitos"[290].

Ao diminuir a carga de trabalho o Dr. Souto estabeleceu uma nova rotina profissional, pela manhã atendia os pacientes que pagavam as consultas, que ele no seu linguajar peculiar chamava de "retribuídas". Um destes pacientes importantes foi o frade beneditino, D. Luís da Conceição Saraiva, fundador do Colégio S. Bento no Rio de Janeiro e Bispo do Maranhão, que morreu em abril de 1876. Depois, entre o meio dia e as quatorze horas recebia os pobres, o

---

290 O MONITOR, 16 de setembro de 1877, p. 1.

CAPÍTULO 9 O AMOR APRESENTA A SUA CONTA

horário de atendimento prolongava-se muitas vezes além do prazo. A sua especialidade compreendia o tratamento das doenças venéreas, tumores, mas, como um clínico geral, tratava todos que o procuravam e muitas vezes o doente ficava em sua casa, como escreveu o músico do batalhão de polícia Felisberto Caldeira da Silva, operado por ele.

"*S. Excia. não só se encarregou do meu curativo como acolheu-me em sua casa, onde mora com elle a CARIDADE e curando-me e alimentando-me, conseguiu pelo seu methodo livrar-me d´aquele peso, que trazia-me o corpo curvado, a garganta apertada e ameaçado de um fim próximo*"[291].

O boato corrente é que o Dr. Souto descobrira um modo de curar tumores sem precisar usar o bisturi e guardado este segredo num manuscrito depositado na FMB, que só poderia ser divulgado após a sua morte.

Enquanto isto, na sua casa já aparecia os filhos dos velhos amigos que tinham frequentado o salão na juventude. Os filhos de Dona Cota e Rui Barbosa vieram algumas vezes do Rio de Janeiro só para vê-lo. Só uma filha do casal, a Maria Amélia, conhecida como Dedélia, nasceu em Salvador, a 2 de junho de 1878[292].

Não esteve no funeral de Dona Francisca da Purificação Veloso Saraiva, esposa do conselheiro Saraiva e cunhada de frei D. Luís, em 24 de junho de 1885, no cemitério S. Francisco Xavier, Rio de Janeiro, quando reuniu-se toda a liderança Liberal

---

291 O MONITOR, 11 de setembro de 1880, p. 2.
292 Avô paterna do banqueiro paulista GASTÃO VIDIGAL BAPTISTA PEREIRA (1938-2002), presidente do Banco Mercantil de S. Paulo e da freira, IRMÃ MARIA DE LOURDES (Lucila Maria Ruy Barbosa Baptista Pereira), uma das lideranças da Marcha da Família com Deus pela Liberdade (1964).

para prestar solidariedade e homenagens ao seu palinuro. Não esteve também na comemoração patriótica do *Dous de Julho* onde foi homenageado com o seu nome dado a um batalhão da cavalaria. Festa caprichada que começou as treze horas no Largo da Lapinha e prosseguiu até a noite. Dirigida pelo engenheiro Luis Tomás da Cunha Navarro de Andrade, descendente de uma importante família criptojudia de Guimarães no Minho e radicada no Brasil[293]. As ruas estavam enfeitadas com arcos de folhagens e bandeirinhas de todas as cores no percurso, por onde os cavaleiros que estavam divididos em sete batalhões: Defensores da Liberdade, Castro Alves, *Conselheiro Souto*, Osório, Defensores do Comércio, Luís Gama e o Ciências e Artes cavalgaram solenemente até o Terreiro de Jesus. A noite deu-se na catedral o Te-Deum celebrado pelo cônego Emílio Lopes Freire Lobo (1842-1906), filho de veterano da Independência, grande orador sacro e abolicionista, que aproveitou a presença das autoridades para vergastar mais uma vez a escravidão.

Como o profeta Moisés ele estava destinado apenas contemplar e não entrar em nenhuma Terra Prometida. Politicou, mas não foi ministro ou presidente da província, como tantos colegas que começaram juntos na política. Amou, mas parece que não foi amado.

Restava a religião...

---

293 Os Navarros de Andrade são descendentes do médico cristão-novo Sebastião Navarro de Andrade (1717-1799), pertencentes a um ramo da parentela Ibn Yahia (com origem presumida no bíblico rei David) e com vários membros da família condenados por judaizantes. Foi um deles, o BARÃO DE VILA SECA (Rodrigo Navarro de Andrade, 1765-1839), que negociou contratos de casamento entre D. Pedro I e a princesa Leopoldina e de D. Maria II e o tio D. Miguel.

CAPÍTULO 10

Não estou hoje cristão[294]...

Desconhece-se a data que o conselheiro Souto começou a frequentar os *muçurumins* (malês), pois ele não confessou isto publicamente, tanto que se identificou minuciosamente no Testamento:

"Sigo a religião catholica romana, em cujo seio nasci, tendo vivido com a graça de Deos, [e nela] espero morrer"[295].

Foi uma declaração esperada, pois o Catolicismo Romano era a religião oficial do Brasil e confessar-se fora dela, era expor-se as perseguições já esperadas. Ele era funcionário público e também não podia arriscar-se a perder a clientela, localizada na classe alta, luso-descendente e católica. Numa leitura mais atenta há indícios de verdades despercebidas na sua declaração.

A abertura do seu Testamento é feita *"em nome de Deus"*. O que não é incomum nos testamentos brasileiros, mas também não é a abertura corriqueira. O usual entre os Católicos é remeter-se a Jesus, as três pessoas da Trindade ou as diversas invocações da Virgem Maria. Já a locução *"em nome de Deus"* é a tradução literal do Alcorão, *"Bismi Ilah"*,

---

294 Carta de Salustiano Ferreira Souto a Rui Barbosa, 16 de novembro de 1876.
295 Testamento de Salustiano Ferreira Souto, Salvador, 1886.

235

que abre as suratas (capítulos), com exceção de uma em que está dividido o livro sagrado dos muçulmanos. Só por esta expressão não é possível identificá-lo como *muçurumim*, mas, há outros indícios desta filiação religiosa estão no texto, que espelham o seu cotidiano. Por ele é possível ver o seu distanciamento do Catolicismo. Não há imagens de santos em sua casa. Ele nomeia apenas alguns quadros de paisagens. É possível deduzir-se que ele não frequentava igrejas com regularidade, pois não há o registro que tenha pertencido a nenhuma Ordem Terceira. Lembrando que ele era um homem gregário e associativo metido em tantas associações. Só para comparação, o Cotegipe, pertencia a Venerável Ordem Terceira do Monte do Carmo da Cidade da Bahia, a Venerável Ordem Terceira dos Mínimos de S. Francisco de Paula e também ao Santíssimo Sacramento no Rio de Janeiro. Na morte do conselheiro Souto só uma missa foi encomendada para si, é o suficiente para não gerar desconfiança e documentar-se frente ao estado teocrático brasileiro.

A primeira manifestação pública do conselheiro Souto sobre crenças pessoais foi a dedicatória da tese escrita para o concurso de admissão a docência na FMB, dirigida ao amigo Manoel Francisco de Sá Freire, alto funcionário da tesouraria provincial baiana, quando expôs o seu pensamento e baseado nele, como avaliava a sociedade brasileira.

Manoel Francisco lutara na guerra da Independência como cadete sob as ordens de Inácio *Ferreira Souto* Barreto Falcão (atente-se ao nome do militar), quando lhe coube a missão de advertir o Conde da Palma (Francisco de Assis Mascarenhas, 1779-1843), no Largo dos Aflitos, da inutilidade de atacar aquela posição militar. Foi também uma liderança na Sabinada, confiado a si os negócios da marinha rebelde e de uma guarda cívica, derrotado, preso e depois absolvido em outubro de 1838. Era amigo do Dr. Souto e do Dr. Alves, o pai do poeta Castro Alves. Na visita que D. Pedro II fez a Bahia foi condecorado com a Ordem da Rosa. Ele devia ser parente muito próximo de José Vicente de Sá Freire, também funcionário da tesouraria provincial, que foi suspenso por cinco meses do seu trabalho em razão de um furto de aproximadamente nove contos do cofre da instituição em 1843. José Vicente foi absolvido pela justiça, mas ficou estigmatizado por toda a vida, algo que marcou ao filho, o monge e poeta Junqueira Freire (1832-1855).

O fragmento escrito do Dr. Souto é aparentemente apenas um sinal de amizade, mas nas entrelinhas vislumbra-se o projeto de uma sociedade ideal a se construir. Ele foi publicado no jornal O *Guaycuru*, de Domingos Guedes Cabral, seu amigo que estivera na Sabinada fez um preâmbulo mostrando concordar com as ideias do Dr. Souto, adjetivando o país como degenerado e perdido, vivendo numa era de sordidez e egoísmo, agravado pela *idolatria* – uma proibição tão clara para os judeus e muçulmanos.

Este é o retrato de Manoel Francisco por Souto:

"Um pensamento político vos tem dado uma posição tal que sois considerado fora da communhão Brasileira, exemplo de vergonha de um povo intolerante e de governos, que tem considerado uma parte de seos compatriotas, como verdadeiras, como verdadeiros – párias – Eu tenho ouvido quase toda essa população vos tecer elogios, tenho ouvido dos mesmos, que

*pedirão vosso sangue, encômios as vossas qualidades raras, e
as vossas virtudes; mas a despeito de tudo quase que não sois
Brasileiro. Eu porém, que* graças ao Eterno! *Não fui tocado
d´essa intolerância criminosa, e que mesmo ainda não me
apresentei no mundo político, conservando-me virgem nesse
embate* (...)"[296]

Várias particularidades despertam atenção no seu discurso e a curiosidade porque Manoel Francisco mereceu tal homenagem. Quem era realmente aquele pequeno funcionário público? Porque ele está fora da comunhão brasileira? Qual a razão dele ser um *pária*? Seria um *muçurumim*?

Desperta também a atenção como Souto denomina a sua divindade: o Eterno. Será um dos noventa e nove nomes da Divindade como está no Alcorão *Al-Samad*[297] (o Eterno)? Finalmente divide a sociedade em frações, formada por uma parte intolerante, a maior; e outra parte, a que ele e seus companheiros fazem parte, prontos a reformar a outra parte. Estará falando como um limano (imame)?

O conselheiro Souto falou pouco de religião no Parlamento:

"A educação religiosa, base de toda a moralidade, desmaiando entre nós, convém desenvolve-la. Não quero a credulidade beata, nem a hypocrisia em nome da religião, nem esta sem tolerância: desejo porém que se [não]plante no coração da mocidade a fé que condenna a razão (apoiados), as doutrinas do Evangelho, que na phrase de um notável escriptor, é o legado do passado e a prophecia do futuro, quero o ensino de sua doutrina, que prende o homem ao homem pelo amor e pela

---

296 O GUAYCURU, 17 de junho de 1845, p. 1.
297 ALCORÃO, surata Al-Iklas (a Fidelidade), 112:2.

CAPÍTULO 10 NÃO ESTOU HOJE CRISTÃO...

caridade, e nos prende a Deos pela oração, que é a consolação de todas as almas e os bálsamos para todas as feridas"[298].

A sua compreensão pública de religião é um deísmo desritualizado, sem compromissos com a religião oficial do Império, o Catolicismo Romano. Souto admite a multiplicidade de práticas religiosas por suas origens diversas, ao defender a tolerância religiosa. Defende a oração sem intermediários em direção ao Eterno (evocação não usual entre os cristãos). Claramente não são propostas tiradas do catecismo católico da época. Ele encara a educação religiosa duma forma quase neutra.

"Eu não sou como os espiritualistas, nem como os materialistas antigos e intolerantes: uns querendo que o cérebro fabricasse o pensamento, como o fígado a bílis; outros, não tolerando, nem querendo de modo algum a intervenção do cérebro nos actos do entendimento. Não quero somente o progresso material, sou também apologista do progresso intellectual e moral; entendo que o ministério deve lançar suas vistas para a instrucção publica e religiosa (...)" [299].

É provavel que o conselheiro Souto tenha encontrado os *muçurumins* em Cachoeira; já que não há muitos traços da existência desta crença na sua região de origem, onde medrava o catolicismo popular não-romanizado e prosperava o messianismo neojudaico. O arraial de Canudos foi construido na mesma zona fisiográfica de Vila Nova da Rainha. Antônio Vilanova, conhecido como Antônio Francisco da Assunção, eminência parda de Antônio Conselheiro (1830-1897),

---

298 Sessão parlamentar de 10 de agosto de 1864. Em: ANNAES, 4, p. 96-7.
299 Sessão parlamentar de 28 de maio de 1864. Em: ANNAES, 2, p. 230.

foi comerciante na cidade natal de Souto; de onde recebeu o nome. É possível que ambos tenham se encontrado; talvez na venda e tenha até trocado dois dedos de prosa.

Creio que o conselheiro Souto tenha sido introduzido nos círculos islâmicos secretos de Salvador por alguém que convivia com ele. É possível que algum *muçurumim* casado com as sobrinhas o levou para uma destas mesquitas soteropolitanas, ou mesmo por um dos criados desta origem, com quem convivia a maior parte do seu tempo. Quem sabe se não foi o cozinheiro Pedro ou o jardineiro Ladislau? Ou mesmo com o pedreiro *muçurumim* Manoel Friandes com quem conviveu na reforma da casa dos Aflitos? Ou os seus vizinhos Belchiores em Cachoeira? Será que ele não recebeu a iniciação de Tio Salacó (Antônio Maria Belchior)?

A convivência com os africanos possibilitava várias trocas culturais, que iam desde a aquisição de línguas africanas ou o conhecimento da nova religião. Em Cachoeira o jornalista Augusto Ferreira Mota, diretor do jornal *O Guarany*, falecido em 27 de janeiro de 1888, por esposar as crenças de santo, era conhecido entre os seus como o "Branco nagô". Sabe-se que o Dr. Abbott falava jeje e outros mergulhavam em outros aspectos da vida dos afrodescendentes; como o médico Nina Rodrigues, que frequentava como curioso a mesquita dos Barris.

As duas hipóteses fazem sentido, tanto a influência dos seus criados, quanto a do parente *muçurumim* nesta iniciação a crença secreta. Para a hipótese do parente *muçurumim* basta seguir a história do marceneiro Tibúrcio Luís Souto

CAPÍTULO 10 NÃO ESTOU HOJE CRISTÃO...

(1872 – 1955). Ele tinha quinze anos quando o conselheiro Souto morreu. Tibúrcio era reconhecido como pertencente ao grupo dos últimos muçulmanos praticantes de Salvador. Já adulto, participou de várias associações importantes na Bahia, a Sociedade Protetora dos Desvalidos, o Sindicato dos Trabalhadores em Madeira, a Sociedade Dezesseis de Julho, o Montepio dos Artistas e a Bolsa dos Patriotas. Ativista político foi um dos líderes da Greve de 1919. No campo religioso foi Prior da Irmandade do Rosário dos Pretos do Pelourinho. O seu irmão, o carpinteiro Juvenal Luís Souto (1874 – 1921) é um dos fundadores do afoxê Pândegos da África, cujo mote era cobrar a indenização dos danos causados aos *muçurumins*. Tibúrcio contou a Antônio Monteiro que pertencia a família do conselheiro Souto. Mostrou fotos e a correspondência familiar para confirmar o que dissera, mas não identificou qual o elo do parentesco.

É possível que a ligação genealógica seja assim: excluindo o pai Luís que era de nação Tapa, segundo o etnógrafo Pierre Verger, restam a sua mãe, Maria Rosalina Souto ou a sua esposa Maria Francisca Souto, para se aparentarem ao conselheiro Souto. Qual delas será a Maricota da fotografia reproduzida por Antônio Monteiro? Como o conselheiro Souto tinha várias sobrinhas que podem se encaixar neste perfil, de idade aproximada, situação econômica subalterna e até pelo padrão onomástico usado, é possível que uma delas tenha casado com o muçulmano e este introduzido o parente ao culto.

Ou talvez ele tenha se convertido ao Islamismo local por si.

O Catolicismo e as crenças complementares

O pároco brasileiro não dispunha de tempo para cultivar o misticismo, sufocado que estava entre tantas obrigações laicas. Cabia a ele o controle do Tempo, através das cerimônias nos inúmeros dias santos e domingos; respeitar e fazer conhecer as matinas, as laudes, as terças, sextas, nonas, vésperas e completas; ordenar as pancadas e repiques dos sinos para marcar os ofícios e os fatos extraordinários daquele dia ou noite, incêndios, partos e agonias de doentes. Ele também é responsável por modificar os corpos em indivíduos, assentando no livro competente os Batismos, Matrimônios e Óbitos. Durante as eleições a sua igreja é um distrito eleitoral.

Identificado com o Estado monárquico e escravista, o Catolicismo é visto por muitos como uma crença arcaica e perde lentamente o seu monopólio espiritual. A demanda mística reforça aos que vem de outra religião, forçadamente, cristãos-novos (judeus) e *muçurumins* (muçulmanos) a permanência de suas soluções espirituais anteriores. A abertura dos portos em 1808 trouxe outra versão do Cristianismo, primeiro dos britânicos e depois dos americanos, o que significava também uma mudança de visão do mundo. Era vizinho de Souto na ladeira dos Aflitos nº 219 o colportor (vendedor de Bíblias da Sociedade Bíblica Britânica) português Torquato Martins Cardoso, a esposa Maria e os filhos Júlio, Antônio, Inês, Ricardo e o caçula Moisés. Ele fora batizado em 21 de abril de 1872 – data que é considerada a fundação da Igreja Presbiteriana da Bahia. O colportor Cardoso vivia pelo Sertão fazendo proselitismo.

CAPÍTULO 10 NÃO ESTOU HOJE CRISTÃO...

Surge também uma inovação europeia, o Espiritismo francês, resultado de uma combinação do altruísmo cristão com o cientificismo positivista, somada a ideia oriental da reencarnação. O pioneiro desta doutrina em Salvador foi o funcionário da Biblioteca Pública local, capitão Luís Olímpio Teles de Menezes (1828-1893), amigo do Visconde da Pedra Branca, do Dr. Cincinato Pinto da Silva e também do conselheiro Souto. Anos mais tarde, o sobrinho-neto de Salustiano, Osvaldo Melo foi um respeitado medium e curador em Santa Catarina, como já escrevemos no início desta biografia.

Neste catolicismo em crise é possível que Souto tenha optado por outro caminho, algo incomum entre os brasileiros de classe média, a adesão ao Islamismo. Como ele gostava de estudar, ou na frase do historiador Cid Teixeira, tinha o *"gosto especulativo e prático pelos estudos religiosos"*[300], esta nova ocupação religiosa deve ter-lhe preenchido a alma. Cid Teixeira e Antônio Monteiro apontam que ele chegou a imame (limano) na mesquita localizada na Rua da Alegria nº 3, nos Barris, próxima a sua casa.

A postura do Islamismo é considerar-se a única religião verdadeira. Todos os seres humanos nascem monoteístas (*fitrah*), porém ao receber as influências da cultura circundante podem-se afastar da crença original (*dinel hanif*). A isto some-se o respeito a cultura religiosa disseminada pelos descendentes biológicos e espirituais do patriarca Abraão (Ibrahim), cujos expoentes, o Judaísmo e o Cristianismo

---

300 MONTEIRO, Antonio. Ob. cit., p. 76.

foram o Povo do Livro (*Ahl Al-Kitab*). Para o muçulmano comum as vezes é difícil reconhecer as fronteiras entre elas. Na sua cabeça a religião é a mesma, pois a crença no monoteísmo é a mesma, apenas os ritos é que são diferentes. O comerciante libanês, radicado em S. Paulo, Ahmed Abduni, descreveu o Islamismo assim:

> *"Nossa Bíblia existe e tem o capítulo de N. S. Maria, tem o Menino Jesus e tudo isso, não tem diferença nenhuma. Nós acreditamos neles e temos Muhamed como profeta"* [301]

Não devia ser muito diferente do que pensavam os *muçurumins*, pois a esta dificuldade para identificar as fronteiras religiosas e culturais de cada uma crença, eles também cultivavam a *taqyiah* (dissimulação), quando confundiam os seus senhores e eram confundidos em si mesmos. Abraçavam o Islamismo como uma crença complementar ao Catolicismo, que lhes fora imposto pela força.

Muçulmanos na Bahia

Os *muçurumins* estavam em Salvador há muito tempo. O primeiro muçulmano documentado na Bahia foi Diogo, "negro" (1595-?), escravo do cristão-novo Francisco de Paiva, que foi preso em Lisboa, acusado de pertencer a "seeta de Mafamede" e que saiu no auto-de-fé privado em 29 de maio de 1615, quando foi orientado a ser *"instruído na fé católica"* (Inquisição de Lisboa, Processo nº 5964). A pena leve mostrou que o islamismo através de escravos negros

---

[301] GREIBER, Betty Loeb; MALUF, Lina Saigh; MATTAR, Vera Cattini. Memórias da imigração: libaneses e sírios em S. Paulo, 241.

CAPÍTULO 10 NÃO ESTOU HOJE CRISTÃO...

não era visto como uma ameaça para o Catolicismo luso-brasileiro. Como o Islamismo era coisa de escravos se encontram poucos registros desta permanência cultural, mas percebe-se que esta população recebeu um influxo com as guerras na Yorubalandia (partes de onde hoje é a Nigéria), quando em 1808 o xeque Usuman dan Fodio (1754-1817) declarou guerra aos muçulmanos haussás, radicados no território sudanês, hoje norte da Nigéria, propiciando a venda de cativos para o Brasil. Ele fundou o sultanato Sokoto que persiste até hoje governado por seus descendentes. O atual governante é Mohammadu Saad Abubakar III (nascido em 1956), 20º Sultão de Sokoto e descendente de Dan Fodio, que dirige 75 milhões de muçulmanos nigerianos. É o 25º (e o primeiro negro) colocado numa lista dos *"The 500 most influential Muslims"* (2011) feita pelo Royal Islamic Strategic Studies Centre da Jordânia.

O Islamismo baiano originava-se na Tariqa (confraria) Qadiriyya, grupo sufi estruturado em torno do pensamento do fundador o xeque Abdul-Qadr Gilani (1077-1166), erudito e pregador que surgiu na Pérsia e depois foi disseminado pelo mundo através dos seus mestres, chegando a mensagem religiosa até a China e a África. É um conjunto de crenças islâmicas que busca a aproximação com o Transcendente através de várias práticas desenvolvidas pela ordem, como os refrões repetitivos para invocação divina (*zikr*) e as danças em círculos, criadas para seduzir o mundo rural atenuando assim o formalismo sunita. O objetivo destas práticas é combater os atos proibidos no Alcorão, mas fundamentalmente é uma *jihad* (luta) contra os principais vícios humanos identificados pelo xeque Gilani, a ganância, a vaidade e o medo, que impedem a comunhão com o Transcendente.

No Brasil, judeus e muçulmanos tinham sido calados pelo Catolicismo do Estado português, que forjado na Contra-Reforma, não transigiu em persegui-los ferozmente. Os judeus foram proibidos de viverem no país e os convertidos a força (cristãos-novos) no século XV, quando descobertos que tinham voltado a praticar os ritos secretamente, eram presos, processados e queimados vivos ou até em formas de bonecos ("em efígie") quando escapavam dos seus algozes. Moradores da Bahia nestas condições foram caçados e devolvidos a Metrópole para serem convencidos do poder da religião estatal, quando tinham sorte, eram apenas confiscados os bens, torturados até ficarem aleijados e envilecidos, destruídos moralmente a si e aos seus descendentes.

A Bahia contribuiu para o borralho das fogueiras inquisitoriais com um contingente expressivo de cristãos-novos punidos por sua permanência consciente ou não da antiga crença. Somente olhando pela radicalidade do castigo: dos vinte brasileiros judicialmente assassinados, sete eram baianos ou moravam na Bahia. O primeiro foi o sapateiro Gaspar Gomes queimado em 1644, seguido pelo mascate José de Liz (Isaac de Castro Tartas) em 1647. No século seguinte, em 1709 o boticário Rodrigo Álvares; em 1726 o padre Manoel Lopes de Carvalho, que aderiu a cultura cristã-nova, mas não era desta origem étnica; em 1731 o comerciante Félix Nunes de Miranda, morador em Cachoeira; em 1733 o lavrador Fernando Henriques Álvares, no Rio S.

Francisco e o comboeiro Luís Mendes de Sá, nascido numa prisão inquisitorial e queimado como judaizante. Livre, apenas o tempo quando tangeu sua mula pelo Sertão.

Este quadro mental só alterou-se com a invasão francesa a Portugal, que para fazer frente ao inimigo napoleônico, aliou-se a Inglaterra e como cláusula teve que abrir as suas estruturas arcaicas ao mundo modernizante, inclusive na obrigação de respeitar aos direitos do Homem. Os muçulmanos que chegaram em consequência das guerras entre si no Sudão, na condição de escravos, já estavam fragilizados religiosamente, consequentemente abertos a novas experiências místicas.

Por várias razões, entre elas a econômica, a Igreja não reprimiu violentamente as crenças dos muçulmanos escravizados no Brasil, como fizera aos descendentes dos judeus convertidos, mesmo porque o maior influxo deste grupo social deu-se já no fim do Santo Ofício, posterior ao século XIX. A estratégia eclesial foi trazê-los lentamente para si, construindo locais de convivência, como as Ordens Terceiras para a formação desta nova identidade. A Igreja ressignificou símbolos conhecidos por eles, para que houvesse transição de uma a outra, sem muitos traumas ou rejeições.

Muitos personagens do panteão islâmico, transmitidos através do Alcorão, inclusive Jesus (Issa) e Maria (Mariam), eram encontrados também entre os católicos, algo que facilitava a absorção destes catecúmenos, pois as novidades cosmogônicas já eram conhecidas. Mudavam-se apenas os ritos e as autoridades religiosas, mas de algum modo, a religião era tão parecida, que para o leigo podia-se dizer que era a mesma, facilitando a duplicidade de crenças numa mesma pessoa.

Um destes personagens cristãos-islâmicos, Maria (Mariam) na condição católica de Nossa Senhora da Conceição, faz esta transição religiosa através de sua iconografia. Ela aparece nas imagens sacras pisando como vencedora o hilal (crescente) islâmico e daí busca penetrar nas almas vulneráveis dos novos crentes. É a mãe que acolhe estes órfãos, cujos olhos reconhecem o signo lunar de suas vidas anteriores. Tanto isto é verdade que a igreja dedicada a sua invocação em Salvador, a conhecida Igreja da Lapinha, teve por fregueses a *muçurumins* e são visíveis os traços desta presença etnocultural, na sua arquitetura de inspiração mourisca e nas inscrições em caracteres árabes retirados do Alcorão, estas, possivelmente manuscritas pelo mestre Manoel Friandes ou por um empregado da mesma origem.

Tudo isto foi levado em conta quando o africano ou o seu descendente precisou adquirir um sobrenome português, sem precisar recorrer ao do padrinho católico, muitas vezes ele optou por assumir o apelido Conceição – hoje usado quase que exclusivamente por afrodescendentes. A doceira soteropolitana Carmém Teixeira da *Conceição*, Tia Carmém do Xibuca (1879-1988), filha dos *muçurumins* Anselmo Manuel da Conceição e Mônica Maria da Conceição, vendedores de peixe-frito, acarajé, aipim e bolo de milho na praia de Itapuã; foi uma delas e o seu percurso de vida sintetiza a jornada de muitos que revivem neste livro. Ela saiu do islamismo familiar (malê), foi iniciada depois como olorixá por João Alabá (+1926) e terminou fervorosa

CAPÍTULO 10 NÃO ESTOU HOJE CRISTÃO...

católica, o que não impediu de saudar numa igreja católica do Rio o historiador carioca Nei Lopes com o cumprimento islâmico: *"Al-Salamaleiku"* (A paz esteja contigo!), algo que ainda restava de sua herança ancestral.

Durante anos os *muçurumins* mantiveram-se discretos, invisíveis e só chamaram atenção para si quando se revoltaram em 1835. Revoltas de escravos eram rotineiras, mas esta insurreição chamou atenção pela capacidade de organização dos envolvidos, a cultura islâmica que estava por trás dela, que revivia o velho fantasma mourisco vivido na Península Ibérica. A repressão a cargo do Visconde de S. Lourenço foi brutal, mas, eficiente, com fuzilamentos de revoltosos, deportação para a África, numa estratégia usada para sufocar, amedrontar os revoltosos e os seus descendentes. Não foi sem razão que o malê tornou-se uma espécie de bicho-papão para os brancos, mesmo fingindo que não os viam.

Os portugueses e *muçurumins* chamados pejorativamente de marotos e malês, respectivamente, tornaram-se vilões, até na poesia popular cantada nas ruas de Salvador:

"Qui bumba, qui bumba, qui bumba / Aoê! / A nossa desgraça é maroto e malê"[302].

Neste clima de perseguição os *muçurumins* baianos viviam em defesa, pois tinham que conviver com a intolerância católica e o estigma da Revolução de 1835, quando passaram a ser considerados como um perigo potencial para a sociedade. O preconceito contra eles já estava no etnônimo que ficou pra identificá-los. Malê, por alguma razão

---

302 PINHO, Wanderley. Cotegipe e seu tempo. Primeira Phase, 1815-1867, p. 192.

só conhecida por eles (não vou me aventurar pela filologia árabe), era considerado um termo depreciativo, tanto quanto o termo marrano para identificar o descendente do judeu convertido no século XV. Ele perdeu com o tempo o caráter derrogativo e voltou a circulação popular. A estratégia que usavam para se defender foi a mesma de alguns cristãos-novos, que transformaram suas crenças em algo íntimo e secreto; os *muçurumins* fizeram-se católicos devotos, tanto que alguns deles chegaram a liderar Ordens Terceiras católicas, como a Irmandade do Rosário dos Pretos do Pelourinho ou da Nossa Senhora do Rosário e de São Benedito, no Rio de Janeiro, deixando um Islamismo como uma religião complementar e oculta.

O Islamismo tem o mesmo problema que outras religiões proselitistas, a certeza de possuir unicamente a verdade e nos casos onde está articulado com o Estado, ele persegue até as seitas minoritárias de sua própria vertente. É uma situação que levou a adoção de um mecanismo de defesa por xiitas e sufis perseguidos onde são minorias, o uso da *taquiya* (dissimulação religiosa), justificada numa leitura sofisticada do Alcorão. Texto encontrado na surata nº 7 (*Al--A´araf*, o Purgatório), versículos 150-1, onde se relata a discussão entre os profetas Moisés (Mussa) e Aarão (Harun) sobre as evidências do último ter adorado o bezerro de ouro:

> *"Aarão disse* [a Moisés]: *"Filho de minha mãe! Estas gentes humilharam-me e quase me mataram. Não alegres com minha desgraça os inimigos, nem me coloques com as gentes injustas"*.

Ou seja, apesar de viver entre os infiéis, Aarão não se considerava um deles, pois fora levado a isto pela coação e

CAPÍTULO 10 NÃO ESTOU HOJE CRISTÃO...

exigiu do irmão Moisés: não *"me coloques com as gentes injustas"*. Posteriormente ao sumo-sacerdote Aarão, alguns milênios depois, dentre os praticantes dissimulados estaria o explorador inglês Richard Burton (1821-1890), que passou pelo Brasil em 1867, e teria sido iniciado secretamente nesta fraternidade islâmica na África, usando este expediente para ocultar a sua adesão ao Islamismo.

Mesmo com as dificuldades evidentes eles aprendiam a ler e a escrever em árabe no estilo magrebino nas mesquitas espalhadas pela cidade. O alufá Abulcare (Abu Karim?) conhecido no Brasil como Rufino José Maria, ex-escravo do boticário João Gomes da Silva (fornecedor da Santa Casa soteropolitana) e filho de um sábio islâmico de Oyó – conterrâneo do pai do príncipe Obá II, possuía vários textos árabes em seu poder quando foi preso no Recife em setembro de 1853[303]. Nas descrições dos salões que funcionavam como mesquitas, havia sempre a presença de lousas e material para escrever.

O etnólogo Edison Carneiro (1912-1972) teve em mãos um caderno (de memórias?) de escravo *muçurumim* escrito em árabe, e que ele doou ao antropólogo Artur Ramos (1903-1949).

"Um caderno que pertenceu a um negro filho da África e onde deve haver uma história interessante, que eu, e provavelmente V. também, não podemos ler, porque está escrito num raio de língua que se se chama mussulmi"[304]

---

303 REIS, João José; GOMES, Flávio dos Santos; CARVALHO, Marcus J. M. O alufá Rufino: tráfico, escravidão e liberdade no Atlântico Negro (c. 1822-c.1853). S. Paulo: Companhia das Letras, 2010.

304 Carta de Edison Carneiro a Artur Ramos, Mar Grande, 4 de novembro de 1936. Em: OLIVEIRA, Waldir Freitas; LIMA, Vivaldo Costa (organizadores). Cartas de Edison Carneiro a Artur Ramos. De 4 de janeiro de 1936 a 6 de dezembro de 1938, p. 79.

O pai de Edison, o professor Antônio Joaquim de Sousa Carneiro vivia na rua dos Barris nº 68, onde também estava assentada no nº 3, a mesquita do bairro. Vivia entre os seus livros, vestido com um camisolão semelhante aos usados entre os mouros[305].

Os *quakers* ingleses John Candler e Wilson Burgess, depois de passarem pela Bahia em 1852 receberam como presente malê um manuscrito *beautyfully* (belamente) escrito em árabe. O comerciante Zé Sapucary, líder malê na distante Laranjeiras[306], fora do eixo baiano, até para afirmar a sua identidade, afirmava orgulhosamente saber escrever e ler na língua materna. Cada vez que um deles falava ou escrevia a seu idioma original, recuperava o melhor de si, a juventude livre na África.

O Alcorão é o guia moral, religioso de todos os momentos e depois com o passar dos anos apenas um amuleto destes cativos, já que progressivamente vão perdendo o domínio do árabe. Arthur de Gobineau (1816 – 1882), representante francês no Brasil, num informe aos superiores, datado de 22 de setembro de 1869, relatou que no Rio de Janeiro, se vendiam uma centena de Alcorões, escritos

---

305 O professor ANTONIO JOAQUIM DE SOUSA CARNEIRO (1881-1942), foi descrito como "um mago, que vivia cercado por forças celestes e creio que adivinhava" pelo romancista Jorge Amado (Em: "O professor Souza Carneiro", A Tarde, 20 de junho de 1981). Ele é filho do mulato do mesmo nome e de Rosa Sanches – que presumo, por certas inferências, pertencer a parentela de origem cristã-nova Ribeiro Sanches, mencionado anteriormente. Para esta linhagem, leia-se: ROSSI, Gustavo. "Uma família de cultura: os Souza Carneiro na Salvador de inícios do século XX". Em: Lua Nova, SP, 85, pp. 81-131, 2012.

306 ZÉ SAPUCARY (José Carlos da Costa, falecido em Laranjeiras, 7 de março de 1899). Comerciante e dono de várias canoas. Era considerado "cônsul representante" dos seus compatriotas. V. AMARAL, Sharyse Piroupo. Escravidão, liberdade e resistência em Sergipe: Cotinguiba, 1860-1888, p. 251.

manualmente na França, custando de trinta e seis a cinquenta francos pela livraria Fauchon & Dupont, na rua Gonçalves Dias nº 75, frequentada dentre outros pelo quitandeiro sufi Adriano e o Imame Abdurrahman, nossos personagens. O Alcorão não constava do catálogo divulgado pelos jornais, mas, quem conhecia a casa, dirigia-se ao vendedor em voz baixa, pedia o Livro e acertava a transação quase clandestina.

Proselitismo islâmico na Bahia

Um ano depois da passagem de D. Pedro II por Salvador, o viajante Robert Avé-Lallemant (1812-1884) reconheceu na cidade estes "invisíveis", que serão renovados na sua fé pela visita de um imame turco. Abdurrahman bin Abdullah Al-Baghdadi Al-Dimashqui (? – 1886), sacerdote muçulmano que fazia parte da tripulação da corveta otomana Bursa e que chegara numa situação anômala ao porto do Rio de Janeiro em junho de 1866. O Imame Abdurrahman dizia-se extraviado do percurso original. O que devia ser apenas uma história conveniente para esconder algo que ainda permanece desconhecido, talvez uma sondagem otomana para estabelecimento de relações comerciais mais efetivas entre os países. Em 5 de fevereiro de 1858, D. Pedro II e o sultão Abdul Mejid tinham assinado um tratado de amizade, comércio e navegação entre os dois impérios.

O Brasil e suas potencialidades econômicas despertavam interesse no Oriente, tanto que pela mesma época, o Ministério recebeu e aceitou o oferecimento do conde Miguel de Debbanè para representar o país na região. Já em 1868 ele construiu uma igreja de rito greco-melquita (bizantino) em Alexandria como ponto de referência brasileira. Nela celebrou-se uma missa para comemorar-se a vitória na guerra do Paraguai. D. Pedro II visitou o Império Otomano em 1876, foi condecorado com uma honraria otomana, abrindo caminho para os negócios. A família Debbanè (mosca em árabe) transformou-se em dinastia consular brasileira, pois quando morreu o conde Miguel de Debbanè (Sidon, 1806-1876), ele foi sucedido pelo sobrinho José até 1914, depois pelos filhos deste, Nicolau e Fernando. A filha do cônsul Nicolau, condessa Paule Reboul, nascida no Cairo, perdeu a cidadania brasileira em 1967, por ato do presidente Costa e Silva.

Nesta linha de regozijo oriental pela vitória brasileira na Guerra cabe registrar também a vertente judaica. O ex-padre Francisco Rodrigues dos Santos Saraiva (1834-1900), descendente de cristãos-novos portugueses e um dos professores de hebraico do Imperador, compôs o poema: *"Lashilton shel Brasil-Petrus Beit: Shira Leiom Hazikaron Kol Umah Begvul Hamilchamá Al-Paraguai (Ao Governo do Brasil – D. Pedro II. Poema para o dia da Lembrança de Toda a Nação na Guerra do Paraguai)"*[307].

O Imame Abdurrahman foi reconhecido como muçulmano por negros no porto do Rio de Janeiro. Cumprimentado com um salamaleque, ele pensou que fosse zombaria,

---

307 FAINGOLD, Reuven. Judeus nos tempos da Guerra do Paraguai (Brasil, 1864-1870). Em: CARNEIRO, Maria Luisa Tucci. Recordações dos Primórdios da Imigração Judaica em S. Paulo, p. 29.

CAPÍTULO 10 NÃO ESTOU HOJE CRISTÃO...

mas depois percebeu que eles não eram fluentes em árabe o suficiente para manter uma conversação, mas desejavam estar com o correligionário branco. Ele abandonou o navio e ficou no Brasil durante três Ramadãs ensinando os princípios da religião, nas suas palavras, *retificando* o comportamento deste pessoal, com reuniões doutrinárias em todas as tardes possíveis.

Oriundo do *dar Al-Islam*, território de maioria islâmica, o Imame Abdurrahman, de sólida formação teológica sunita, não compreendeu os costumes nacionais, nem o de seus correligionários que viviam no Brasil, principalmente a limitação imposta pela condição de escravos. Naquele momento o Brasil era o *dar al-Harab*, território da Guerra, onde o muçulmano era obrigado a manter a sua fé e ritos em segredo. Só tornou-se o *dar al-Muahadah*, território do Acordo, onde se pode desfrutar a liberdade religiosa e social, alguns anos depois. Percebe-se a sua incompreensão em várias situações narradas por ele: quando escandalizou-se ao saber que as mulheres brasileiras tinham direito na herança do casal. Ele sentiu-se ameaçado na sua autoridade religiosa, por saber que um *sefaradi* tangerino, judeu originário de Tanger, ensinara como fazer a circuncisão e matar reses na forma ritual, mostrando que o sacerdote era dispensável nas suas vidas desritualizadas.

É fato raro, mas há exemplos contemporâneos desta convivência litúrgica. Nos anos noventa passado, em Portugal, quem fornecia a carne consumida pelos muçulmanos portugueses era o rabino Abraão Assor (1920-1993), judeu de Tanger. A comunidade islâmica local era recente, formada a partir de um grupo de estudantes oriundos de Moçambique, liderados pelo intelectual luso-indiano Selemane Vali Mamede (1937-1995), tradutor do Alcorão para o português. A comunidade ainda não possuía este profissional especializado. Outro exemplo: viveu durante anos e morreu no Brasil o *mohel* (circuncisador judeu) David S. Simhon (1907-1995) que circuncidou membros da família real egípcia.

Convidado pela comunidade dos *muçurumins* de Salvador e de Recife, o Imame Abdurrahman foi encontrá-los e avaliou que eles tinham os mesmos problemas dos cariocas. Mesmo assim ele ficou longo tempo na cidade e depois em Recife ensinando os cinco pilares do islamismo:

1. A unicidade de Deus e o lugar especial do profeta Maomé (*shaháda*).

2. A oração devia ser feita cinco vezes ao dia (*salat*).

3. O tributo religioso (*zakat*).

4. O jejum no Ramadã (*sawn*).

5. A peregrinação a Meca (*hajj*).

Das cinco exigências feitas aos crentes a última era a mais difícil para ser cumprida no Brasil, tanto pelo seu alto custo, quanto por sua potencial clandestinidade e a falta de liberdade para locomoção. Não há nenhuma descrição de uma peregrinação destas na época, com ponto de partida no Brasil indo até Meca. O marceneiro Mohammed de Salvador, na Bahia, contava que saiu de sua terra natal, Kano na atual Nigéria, para alcançar a cidade de Daura, depois de quatorze dias de caminhada pela terra dos haussás, mais

CAPÍTULO 10 NÃO ESTOU HOJE CRISTÃO...

outros sete dias de Daura até Bungudu, mais vinte dias para vencer as montanhas de Kelawi – ponto final de caravanas de camelos, depois de vadear o rio Sada que se congelava no inverno, enfrentar a seguir os areais escaldantes do deserto para alcançar o mar e finalmente mais vinte e dois dias até avistar no vale entre as montanhas o místico Cubo, coberto pelo tecido negro e ouro, reconstruído por seu avô espiritual Ibrahim (Abraão) e seu filho Ismael (Ismail)[308].

É de se crer que o trabalho proselitista do Imame Abdurrahman tenha causado impacto na vida desta comunidade, pois décadas mais tarde se encontre muçulmanos na Costa da África que tinham se convertido ao Islamismo na Bahia. Será que o conselheiro Salustiano Souto numa cidade pequena como Salvador, não encontrou numa tarde destas com o sacerdote islâmico? É provável, pois havia gente importante na comunidade, já que os mesmos sustentaram o visitante durante um ano ou mais, só para ensiná-los a religião e depois pagaram a sua passagem até Lisboa e dali ao Império Otomano, uma ação que envolveu recursos consideráveis, improváveis numa sociedade integrada por escravos e libertos.

Baianos na diáspora africana

Nina Rodrigues foi testemunha do embarque dos últimos africanos da Bahia para a terra que os negreiros lhes tomaram. É um espanto lírico, ante a mocidade adiada

---

308 VERGER, Pierre. Os libertos, p. 32.

pelo cativeiro que reverberara nas pedras de Salvador e que ele tal qual um adivinho do contra, só vislumbra amargamente o fim da travessia:

"(...) [vi] *em 1897, uma turma de velhos nagôs e haussás, já bem no fim de suas vidas, muitos de passo incerto e cobertos de cabelo branco, atravessar a cidade em grande alvoroço e embarcar para a África em busca da paz do túmulo no mesmo local em que tiveram o berço (...)*"[309].

Estes africanos e outros que lhes antecederam, levaram nas suas matulas de viajantes, mantas de carne seca, litros de cachaça e rolos do melhor fumo; mas, além disto, algo que já estava dentro de si e fora aprendido por aqui: a arte de construir casas como as de Cachoeira, de cavar poços e principalmente a identidade de "brasileiros" ou *agudás* transmitida aos seus descendentes. Assentaram-se em terras de onde seriam originários, notadamente no Benim, Daomé e Nigéria. Voltaram ao homeland também cultuando outras religiões.

Uma minoria deles, fez a sua reversão (termo contemporâneo usado pelas autoridades islâmicas para quem se converte a sua religião) ainda no Brasil e se inseriram nas comunidades islâmicas locais. Em sua nova pátria sofreram discriminação pelo passado católico, pois eram vistos com desconfiança já que supunham que eles continuavam cristãos. Somente superaram a desconfiança graças à condição econômica alcançada, o que lhes permitiu dar uma educação superior aos filhos e estes, bem formados deram uma importante contribuição ao Islamismo africano.

---

309 NINA RODRIGUES, Raimundo. Os africanos no Brasil (S. Paulo: Madras, 2008), p. 94.

CAPÍTULO 10 NÃO ESTOU HOJE CRISTÃO...

A bela mesquita El-Hajj de Porto Novo em Benim foi construída pela família baiana Paraíso. O patriarca da parentela, Inácio (Soulé) Paraíso (1852-1939), filho de um nativo do reino de Oyé e convertido ao islamismo na Bahia, foi um bem-sucedido comerciante, que enfrentou os preconceitos dos muçulmanos locais, que viam-no desdenhosamente como o *"chefe idólatra"* [310,] graças ao passado católico da família, mas que, mesmo contestado, liderou a comunidade por longos anos.

Na Nigéria, outros *agudás* também se destacaram como líderes religiosos, os advogados – os primeiros advogados muçulmanos daquela região, formados em Londres, Muhammed Lawal Basil Agusto (1886-1971) e Alhaji Jibril Martins (1888-1959), eram filhos ou netos de escravos brasileiros, aderentes do Movimento *Ahmadiyya*, considerado herético pela ortodoxia islâmica. Martins chegou a presidente do grupo na África. Já Agusto abandonou os *ahmadis* e fundou o próprio grupo, a *Jama´at ul-Islamiyya* (Sociedade Islâmica) da Nigéria. Muitas autoridades islâmicas, inclusive o 8º imame da mesquita central de Lagos, Alhaji Liadi Akinola Ibrahim, OBE (Oficial da Most Excellent Order of the British Empire), descendem de cristãos brasileiros.

---

310 GURAN, Milton, Agudás: os "brasileiros" do Benim, p. 103.

CAPÍTULO 11

Em nome de Deus: uma gente cismada

A mesquita da Rua da Alegria n° 3, nos Barris, ficava bem perto da casa do conselheiro Souto. Ela foi derrubada e hoje é um estacionamento. Era uma casa simples localizada no começo da rua, atrás do Largo da Piedade, sem nenhum símbolo religioso que a distinguisse das casas vizinhas. Nela morava uma família africana e havia uma sala destinada as cerimônias religiosas nas sextas-feiras ou para o estudo da fala e escrita árabe, nas paredes, gravuras com a imagem de Meca, indicando o *mihrab* (ponto de orientação para a cidade santa islâmica) e a figura da pomba do profeta Noé (Nuh), símbolo da paz no Alcorão, presente no brasão da cidade de Salvador e na poesia abolicionista de Castro Alves; lousa e uma mesa para as refeições rituais, como ela foi descrita por visitantes, inclusive pelo Dr. Nina Rodrigues.

A ideia de reunir-se numa sociedade religiosa não-cristã já tinha o precedente de outra mesquita organizada formalmente no Recife em agosto de 1877, quando um grupo de africanos livres se uniram para praticar a região *maometana* as claras[311]. A iniciativa deste grupo provocou polêmica no

---

311 Roberto Henrique, Silvestre Machado, Frederico Inácio de Oliveira, Gregório Pereira da Cunha, Cassiano Antônio Vieira, Rufino Inácio de Oliveira, Pedro Salustiano Meuron, Jacinto Afonso da Costa e o conhecido Tio Sanin (Joaquim Vieira da Silva).

jornal *Diário de Pernambuco*, pois outra facção de *muçuru-mins* desqualificou religiosamente os pioneiros, intitulados a si como verdadeiros muçulmanos, em oposição a estes, chamados por eles de "supostos" ou "falsos". A questão entre eles era o grau de observância de cada grupo. O porta-voz do grupo integrista era Jovino Lopes Ferreira[312].

Neste momento já há registros de muçulmanos vindos do *dar El-Islam*, vivendo discretamente no país, como o cozinheiro turco Saïd Ali Ida (Seria um tripulante da corveta turca Bursa? A do Imame Abdurahman, personagem incidental neste livro), dono do Hotel Oriental em Petrópolis, onde vendia geleia de marmelada (com fins medicinais: "*notável pela applicação as pessoas que sofrem do peito*"[313]), empadinhas de galinha e palmito, as precursoras das populares esfihas, para o sustento da família. Ele faleceu em 1863. A sua memória foi prolongada, depois da morte precoce e o hotel fechado: deu nome a "ponte do Turco", que liga a Avenida 7 de Abril a 1º de Março, próximo ao Hotel Oriente, que sofria com as inundações constantes. É seu filho, o filólogo Manuel Saïd Ali (1861-1953), cultor da língua portuguesa, como outros patrícios, Bechara, Khoury, Houaïss, dentre outros.

Cabe esclarecer que o comerciante Elias Antônio Lopes (Porto, 1770 – Rio de Janeiro, 1815), doador da chácara em S. Cristóvão para D. João VI viver no Rio de Janeiro,

---

312 Os "Integristas": Sabino Antônio da Costa, Jovino Lopes Ferreira, Guilherme Manoel Pedro do Bom-Fim, Pedro Joaquim Teixeira, Antônio José Vieira, Sabino Patrício, José Victor de Oliveira, Daniel Rodrigues, José de Oliveira, João Estanislau, Bento Moncor[vo] e Luís Husque. V. REIS, João José.; GOMES, Flávio dos Santos; CARVALHO, Marcus J. M. de. O alufá: tráfico, escravidão e liberdade no Atlântico Negro (c. 1822-c. 1853). S. Paulo: Companhia das Letras, 2010, p. 346.

313 O PARAHYBA, Petrópolis, 27 de fevereiro de 1859, p. 4.

CAPÍTULO 11 EM NOME DE DEUS: UMA GENTE CISMADA

citado na literatura da imigração árabe como árabe/muçulmano é uma informação incorreta, pois ele é um lusodescendente, nascido no Porto, filho de Maria Antônia e do capitão Antônio Lopes Guimarães, de família minhota[314].

O nosso conhecido Antônio Monteiro identificou uma dezena de mesquitas clandestinas espalhadas por Salvador, que eram dirigidas por imames (limanos) e alufás, muitos deles reconhecidos pelo parentesco espiritual, os conhecidos "tios", espalhados pela cidade. A hierarquia dos *muçurumins* no Brasil possuía dois títulos para funções assemelhadas exercidas junto a comunidade: alufá e o limano.

Os alufás eram sacerdotes que conduziam as cerimônias religiosas. Eles detinham o conhecimento cotidiano e o esotérico das crenças do grupo. Sabiam empregar as orações no seu cotidiano cerimonial, ensinavam o árabe para a leitura do Alcorão e também manejavam os elementos mágicos da religião através do *tibb al-nabawi* (medicina profética). Com o passar do tempo, distantes da ortodoxia islâmica, os elementos mágicos vão prevalecendo sobre os de culto, já que a demanda dos crentes era para a solução de problemas imediatos como questões de saúde, de amores contrariados, de falta de dinheiro, etc[315]. Alguns dos alufás deixaram fama na memória popular como curado-

---

314 BRAGA, Nilza Lícia Xavier Silveira. Entre negócios e vassalagem na corte joanina: a trajetória do homem de negócio, comendador da Ordem de Cristo e deputado da Real Junta de Comércio Elias Antônio Lopes (c.1770-1815).

315 No final de abril de 2015 encontrei ao pé da igreja de S. Domingos em Lisboa, um negro franzino com a takiyah afro-islâmica, que disse chamar-se "professor Abubakar", distribuindo um folheto para propagar os serviços: "(...) especialista em todos os trabalhos ocultos (...) dotado de dom hereditário. Ele resolve todos os problemas mesmo os casos mais desesperado: amor, negócios, casamento, impotência sexual, etc (...)"

res, detentores de um misticismo prático, suficiente para manterem grandes clientelas entre negros e brancos, entre gente simples e proeminente.

O sambista carioca Aniceto do Império (Aniceto de Menezes e Silva Júnior, 1912-1993), que conviveu com eles, compôs um samba citando vários *muçurumins* que viveram no Rio de Janeiro:

> *"Assumano, Alabá, Abaca, Tio Sanin | E Abedé me batizaram na lei de Muçurumim | Como vêem tenho o corpo cruzado e fechado | Carrego axé na língua, não morro envenenado | Viajei semana e meia daqui pro Rio Jordão | Lugar em que fui batizado com uma vela em cada mão | Cinco macota d´Angola me prepararam de berço | Enquanto Hilário Jovino me cruzou com sete terços | Mesmo assim, me considero um insigne mirim | Filho de cuemba* não cai Ogum, Xangô, *Alafim"*[316].

O samba nomeia personagens que estão na transição do Islamismo para o Candomblé, que foi o percurso usual desta gente, motivada pela dedicação exclusiva a parte mágica usada nas demandas de sua clientela. Dentre os personagens citados, se destacam numa história dos *muçurumins,* o Henrique Assumano (corruptela do prenome árabe Uthman) Mina do Brasil (1881-1933), filho dos escravos Fátima e Muhammad Salim, comerciante de azeite de dendê e sabão da costa, alufá conhecedor da dinâmica mística dos astros, que viveu no Rio de Janeiro (rua Visconde de Itaúna nº 291). Foi amigo de José do Patrocínio, algo explícito na carta que mandou a ele, grato, por acreditar que devia a sua estada na França, ao místico islâmico:

---

316 LOPES, Nei. Sambeabá: o samba que não se aprende na escola, p. 36.

CAPÍTULO 11 EM NOME DE DEUS: UMA GENTE CISMADA

"(...) querido Amigo, com um grande e apertado abraço e beijando-lhe a mão, pedimos-lhe que nos dê a sua bençam e não se esqueça de nós nas suas orações. E creia-me sempre seu filho pelo coração e amigo fiel e muito e muito grato (...)"[317]

Outro, é o Tio Sanin (Joaquim Vieira da Silva), foi um dos fundadores do terreiro Ilê Axé Opô Afonjá em Salvador; mas, citado linhas atrás como um dos membros da mesquita pioneira de Recife[318].

Os últimos imames na Bahia

Os imames (limanos) eram homens que dirigiam a comunidade, cerimônias e tomavam conta mais amiúde da parte laica. O respeito a eles vinha do conhecimento adquirido com a idade, graças a experiência adquirida. Eram homens velhos chamados a resolver problemas, arbitrar questões religiosas e sociais, baseados nos seus conhecimentos, muitas vezes intuitivo do Alcorão, mas, legitimados por iniciação e que faziam parte de uma cadeia que chegava até o profeta Maomé, criando assim um parentesco espiritual (tios).

Eles tinham recebido a *baraka*, algo que significa benção, mas, na essência é mais que isto. Trata-se de uma energia sagrada emanada do Profeta, transmitida pelo sangue

---

317 PRESTES, Walter. "O homem que passou. Na casa de um rezador africano, a quem José do Patrocínio julgava dever a sua nomeação para umma commissão na Europa. Uma carta notável, escripta pelo brilhante literato ao preto Henrique Assumano". Em: JORNAL DO BRASIL, 28 de agosto de 1929, p. 8.

318 Em Campinas, onde vivo, em junho de 1888, um alufá anônimo chamado de "novo Maomé", atendia na rua das Flores (hoje José Paulino), na casa de tia Jacintha. A primeira mesquita local só foi construída por um grupo de muçulmanos liderados pelo empresário sul-africano Ismail Essop Hatia (1933), de uma família de Bardoli, estado de Guzerate, India, em 1977.

265

na varonia aos membros da casa (*Ahl al-Bayt*) ou por iniciação numa cadeia sem interrupções formando a *silsilá*, entre os que tem a *baraka* e os que foram indicados como receptores adequados. A posse lhes dá autoridade religiosa e para alguns o poder de abençoar (inclusive fazer amuletos), curar, dentre outros poderes.

A dimensão do poder político e as funções religiosas do *Imamat* dependem da escola ou seita islâmica a que ele pertence. O imame contemporâneo mais destacado é o príncipe britânico Karim Aga Khan, líder espiritual de vinte milhões de ismaelitas, descendente do Profeta. O Aga Khan, pelo costado materno descende também de D. Afonso Henriques (1109-1185), primeiro rei de Portugal, o que mostra os surpreendentes caminhos da genealogia humana.

A *silsilá* de cada confraria documenta a milenar cadeia de iniciações formada por mestres e discípulos, até chegar a origem. Mostra como este logos caminhou dentro de homens, no tempo; e quando eles se movimentaram, este logos secreto, que não tinha pernas ou corpo físico, chegou a lugares nunca imaginados. Seguindo o raciocínio islâmico, os humildes imames soteropolitanos se filiavam ainda que tenuemente a Tariqa Qadiriya africana e dela por uma longa série de mestres desconhecidos por nós até ao xeque Gilani e dali ao califa Ali.

Os limanos (imames) baianos tinham noção desta cadeia iniciática:

"Esse rito lhes conferia superioridade, tornando-os reverenciados como possuidores de poderes pela força de Maomé" [319]

---

319 MONTEIRO, Antônio. Ob. cit., p. 42.

CAPÍTULO 11 EM NOME DE DEUS: UMA GENTE CISMADA

HIERÔNIMO	NOME CIVIL	PROFISSÃO	LOCAL
Tio Abialó	Abílio Torres Conceição	professor de piano	Rua da Saúde
Tio Abiodum	João Quintino da Luz	peixeiro	Pilar
Tio Abraão	Abraão Fagundes de Carvalho		Rua da Oração n° 7
Tio Ajá-Luó		aguadeiro	Bela Vista do Cabral
Tio Alákinin	Alfredo Tinoco de Amorim	ovos e aves	Beco do Godinho
Tio Albino	Albino da Conceição		Dois de Julho, Faísca e Forca
Tio Assobá-Oju	José Luiz da Costa Carvalho		Santo Amaro
Tio Belarmino		forjador	Largo de S. Miguel
Tio Constâncio	Constâncio da Hora	embarcadiço	Aflitos e Faísca
Tio Damásio			Tororó
Tio Dandará		verduras e frutas	Rua do Gravatá
Tio Darô Obaim	Daniel Luiz dos Santos		Monturinho de S. Bento e Palma
Tio Dimandá		leiteiro	Rua da Oração n° 18
Tio Doú	Luiz Deiró da Paixão	cesteiro	Pelourinho
Tio Gaspar	Eutíquio	professor de piano	Taboão
Tio Gaudêncio			Gamboa, Banco dos Ingleses e Forte de S. Pedro
Tio Luiz	Luiz Gustavo Passos	médico	Rua da Lama n° 13
Tio Luiz	Luiz Antônio Ramos		Rua do Bispo n° 20
Tio Obá Loju	Antônio Luiz Pompeu		Tororó
Tio Obá Odum	Luiz Constâncio de Jesus	ferreiro	Taboão, Julião e Pilar
Tio Obá Tundê	Francisco Honorato da Costa	sacerdote	Cachoeira

267

HIERÔNIMO	NOME CIVIL	PROFISSÃO	LOCAL
Tio Ofá	Fileto da Assunção Macofá	mercadoria africana	Rua da Lama nº 30
Tio Roberto de Içaba			Bonocô
Tio Roque Funke	Adão Roque Coutinho	construtor	Federação
Tio Salacó			Beco do Sapoti nº 3
Tio Salu	Francisco Gomes da Mota	marceneiro	Santana
Tio Salu Lapá	Hortêncio Farias Reis	peixeiro	Rua das Flores

FONTE: *Notas sobre negros malês na Bahia*, 43-6

Os abencerragens baianos

Não há listas dos frequentadores destas mesquitas de Salvador, mas se sabe que elas eram ocupadas por pessoas que tinham sido cativas, gente simples que muitas vezes transcendiam esta realidade miserável com a sua criatividade e o trabalho, e se tornavam figuras importantes no mundo econômico e cultural da cidade de Salvador. Dentre os personagens *muçurumins* mais conhecidas na época, que podiam frequentar as mesquitas clandestinas, estava Antônio Galinheiro (Antônio Xavier de Jesus, ? – 1872), um dos dirigentes da Ordem Terceira do Rosário, que herdara uma pequena fortuna do seu proprietário, ex-escravo que retornara a África. Ele soubera multiplicar esta herança na comercialização de frangos, deixando um belo patrimônio para os filhos.

O etnógrafo Pierre Verger que interessou-se pela trajetória do rico comerciante Antônio Galinheiro, encontrou

CAPÍTULO 11 EM NOME DE DEUS: UMA GENTE CISMADA

várias fontes para completar as informações do personagem, e entre elas, uma trovinha que o historiador Cid Teixeira recolhera da tradição oral.

"Se quiser ganhar dinheiro | Vá na Baixa dos Sapateiros | Para trabalhar na padaria | De Antonio Galinheiro"[320]

Antônio Galinheiro foi casado com uma ex-escrava que lhe pertencera economicamente, de nome Felicidade Francisca Friandes, com quem teve sete filhos, apurados por Pierre Verger no seu *"Auto de Partilha dos Bens"*. O memorialista baiano João Varela, que escreveu sobre a cidade, encontrou outro filho de Antônio Galinheiro, o major Paulo Emídio de Jesus, dono da Padaria Guarani, fabricante dos melhores bolachões da cidade. Dele encontrei o anúncio do falecimento em 21 de fevereiro de 1915, deixando as filhas Liberaldina, Herotildes e Avelina Maria, o genro Hermógenes de Uzeda e Silva, netos e sobrinhos. Ele foi sepultado na carneira nº 64 da Ordem Terceira do Rosário na Quinta dos Lázaros[321]. Não encontrei qual o parentesco da esposa de Galinheiro com outro *muçurumim* importante, o construtor Manoel Friandes, mas o nome de família sugere isto.

O major Manoel Friandes (1823 – 1904), era uma combinação bem-sucedida de empreiteiro e arquiteto, foi responsável por grandes obras na cidade, na Igreja da Ordem Terceira de S. Francisco, Senhora da Conceição (aquela das inscrições em árabe), Hospital da Beneficência Portuguesa,

---

320 VERGER, Pierre. Os libertos: sete caminhos na liberdade de escravos da Bahia no século XIX. S. Paulo: Corrupio, 1992, p. 62.

321 Na Igreja do Rosário, há uma lápide, no lado do Evangelho, direita do altar (na visão do celebrante): "Jazigo Perpétuo de / Paulo Emigdio de Jesus/ e sua família / 1896". As datas não batem. Será um translado? Será outro personagem?

dentre tantas obras importantes e visíveis na cidade. Construiu o Edifício dos Expostos no Campo dos Mártires, onde o Dr. Souto era médico das crianças. Amplamente relacionado na sociedade baiana, oficial do 8º Batalhão de Infantaria, vereador, pertenceu ao Centro Operário da Bahia e as algumas Ordens Terceiras católicas, a dos Quinze Mistérios, a de S. Benedito, a da Conceição no Tororó e duas Ordens do Rosário, a da Vitória e a da Baixa dos Sapateiros. Ao morrer ele deixou pagas, cinquenta missas, vinte missas para o pai e a mãe (Maria do Carmo Friandes, + 18 de fevereiro de 1892), as restantes para si e foi sepultado com o hábito da Ordem Terceira do Rosário dos Homens Pretos na própria igreja. O patrimônio familiar ultrapassava sessenta contos de réis, divididos em vinte casas de aluguel no Tororó, ações e apólices bancárias. Manoel Friandes morava no Beco que levava o seu nome de família. Mantinha relações pessoais e profissionais com o Conselheiro Souto. Dele, não sei qual a relação com Bento da Silva Friandes, que trabalhava com o conselheiro Souto nas atividades de medicina legal, era mensageiro do conselheiro Dantas até a Corte e que na ascensão nacional de Rui Barbosa pediu um emprego modesto ao novo mandão.

Na Bahia restava pouco do Islamismo praticado na África, mas havia o suficiente para se sentirem distintos da realidade que os circundava, tanto em relação ao animismo africano, quanto ao Catolicismo europeu.

A iniciação se dava na circuncisão, que lentamente foi abandonada pelas dificuldades práticas de fazê-la e sobreviveu apenas no nome de alguns. O Pai Manezinho de Cambambe, era no registro civil Manoel da *Circuncisão* do Amaral. Mesmo

CAPÍTULO 11 EM NOME DE DEUS: UMA GENTE CISMADA

simbólica ela ficava escondida pelo hierônimo usado no cotidiano. No *Diário* do engenheiro baiano André Rebouças, no dia 1 de janeiro de 1891, há uma informação intrigante que pode ter alguma relação com este ritual: *"circoncision"*[322]. Terá André virado secretamente *muçurumim*? Ou judeu? Ele que anos antes aconselhara o Imperador a doar as terras contestadas de Palmas para o estabelecimento de um estado independente que acolhesse os judeus perseguidos na Rússia czarista. Segundo as suas palavras:

"Creando uma Mesopotamia entre o Paraná e o Uruguai, um novo Eden, superior ao de Moisés"[323].

Depois se aprendia as rezas em árabe cujo repertório dava conta de várias situações enfrentadas no ciclo da vida. Comemorava-se o Ramadã, com o jejum absoluto, quebrado nas madrugadas soteropolitanas com inhame cozido e amassado para comer junto a uma bola de arroz ou leite e mel de abelha. Não comiam a carne suína, mas no cotidiano ficavam só na "culinária do não", como alguns descendentes de cristãos-novos, recusavam, porém não criavam pratos. Mesmo assim iam recebendo as influências alimentares de outros grupos que encontraram no país, apagando lentamente a sua tradição. Conforme os alufás vão morrendo, os frequentadores também mínguam nas mesquitas, os membros restantes vão migrando para outros círculos religiosos a até políticos.

---

322 REBOUÇAS, André. Diário e notas autobiográficas. Texto escolhido e anotações por Ana Flora e José Veríssimo,

323 REBOUÇAS, André. "O problema hebrêo". Em: REVISTA DE ENGENHARIA nº 260, 28 de junho de 1891, p. 485.

O MÉDICO DOS POBRES

A mensagem Qadiri de justiça social que ajudou a produzir os malês, também fertilizou o imaginário de sindicalistas e militantes comunistas baianos. O marceneiro Tibúrcio Luís Souto (1872-1955) foi membro importante do Comitê Central da Greve em 1919, a primeira deste gênero na Bahia e que agregou o movimento sindical local. Estes Luís-Soutos que segundo vários testemunhos são parentes do conselheiro Salustiano, militaram por duas gerações em diversos sindicatos, como o dos Estivadores, dos Operários Gráficos, além de manterem cadeira cativa na Sociedade Protetora dos Desvalidos, dentre outras sociedades de auxilio mutuo. Juvenal Luís Souto Jr., sobrinho de Tibúrcio, além de líder sindical foi candidato "preferentista" a deputado pelo Partido Comunista em 1947. Ele perten-ceu a Juventude Comunista onde militou ao lado do futuro deputado e guerrilheiro Carlos Marighella (1911-1969), filho de Maria Rita do Nascimento, de origem malê e a quem atribuía a sua vocação revolucionária.

O último alufá que dirigiu a mesquita da Rua da Alegria nos Barris nº 3, a mesma mesquita frequentada pelo conselheiro Souto, foi o nagô Luis, descrito pelo Dr. Nina Rodrigues como um *"homem alto e robusto"*[324]. Ele era casado com Cândida Maria de Araújo, *"negra bem disposta, inteligente, sabendo ler e escrever alguma coisa e muito versada na leitura do Alcorão"* [325], segundo o mesmo observador. O casal morava no mesmo prédio. Antônio Monteiro identificou o sacerdote através da certidão de óbito passada no

---

324 NINA RODRIGUES, Os africanos no Brasil, p. 65.
325 NINA RODRIGUES, Ob, cit., p. 65.

CAPÍTULO 11 EM NOME DE DEUS: UMA GENTE CISMADA

cartório de S. Pedro: Luís José Firmino de Araújo, nascido na África em 22 de abril de 1791 (data discutível). Ele faleceu em consequência da arteriosclerose em 17 de março de 1907, e foi sepultado junto a esposa, na quadra nº 2 do Campo Santo num mausoléu com inscrições no alfabeto árabe e a cruz em alto-relevo.

Ele coexistia na atividade sacerdotal com outros alufás espalhados pela cidade, segundo identificação do Dr. Nina Rodrigues; na ladeira do Taboão tinha dois alufás, o haussá Jatô e o nagô Derisso; no Pelourinho, na ladeira das Portas do Carmo, o nagô Antônio e finalmente os haussás, um na ladeira do Alvo, outro na rua do Fogo e mais dois no Matatu que ele não registrou os nomes. Eles dirigiam as cerimônias religiosas nas sextas-feiras, congregavam com os crentes nos jejuns coletivos e fundamentalmente organizavam as cerimônias fúnebres dos velhinhos que iam deixando a vida. O Dr. Nina Rodrigues chegou a assistir o alufá Jatô, vestido à muçulmana, dirigindo o culto na mesquita da ladeira do Taboão nº 60. A última aparição pública de uma destas autoridades religiosas foi no enterro de Mãe Aninha, em 4 de janeiro de 1938, no cemitério da Quinta dos Lázaros.

Os muçurumins iam minguando no correr do tempo. Começavam a ser vistos como indivíduos e deixavam de ser multidão. Os últimos abencerragens eram gente como o construtor Oldegário Ludgério dos Santos, conhecido como "seu" Menininho, participante nos embates políticos da cidade. O funcionário público Artur Costa, primo do notável

O MÉDICO DOS POBRES

João de Adão[326]; este, tio por afinidade de Miguel Santana, figura incontornável nos cultos de origem africana[327]. Lembra-se do menino negro com o caderninho escrito em árabe presente no cemitério do Campo Santo no sepultamento do conselheiro Souto? É ele, o empreiteiro Manoel do Nascimento Santos Silva, filho do alufá nigeriano Salu, conhecido como Gibirilu (corruptela de Gibrail, Gabriel em árabe). Gibirilu; o carpinteiro Tibúrcio Luís Souto, presumido parente do conselheiro Souto; José Maria Mendonça, prior da Ordem Terceira do Rosário dos Homens Pretos; reuniam-se discretamente as terças e sextas-feiras para estudar o Alcorão na sacristia da igreja do Rosário no Pelourinho[328]. Enquanto eles exerciam a sua complementaridade religiosa, surgiu um terreiro chamado Seita Africana Potentiosa da Bahia, liderada por Pedro Manuel do Espírito Santo, definida como um "candomblé muçurumim (malês)".

---

326 Capitão JOÃO DE ADÃO (João da Conceição Costa, 1884-1913), filho do major Adão da Conceição Costa e Ana Maria da Conceição. Ele e o pai controlaram o serviço de estiva durante muitos anos, amealhando poder e fortuna, foi assassinado numa disputa política.

327 MIGUEL SANTANA (Miguel Arcanjo Barradas Santiago de Sant´Anna, 1896-1974), filho do ferreiro João Faustino de Sant´Anna e Adelina Barradas Santiago. Empresário, dirigente da sociedade Santa Cruz do Ilê Axé Opô Afonjá, teve grande fortuna, mas morreu pobre. V. CASTRO (organização), José Guilherme da Cunha. Miguel Santana. Salvador: Edufba, 1996.

328 A Irmandade de N. S. do Rosário e de S. Benedito carioca foi dirigida por um muçurumim, ISRAEL ANTONIO SOARES (1843-1916), filho de Rufino Monjolo e da quitandeira Luísa Maria, militante abolicionista e fundador de uma escola para alfabetizar ex-escravos. Segundo o obituário publicado n´O PAIZ (22 de maio de 1915, p. 5): "O velho Israel era uma tradição dos homens de cor de nossa terra; fez com os grandes abolicionistas conferencias publicas, em prol da libertação dos homens de sua raça. Era elle então que pedia aos homens pretos um obolo para o peculio preciso ao resgate de outro homem. Em resumo, foi, entre os homens de cor, o maior abolicionista, depois de José do Patrocínio". V. FLORENTINO, Manolo. "No rastro de uma barba: aspectos da comunidade islamita negra do Rio de Janeiro Oitocentista". Em: DICTA & CONTRADICTA nº 10, pp. 110-120.

CAPÍTULO 11 EM NOME DE DEUS: UMA GENTE CISMADA

Coetâneos a eles, em consequência das várias ondas de imigrações que vieram preencher demograficamente o país e substituir fundamentalmente os escravos no mundo do trabalho brasileiro, chegaram assim novos muçulmanos de todas as vertentes religiosas e graus de observância, principalmente do mundo árabe ou do antigo império otomano. Com a chegada desta gente, agora, já gozando a plena liberdade religiosa formalizada na Constituição de 1890, foram criadas sociedades religiosas e fundadas mesquitas nos locais onde se concentraram, já sem a condição de clandestinidade.

A transição entre o Islamismo clandestino e o institucional pode ser vista num episódio baiano, onde se dá a interação entre estes mundos tão diferentes, mas, de origem comum. Foi numa escaramuça entre imigrantes otomanos, cristãos versus muçulmanos, em 6 de dezembro de 1914, quando se enfrentaram na estreita rua Rui Barbosa, em Salvador, mais de setenta pessoas, com o saldo de dois mortos e alguns feridos. Na relação dos muçulmanos feridos aparece o ganhador Salvador Ferreira da Silva, atingido por tiros nos braços e nos glúteos, entre a dezena de nomes árabes envolvidos na pequena batalha[329]. Dias depois quando se enfrentaram novamente na ladeira do Arco foram presos os "árabes" (muçulmanos) Silvano Nobre dos Passos (será parente do Imame Tio Luís da rua da Lama? Ou do Macaco Beleza[330]?) e Balbino

---

329 *"Entre árabes. Na rua Ruy Barbosa – Mahometanos "versus" Catholicos. A guerra europea collaborou. 2 mortos e 3 feridos"*. Em: A NOTÍCIA, Salvador, 07 de dezembro de 1914, p. 2.

330 MANOEL BENÍCIO DOS PASSOS (1861 – 1898), capoeirista negro, soteropolitano, monarquista, conhecido como Macaco Beleza, a quem se atribui a frase "baiano burro nasce morto", depois de saudar o Conde d'Eu em versos: "Manoel Benício dos Passos / Vulgo Macaco Beleza, / Esteio da Monarquia, / Creado de V. Alteza".

O MÉDICO DOS POBRES

das Virgens. Nomes claramente autóctones e que indicam uma origem afrobrasileira. O major Cosme de Farias (1875-1972), afamado rábula no fórum soteropolitano e amigo de Tibúrcio Luís Souto, de Gibirilu, do capitão Bibiano Cupim, de um Friandes (o Florêncio da Silva Friandes), grupo de *muçurumins*, ou apontados como tal, que ele conhecia do Liceu de Artes, defendeu o muçulmano Ali Hubaibi da acusação de homicídio e conseguiu a sua absolvição pelo júri. Os malês já tinham retornado a sua invisibilidade social.

A primeira mesquita brasileira

O primeiro líder muçulmano visível no ambiente brasileiro, sem precisar recorrer a clandestinidade, foi o xeque Shahbaz ("Falcão" ou "Mensageiro"), um inglês nascido em Leytonstone como Cecil Britten Eric Best (1882-1973) e educado no Ardingly College, uma escola católica[331]. Ele exerceu várias atividades para a subsistência: soldado, mineiro, comerciante, banqueiro, editor e cantor lírico. Era secretário da Theosophical Society, em 1916, quando conheceu o líder sufi indiano Inayat Khan (1882-1927), fundador

---

331 Os primeiros revertidos britânicos ao Islamismo pertenciam a upper class: o 3º Barão Stanley de Alderley (Henry Edward John Stanley, "Abdul Rahman", 1827-1903), converteu-se em 1869 e foi o primeiro muçulmano na Câmara dos Lorde; William ("Abdullah") Henry Quillian (1856-1932), converteu-se em 1887, organizou a primeira mesquita no país, a Mesquita Shah Jahan em Woking; o 5º Barão Headley (Rowland George Allanson Allanson-Winn, "Sheik Hadjj Rahmatullah al--Farooq", 1855-1935), converteu-se em 1913 e foi presidente da Sociedade Muçulmana Britânica e Marmaduke ("Muhammad") William Picktall (1875-1936), convertido em 1917, que traduziu o Alcorão para o inglês. O Imame ismaelita desde 1957, líder espiritual de 25 milhões de seguidores, Príncipe Karim Aga Khan, é neto materno do 3º Barão Churston (John Reginald Lopes Yarde-Buller, 1873-1930); este, descendente de cristãos-novos portugueses, dentre outros ancestrais. É a influência da relação mantida por séculos com a Índia.

CAPÍTULO 11 EM NOME DE DEUS: UMA GENTE CISMADA

de uma seita baseada no Islamismo e que pretende ser uma religião de síntese, pois aceita contribuições cristãs e judaicas. Inayat Khan fora iniciado em várias ordens sufis, sendo uma delas, a Qadiria, pertencendo a uma *silsilá* que levava ao califa Ali, como a dos *muçurumins* baianos.

O xeque Shahbaz recebeu a *baraka* de Inayat Khan e com os propósitos de expansão global da seita, foi enviado como *cherag* (uma espécie de missionário) para o Rio de Janeiro, sob a direção do xeque Khalif Mumtaz (Ronald A. L. Armstrong, 1892 - ?), responsável pela América Latina a partir de 1924. No Rio desenvolveu atividades proselitistas, fez conferências sob o mundo antigo e as inscrições da pedra da Gávea, reuniões na sua casa (rua Júlio Otoni nº 579 em Santa Teresa) e escreveu dois livros religiosos: *Genesis Revised* e *The drama of soul*. Shahbaz retornou a terra natal em 1952, deixando aos imigrantes árabes e indianos a possibilidade do crescimento da religião, sem precisar dos prosélitos nativos para a sobrevivência do Islão.

Durante anos, os muçulmanos brasileiros reuniam-se em casa dos correligionários, somente em 1942 foi lançada a pedra fundamental da Mesquita Brasil (Avenida do Estado nº 5282, S. Paulo), a primeira do Brasil e da América Latina, por um grupo de muçulmanos oriundos de aldeias próximas a Jerusalém. O líder do grupo foi o comerciante sírio Abul Huda Jundi (?-1964) – ele era casado com uma brasileira cristã e pais de um filho chamado Jesus.

Dois meses antes do lançamento da pedra fundamental da Mesquita Brasil os muçulmanos paulistas buscaram algo que os ligasse profundamente ao Brasil, tirando a pecha de

O MÉDICO DOS POBRES

adventícios, e homenagearam o escritor e luso-descendente Malba Tahan (Júlio César de Melo e Sousa, 1895-1974) pela difusão da imagem positiva do muçulmano no Brasil nos livros e ouvindo a sua palestra na sede provisória da Rua Itobi nº 54.

O matemático brasileiro Melo e Sousa criara literariamente o árabe Malba Tahan (1885-1921), como personagem do livro O homem que calculava: aventuras de um singular calculista persa, para ensinar a disciplina que era professor e publicado em 1939. A identificação entre personagem e autor era tão próxima que o presidente Getúlio Vargas autorizara a Melo e Sousa colocar o heterônimo na carteira de identidade.

Na inauguração da mesquita, dez anos depois, o comerciante Mamed Karubi fez as rezas iniciais e o poeta cristão Ilyas Farhat (1893-1976), pertencente ao grupo literário "Al´usba Al´andalusiyya" (Liga Andalusa), que reivindicava um glorioso passado ibérico, declamou alguns poemas em árabe. O dinheiro para construí-la fora arrecadado principalmente entre os conterrâneos cristãos de Homs, que já estavam organizados num clube social. O principal doador foi um deles, o industrial Assad Abdalla (1870-1950), grande filantropo da colônia sírio-libanesa paulistana, que doou cinquenta contos de réis para a construção. O rei do Egito, Faruk I (1920-1965) e o filho doaram simbolicamente setecentas libras esterlinas para mostrar o apoio árabe a causa islâmica no mundo. Veio também do Egito a primeira autoridade islâmica para dirigir a mesquita e orientar os crentes, o Dr. Abdalla Abdel Chakour Kamel,

CAPÍTULO 11 EM NOME DE DEUS: UMA GENTE CISMADA

identificado com o título de "delegado do congresso islâmico" em 16 de outubro de 1956[332]. Nos anos Sessenta foi convidado para lecionar árabe na USP, outro egípcio, o professor Helmi Mohammed Ibrahim Nasr; mas, com o tempo o seu trabalho voltou-se para a religião como tradutor do Alcorão para o português. Ele traduziu também Gilberto Freyre para o árabe.

Nenhuma autoridade brasileira esteve presente na inauguração, mas, cortesmente, mandaram representantes de pequena graduação. Ela foi inaugurada oficialmente em 1960. Nas palavras de Abdelkader Kadurah, o orador da cerimônia:

> "[A mesquita Brasil não será] *apenas um templo para a prática da religião muçulmana, mas, também, um monumento de gratidão à terra generosa onde encontraram acolhida hospitaleira*" [333].

Ela incorporou-se ao patrimônio cultural brasileiro.

O censo mais recente do IBGE feito em 2000 constatou a existência de 27239 muçulmanos vivendo no país, dados que foram contestados pelas lideranças islâmicas que estimam em mais de um milhão de seguidores da religião revelada a um descendente de Abraão (Ibrahim) no deserto arábico.

---

332 Ele nasceu na cidade do Cairo (1926), filho de Abdalla Abdel Chakour e Saadia Kamel, onde recebeu sólida formação teológica nas madrassas locais.

333 FOLHA DA MANHÃ, 11 de janeiro de 1942, p. 1.

CAPÍTULO 12

A cidadela de muitas portas

Numa tarde ou noite imprecisa, o conselheiro Souto bateu à porta da casa nº 3 na Rua da Alegria, nos Barris; lá, depois da tramela aberta, identificou-se como parente de Fulano, sendo acolhido pelos que já o esperavam na sala. Os seus novos companheiros olharam-no com admiração por ter um homem formado, um Doutor entre eles, gente bem modesta. Ele deve ter dito algo engraçado, como era de seu feitio, para diminuir a distância. Mais tarde confidenciou-lhes que era homem estudioso e trabalhador, mesmo assim sempre fora preterido no seu trabalho, enquanto colegas com menos empenho tinham chegado ao zênite, sem razão, apenas sabia por que era recusado e isto lhe causava orgulho.

O tema era recorrente quando ele falava ou escrevia aos seus interlocutores, mesmo que afirmasse ser indiferente a exclusão mostrando a sua dificuldade para conviver com o preconceito.

"Quando o Senhor conselheiro Saraiva ahi chegar dar-lhe há noticia exacta do malogro de minha candidatura e seos motivos, que são curiosos, e honra-me os"[334].

---

334 Carta de Salustiano Ferreira Souto a destinatário não-identificado, sem data. Em: CARNEIRO, Zenaide de Oliveira Neves. Ob. cit., p. 781.

Conversão ou reversão?

O Islamismo é uma religião proselitista. Ela está aberta a entrada de novos adeptos. A cerimônia de adesão é relativamente simples, basta o prosélito perante testemunhas muçulmanas recitar a *Shahada* (testemunho): *"La ilaha illal-lah na Mohammed rasuhi ilahi"* (Não há outro deus além de Deus. Maomé é o seu profeta). É o suficiente para que se considere que ele deu o primeiro passo para a entrada neste universo cultural.

Os alufás observavam cuidadosamente os seus interlocutores e percebendo a possibilidade real do diálogo inter-religioso, faziam a oferta da sua fé. Há alguns casos documentados que comprovam esta afirmação. O carpinteiro "hajji Mohammed Abdullah Al-Filani" (provavelmente ele tinha um nome civil em português para usar na vida cotidiana), originário de Kano, Nigéria, que trabalhou na casa do cônsul francês em Salvador, em 1846, Francis de Castelnau (1810-1880), insistiu várias vezes para que este se submetesse a religião que professava[335].

O tema da conversão aparece várias vezes nas memórias do Imame Abdurrahman. Como já se escreveu aqui, ele chegou ao Rio de Janeiro quando o islamismo praticado ainda era clandestino, foi reconhecido como muçulmano pela vestimenta que usava e assim entrou nesta comunidade oculta. Do Rio de Janeiro foi enviado para Salvador, onde estava a maior comunidade islâmica, dali para

---

335 VERGER, Pierre. Notícias da Bahia, p. 115-6.

CAPÍTULO 12 A CIDADELA DE MUITAS PORTAS

Pernambuco e chegou até o Ceará[336], sempre na missão de educar os *muçurumins* e também nas suas palavras: "*Com o intuito de ampliar essa comunidade muçulmana e garantir a sinceridade das intenções e das resoluções*"[337].

Ele chegou a registrar que neste período dezenove mil homens se converteram ao Islamismo com suas pregações[338]. Mesmo percebendo que os números sejam exagerados, verifica-se que havia conversões em números expressivos.

O Imame Abdurrahman exortava nestas cerimônias: "*Tão logo um homem pronuncie o testemunho de fé, registra-se entre os bem-aventurados. Ele tem os mesmos direitos e obrigações que vocês. É e preciso que o recebam com generosidade*"[339].

Não encontrei nenhum documento ou indício de como o conselheiro Souto teria aderido ao Islamismo – se é que aderiu formalmente em algum momento. Como já foi passado pela tradição oral ele pode ter recebido esta herança através de parentes ou pela influência dos seus empregados. Dois deles podem ser os responsáveis por esta adesão. Ladislau Souto, empregado de confiança, que lhe acompanhava nas viagens. Era tão próximo que usava o seu sobrenome. Outro empregado, o cozinheiro Pedro, muito parecido com a descrição do copeiro *muçurumim* do Dr. Robert Dundas, ferido e amputado na revolta de 1835. Ambos

---

336 Encontrei no Ceará o ex-escravo MANOEL DE SOUSA LEAL (1709-1795), de nação jeje, dono do monopólio da venda de carne em Sobral e grande proprietário de terras, suficiente para doá-las, contribuindo na expansão da cidade. É possível que personagens semelhantes a este, que o Imame Abdurrahman tenha procurado no Ceará. V. ARAÚJO, padre Francisco Sadoc de. Cronologia sobralense. Vol. I (1604-1800), p. 340.

337 FARAH, Paulo Daniel Elias. Ob. cit., p. 82.

338 FARAH, Paulo Daniel Elias. Ob. cit., p. 82.

339 FARAH, Paulo Daniel Elias. Ob. cit., p. 81.

foram contemplados no testamento de Salustiano com valores iguais (ou superior) ao da irmã Felismina. Os outros empregados ficaram de fora do testamento.

Para justificar o título de imame é possível se especular fazendo algumas perguntas. Foi uma necessidade religiosa do Souto ou o gosto pela associação gregária? Seria a manifestação do altruísmo que o levara a presidente da Sociedade Libertadora Sete de Setembro? Ou ele fora convidado para dar respeitabilidade burguesa ao grupo islâmico?

Para as três primeiras perguntas, lembro que a manifestação da religiosidade do conselheiro Souto se dava pelo exercício de duas virtudes morais levadas ao extremo: a generosidade e a humildade. Ajudava a todos que o procuravam e o adjetivo humilde é o que aparece com mais frequência para autoidentificar-se na sua correspondência. Se não fosse humilde, pelo menos queria ser visto como tal.

Já no século XX algumas personalidades públicas foram nomeadas para cargos honoríficos em terreiros baianos para a função de Obá, uma espécie de ministro na estrutura destas instituições. Lembro dois obás com trajetórias e motivações diferentes. O delegado Pedro Gordilho (1885-1955), que celebrizou-se em reprimir violentamente os cultos afro-brasileiros, mesmo assim, até como proteção a determinado grupo religioso, foi nomeado Obá. Na posição oposta, o romancista Jorge Amado, que na condição de constituinte colocou na Constituição de 1946 a emenda da liberdade religiosa, explicou por que foi escolhido Obá:

"Fui escolhido obá por que sou um homem que toda a vida lutei para defender os direitos dos negros, do povo e dos candomblés. A luta de

CAPÍTULO 12 A CIDADELA DE MUITAS PORTAS

toda a minha vida contra o racismo é uma que apóia diretamente a religião negra. Evidentemente por essas razões fui designado"[340].

O levantamento e confirmação (termos do vocabulário do Candomblé) do Obá foi uma estratégia que os dirigentes encontraram para trazer prestigio e proteção aos seus terreiros. Isto também pode ter acontecido entre os muçulmanos, mas, o fato de Souto ter aceitado a função, indica que havia afinidades profundas entre eles a ponto de meio século depois de sua morte lembrarem-se dele como o seu imame ou até como parente.

Preto ou branco?

Outra questão fundamental da biografia de Souto, além de sua conversão ou não ao Islamismo, é a definição de sua etnia. Souto era branco ou negro?

Naquele momento e lugar, Souto era socialmente branco, tanto quanto os seus contemporâneos políticos, Cotegipe, Sinimbu ou indo além das fronteiras baianas, o poeta russo Pushkin[341] ou mesmo o presidente americano Harding[342], ambos bisnetos de negros, mas também considerados brancos nas sociedades em que viviam. Souto convivia em pé de igualdade com os seus colegas da FMB, do Parlamento e nos outros círculos de amizade. Se não fosse considerado como

---

340 SANTANA, Marcos Roberto. Jorge Amado e os ritos da baianidade: um estudo em Tendas dos Milagres, p. 66.

341 O poeta russo ALEXANDER SERGEIEVICH PUSHKIN (1799-1837), é bisneto do general ABRAM (Ibrahim) PETROVICH HANNIBAL (1696-1781), etíope doado como escravo para o czar Pedro o Grande. Na sua descendência encontram-se membros da alta aristocracia inglesa, destacando-se os Battenberg (Mountbatten).

342 WARREN GAMALIEL HARDING (1865-1923), presidente americano entre 1921 a 1923. Bisneto de Huldah Tryon (1743-1812), identificada como sendo de origem africana.

O MÉDICO DOS POBRES

tal os pasquins não perdoariam a cor. A maior acusação que lhe rendia chacotas era o seu blá-blá-blá complicado. Uma rara descrição física foi escrita pelo colunista Confúcio, do jornal *Opinião Liberal*:

"O Sr. Souto na tribuna fez lembrar á Confúcio o mouro de [que tentou violar a] *J. J. Rousseau. É moreno e tem um que de sensual d'aquellas naturezas apaixonáveis"*[343]

Autoridade contemporânea no assunto, o historiador Manoel Querino, militante abolicionista na Sociedade Libertadora Sete de Setembro, onde conviveu com o conselheiro Souto e membro da Sociedade Protetora dos Desvalidos, que só aceitava negros como sócios, escreveu no livro *A raça africana* um capítulo chamado *"O africano na família, seus descendentes notáveis"* (pp. 148-172) com a relação de quase uma centena de personalidades desta origem, escolhidos entre figuras nacionais, padres, médicos, professores e soldados zuavos, mas não menciona o nosso personagem[344].

---

343 OPINIÃO LIBERAL, 28 de julho de 1866, p. 4.

344 Visconde de Jequitinhonha, Caetano Lopes de Moura (médico pessoal de Napoleão), Eunápio Deiró, os Rebouças, Gonçalves Dias, Machado de Assis, Cruz e Sousa, José Agostinho, Visconde de Inhomirim, Saldanha Marinho, padre José Maurício, Tobias Barreto, Lino Coutinho, Francisco Glicério, Natividade Saldanha, José do Patrocínio, José Teófilo de Jesus, Damião Barbosa, Chagas o "Cabra", João da Veiga Murici, padre Eutiquio Pereira da Rocha, Joaquim Manuel de Santana, Emílio de Santa Pinto, Pedro Vieira dos Santos, capitão Sinfrônio Olímpio dos Santos Lima, Dr. Sinfrônio Olímpio dos Santos Pita, Dr. José Paulo Antunes, Dr. Tibúrcio Susano de Araújo, Emídio Augusto de Matos, professor Manuel Florêncio do Espirito Santo, professor Miguel Moreira de Carvalho, professor Malaquias Permínio Leite, professor Samuel Florêncio dos Passos, professor Elias de Figueiredo Nazareth, professor João Pereira da Conceição, Dr. Porfírio Veloso, Dr. Elpídio Joaquim Baraúna, Dr. Rufino José Mutamba, Dr. Leandro Paulo Antigono, Dr. José Bonifácio do Patrocínio, Dr. Anselmo Pereira Lacerda, organista João Batista Henriques de Paiva, pianista João Bispo da Igreja, Manuel Alves, tenente-coronel Manuel Gonçalves da Silva, tenente-coronel Francisco Xavier Bigode, Luís Gonzaga Pau-Brasil, capitão Francisco Quirino do Espirito Santo, capitão Joaquim de Santana Gomes, capitão e arquiteto Manuel Fernandes do Ó, capitão Nicolau Tolentino Canamirim, cadete José Soares Cupim, capitão Marcolino José Dias, tenente-coronel Feliciano Cândido Pimentel, sargento Constâncio Luís Xavier Bigode, capitão Cesário Álvaro da Costa, capitão Francisco Barbosa d'Oliveira, tenente Nicolau da Silveira, tenente Bernardino de Sena Cajá, tenente Eugênio Moniz, alferes Emiliano José Miguel, alferes José Quirino Catuladeira e alferes André Fernandes Galiza.

CAPÍTULO 12 A CIDADELA DE MUITAS PORTAS

A percepção da época é que ele fosse branco, mas, com o passar dos anos foi sendo escurecido pelas pressões das novas percepções raciais, até tornar-se um negro na visão militante contemporânea, influenciada pela cultura do *one drop rule* americana, distinta do costume português. Esta visão americana entrou no Brasil durante os anos Noventa, através das universidades públicas por intermédio de brasilianistas e reforçada pelo financiamento de bolsas e publicações de trabalhos favoráveis, numa busca de hegemonia ideológica. Não foi algo construído espontaneamente pelos negros e mulatos brasileiros através de suas experiências históricas[345].

A *one drop rule*, regra de uma gota [de sangue negro], ou seja, que um ancestral negro mesmo distante nas gerações anteriores, transforma toda a sua descendência ainda que fenotipicamente branca por seus cruzamentos posteriores com brancos em negros. É uma interpretação que surgiu entre os racistas brancos americanos temerosos do impacto das migrações de negros sulistas para o Norte, quando aproximadamente seis milhões deles trocaram de região, temor formalizado no *Racial Integrity Act* (Virginia, 1924), criminalizando o casamento inter-racial. Ele foi a construção de uma barreira legal e ideológica para conter a mestiçagem, mas isto não significa a ausência de mestiçagem anteriormente entre os

---

345 Pierre Bordieu (1930-2002) e Loïc Wacquant são autores do artigo "Sur les Ruses de la Raison Imperialiste", publicado em Actes de la Recherche em Sciences Sociales, março de 1998, pp. 109-118. Onde deixam claro como esta imposição é uma manifestação do imperialismo cultural americano. O americano John D. French respondeu com "Passos em falso da Razão Antiimperialista: Bordieu, Wacquant, e o Orfeu de Hanchard", publicado nos Estudos Afro-Asiáticos, vol. 24, nº1, Rio de Janeiro, 2002. Não conseguiu destruir a argumentação da dupla francesa. Exerceu apenas o direito de espernear.

287

brancos, negros e índios – tanto que a lei citada abria exceção para os descendentes da índia Pocahontas (1595-1617).

Há um número expressivo de mestiços que driblaram estas leis raciais.

O tema ainda é tabu para os americanos, mas, examinando biografias desta gente, confirma-se a existência das burlas que se mantêm recônditas. O caso mais conhecido é o do crítico literário mulato Anatole Broyard (1920-1990), que viveu como branco e cujo "segredo" racial foi revelado após a sua morte pela filha Bliss no livro confessional: *One drop: my father´s hidden life: A story of race and family secrets* (2007). Possuir a tez clara ou pálida, cabelos crespos ou lisos, arremessava a pessoa fora do quintal afro-americano, ela migrava para outra região do país, onde identificava-se como pertencente a uma etnia meio desconhecida entre os brancos americanos. "Francês" como fez Broyard, ou, "marrano", como o Johnson, personagem de *Lost Boundaries* (1948), de W. L. White (1900-1973), obra baseada sobre as implicações do tema. *Passing*, "passar-se por branco", era como os negros descreviam o expediente.O tema ainda é tabu para os americanos, mas examinando pacientemente biografias desta gente confirma-se a existências destas burlas.

O *Racial Integrity Act* foi derrogado em 1967, quando a dona de casa Mildred Delores Loving (1939-2008), uma cafusa casada com um branco em outro estado, insurgiu-se contra ele ao ser processada pelo "crime" e o caso tornou-se o processo Loving v. Virginia, 388, com resultado favorável ao casal Loving, criando nova jurisprudência

CAPÍTULO 12 A CIDADELA DE MUITAS PORTAS

para a normatização dos casamentos entre americanos, agora sem o impedimento racial[346].

Para conhecer melhor a tradição luso-brasileira basta lembrar a reação do aristocrata pernambucano Joaquim Nabuco ao receber para revisão o artigo elogioso de José Veríssimo (1857-1916) escrito quando da morte de Machado de Assis. Ele pediu para suprimir o etnônimo mulato que identificava o escritor morto. Deu as suas razões para isto:

"Eu não teria chamado o Machado de mulato e penso que nada lhe doeria mais do que essa síntese. Rogo-lhe que tire isso quando reduzir os artigos a páginas permanentes. A palavra não é literária e é pejorativa, basta ver-lhe a etimologia. O Machado para mim era um branco e creio que por tal se tomava"[347].

Era o princípio consuetudinário de que o fenótipo reflete a maioria dos ancestrais contidos no costado pessoal. Ele é o que foi a maioria dos seus ancestrais, descartando assim as linhas minoritárias. Se a maioria dos ancestrais eram brancos, branco será o personagem. No contrário será também a mesma coisa. Apenas se trocam os sinais. Qualquer um que conheça suficientemente genealogia e o princípio biológico do "puro por cruzamento" percebe a lógica desta visão. Somos todos mestiços. O fenótipo reflete apenas a aparência da maioria de ancestrais. Já no século XVIII, o estadista Alexandre de Gusmão (1695-1753), no ensaio *"Genealogia geral para desvanecer a errada opinião dos senhores puritanos"*, depois de calcular o número de ancestrais em várias gerações,

---

346 *"Obituary: Mildred Loving, law-charger, died on May 2nd"*, aged 68. Em: *The Economist*, 17 de maio de 2008, p. 105.

347 COSTA, Emília Viotti da. Da Monarquia à República: momentos decisivos, p. 378.

O MÉDICO DOS POBRES

perguntava aos defensores do mito da pureza racial: serão Familiares do Santo Ofício todos seus os ancestrais?

A cor da pele não era um dado importante para a aceitação como sacerdote nestes cultos formados majoritariamente por negros de então, bastava atentar para a recepção dada ao Imame Abdurrahman pelos *muçurumins* em 1866 e já um pouco mais próximo a nós, o professor Agenor Miranda Rocha, branco lusodescendente, iniciado nestes mistérios por Mãe Aninha, que foi uma voz respeitadíssima no candomblé baiano sempre consultado nas sucessões dos terreiros[348].

Neste mundo mestiço, genealogicamente e culturalmente, o conselheiro Souto que era socialmente branco e privava da convivência com a elite brasileira, conseguira construir dentro desta ambiguidade, duas redes de convivência, uma visível cultivada por sua atuação na FMB, que alcançava até o Imperador; e outra, menos visível, majoritariamente negra, formada por seus empregados e pacientes, e através deles se chegava a periferia da cidade e aos seus pontos secretos de convivência, como as mesquitas clandestinas.

Maktub (escrito)

No final de setembro de 1886 o conselheiro Souto cheio de dores, respirando mal e bem fraco, voltou da viagem que

---

348 Foi celebrada Missa de 7º Dia na paróquia N. Srª do Carmo da Antiga Sé, à rua Sete de Setembro nº 14, no Rio de Janeiro, em 24 de julho de 2004; cerimônia católica pedida por seus "amigos e filhos espirituais". O anúncio identificou o homenageado assim: "O Professor além de ter sido docente por meio século do Colégio Pedro II e do Instituto de Educação foi um dos mais queridos e reverenciados guias dos Cultos Afro e da Religiosidade Ecumênica". Em: O GLOBO, 17 de julho de 2004.

CAPÍTULO 12 A CIDADELA DE MUITAS PORTAS

fizera ao Rio de Janeiro, acompanhado pelo empregado Tibúrcio, no vapor francês Congo. Ele entrara como testemunha qualificada na disputa da herança do último Morgado do Sodré, o major Jerônimo Sodré Pereira que falecera em 24 de outubro de 1881, sexto depositário de um patrimônio espalhado entre engenhos, fazendas em Aratu, escravos, propriedades urbanas em Salvador e em Lisboa, a Quinta do Sodré em Olivais e o Morgado de Águas Belas, também em Portugal.

O major Jerônimo Sodré Pereira era filho do coronel Francisco Maria Sodré Pereira e de Maria José Lodi. Irmão de Maria Adelaide, casada com o Dr. Lino Coutinho; de Maria Clementina, casada com o capitão João Vaz de Carvalho e do Barão de Alagoinhas (Francisco Sodré Pereira), casado com Cora Coutinho, este, pai do abolicionista Dr. Jerônimo Sodré Pereira. É a mesma família que produzira o Jerônimo Sodré que aparece no começo desta história castigando um escravo mandigueiro na região onde nascera o conselheiro Souto.

O morgado era a forma de posse e transmissão de bens rústicos unicamente para alguém determinado pelo instituidor, mesmo que estas cláusulas fossem excêntricas no que tangesse a sucessão. Na maioria dos casos o sucessor era o primogênito, se legítimo, mas podiam ser excluídos da sucessão, as mulheres, os sacerdotes, os que tivessem ascendência contestada judicialmente (judaica ou negra), e em alguns casos, exigia-se ascendência específica. Eram comuns os conflitos na sucessão de morgados e vínculos. Alguns deixaram lembrança por guerras fratricidas, como o da Graciosa, o de Carvalho (a família do Marquês de Pombal) e do Papo de Perdiz, dentre tantos casos. Mas nada se compara a vida tumultuada do Morgado do Papo de Perdiz, instituído em Coimbra por Rodrigo Esteves, almoxarife de D. João I (1357-1433) para o *"parente mais próximo dos instituidores sem distinção de varão ou fêmea"*, que dos 439 anos de existência, de 1423 a 1862, 347 deles transcorreram em batalhas judiciais para ungir o administrador do vínculo[349].

Estas propriedades que davam nome ao morgado, emprestavam-lhe o caráter do título nobiliárquico ao proprietário. O primeiro morgado criado no Brasil foi em Pernambuco, o N. S. da Madre de Deus do Cabo de S. Agostinho, pelo senhor de engenho minhoto, João Pais Barreto, natural de Viana, em 28 de outubro de 1580[350], depois surgiram outros morgados, como o de Santa Bárbara na cidade baixa de Salvador, instituído pelo coronel Francisco Pereira do Lago em 1641, outro minhoto, natural de Ponte de Lima; ou o mais longevo de todos, o do pecuarista Garcia d´Ávila, que criou o riquíssimo Morgado da Torre em 1679. A estes, seguiram, a criação de outros morgados espalhados pelo Brasil, disciplinando a riqueza familiar.

O Morgado do Sodré também era antigo (1711), tinha propriedades que lhe chegavam por herança colateral como o Encapelado de S. João que viera do casal de cristãos-novos Diogo Lopes Franco e Leonor Ximenes de Aragão (ela, descendente do último Grão-Rabino de Castela, Abraham

---

349 GUERRA, Luís de Bivar. "O Morgado do Papo de Perdiz". Separata da "Colectânea de Estudos em honra do Prof. Doutor Damião Peres", p. 512.

350 São descendentes da parentela, dentre tantos outros, o político e intelectual Joaquim Nabuco (1849-1910), bisneto do sétimo morgado, e o historiador Sérgio Buarque de Holanda (1902-1982). A linhagem sofreu problemas quando a um deles foi recusado a Ordem de Cristo por ter ancestrais judeus. V. MELO, Ewaldo Cabral de. O nome e o sangue. Uma fraude genealógica no Pernambuco Colonial. S. Paulo: Companhia das Letras, 1989.

CAPÍTULO 12 A CIDADELA DE MUITAS PORTAS

Senior). O patrimônio passou por várias linhas de descendência até chegar ao major Jerônimo Sodré Pereira. Havia também propriedades em Portugal, o Morgado de Águas Belas, que tinha sido aforado ao advogado Viriato Sertório de Faria Blanc (1804-1864), casado com uma Sodré da linha portuguesa. Com a sua morte a administração do vínculo passou ao Visconde de Lançadas (Inácio Júlio Sampaio Freire (1831- ?). Isto coincide com a guerra sucessória no Brasil.

A morte de um morgado e sua sucessão era prenúncio de confusão e de longas demandas judiciais, pois o entendimento de quem seria o herdeiro, nunca encontrava a unanimidade familiar. No caso do Morgado do Sodré e de Águas Belas acumulavam-se vários problemas: o instituto do morgado fora derrogado na legislação brasileira (Lei nº 56, 5 de outubro de 1835) e a legitimidade dos candidatos, era contestada por uns e outros.

A questão não era encontrar o novo Morgado do Sodré e de Águas Belas, pois os morgados tinham sido extintos, mas a quem entregar estes bens. O último morgado vivera legalmente como solteiro, mas tinha filhos com escravas, que foram legitimados depois por ele. A estes se contrapunham os seus primos brancos.

Os candidatos eram:

Os Sodrés-mulatos, filhos perfilhados do Morgado com escravas:

» Cordulina Sodré Pereira, esposa do português Antonio Rodrigues Mocho, o *Marotinho* (líder do grupo); Rodrigo, Florentino, Amâncio, Clementina, Lázaro, Umbelina e Aristides Sodré Pereira.

O MÉDICO DOS POBRES

Por outro lado, os primos brancos do Morgado:

» Maria José Coutinho da França, viúva de Henrique da França Pinto de Oliveira Garcez (avós do genealogista Mário Torres, 1884-1965 e do médico Abelardo Duarte, 1900-1992, estudioso do islamismo negro em Alagoas); Dr. Egas Carlos Moniz Sodré de Aragão e a esposa Maria Leopoldina Sodré Moniz; Dr. Francisco Moniz Ferrão de Aragão e a esposa Laurinda Augusta Freire Moniz; Maria Clementina de Carvalho e Silva, esposa do Dr. Cincinato Pinto da Silva; Coronel Francisco Vaz de Carvalho e a esposa Ana Virgínia de Castro Vaz, e; João Vaz de Carvalho Sodré e a esposa Virgínia Pontes Vaz de Carvalho.

Os Sodrés-mulatos que tomaram posse de propriedades foram imediatamente atacados até fisicamente pelos outros candidatos. A confusão tomou feições tragicômicas. No seu diário Antônio Ferraz Moniz, dos Sodrés-brancos, anotou com menosprezo, na página correspondente a 2 de novembro de 1881:

> *"Esses sujeitos meteram-se em cabeça que podem ser herdeiros do morgado e, portanto, estão fazendo desordens para se apossar do engenho que faz parte dele, e de fato tomaram a força e lá estão armados, de modo que é preciso, deitál-os para fora pela força"*[351]

Uma das armas dos Sodrés-brancos nesta disputa judicial foi o arrolamento de quatro testemunhas *acima de 70 anos* para provar a *"posse imemorial do morgado"*. Foram convocados: o Barão de Matoim (Joaquim Inácio de Aragão Bulcão, 1804-1886), o Dr. Luís Augusto Vilas Boas, bibliotecário

---

351 TORRES, Mario. Ob. cit., p. 23.

CAPÍTULO 12 A CIDADELA DE MUITAS PORTAS

da FMB e colega de turma de Souto no curso de Medicina: o coronel Lourenço de Sousa Marques, juiz de órfãos e sempre presente em festividades públicas (a sua esposa saudou a heroína Ana Néri numa cerimônia laudatória) e o conselheiro Souto, que era padrinho de Maria Clementina de Carvalho Sodré, conhecida como Dona Maroquinhas, esposa do Dr. Cincinato e irmã do Dr. João Vaz de Carvalho Sodré, os seus principais amigos no final da vida.

O conselheiro Souto entrou na luta como se esta fosse integralmente sua, inclusive dando a entender que receberia alguns valores como pagamento de uma dívida do falecido major Jerônimo. Ele chegou a penhorar dois escravos dos Sodrés-mulatos: Cipriano, de trinta e oito anos, e, Francisco, de vinte e quatro anos, avaliados em 400$ para a quitação desta dúvida[352]. Antes da viagem ao Rio de Janeiro ele resolveu fazer o seu testamento, pois como médico experiente sabia de suas limitações físicas. Não era preciso uma anamnese mais acurada para percebê-la. Ele já nos momentos de insônia receava ouvir a zoada da carruagem-da-meia-noite, que vinha do Campo Grande em direção a Piedade, desviando-se da rota e parando na frente de sua casa, sinal de que o dono da casa morreria naquele ano, selando assim o infalível veredito da coruja rasga-mortalhas que piara antes no escuro noturno. No final prevalecia a razão e ele percebia que isto era apenas uma busão de sua infância sertaneja.

Foi com este espírito de apreensão que ele foi ao movimentado cartório do tabelião Álvaro Lopes da Silva, em

---

352 GAZETA DA BAHIA, 23 de outubro de 1886, p. 3.

Salvador, em 8 de julho de 1886, uma quinta-feira, onde reencontrou alguns amigos e fez o seu documento final. Neste mesmo cartório, em 10 de maio de 1882, o sacerdote do candomblé Domingos Sodré (1797-1887), ex-escravo do major Jerônimo Sodré Pereira, que vivia do trabalho religioso, também registrara as suas vontades finais e cuja história foi contada pelo historiador baiano João José Reis no livro *Domingos Sodré. Um sacerdote africano. Escravidão, liberdade e candomblé na Bahia do século XIX*. Estiveram na oficialização de suas vontades as cinco testemunhas regulamentares: o major Benjamin Matias dos Santos, que possuía uma loja de miudezas na rua Direita da Misericórdia e foi procurador geral da Ordem Terceira do Carmo; Belmiro Pereira da Mata, João Crispiniano da Silva, o escrivão Teodoro Monção e o médico Inácio Monteiro de Almeida Gouveia (1861-1908).

O conselheiro Souto escolheu três testamenteiros numa ordem crescente de preferência para a segurança do processo. O terceiro deles seria o engenheiro Antônio Pinheiro Canguçu, seu procurador nas propriedades do Sertão. O segundo, o advogado Manoel Joaquim Liberato de Matos e a primeira opção, o médico Cincinato Pinto da Silva, herdeiro e testamenteiro, político de sucesso, presidente de três províncias: Sergipe, Alagoas e Maranhão, que conduziria este ato meio religioso, meio econômico, feito por um ser humano de posses quando se chega próximo ao final de sua vida.

O conselheiro Souto escolheu a dedo o testamenteiro se pensado na condição religiosa. O Dr. Cincinato não era católico ortodoxo, pois praticava o Espiritismo reservadamente e já sofrera a perseguição da Igreja ao defender os

CAPÍTULO 12 A CIDADELA DE MUITAS PORTAS

maçons, incluindo neste grupo o filósofo sergipano Tobias Barreto (1839-1889) dos ataques ferozes do monsenhor Gadelha Mourão (1844-1904). Portanto, tanto o conselheiro Souto, quanto ele, mantiam apenas relações protocolares e respeitosas com a instituição cristã. Discretamente ele usou os sacerdotes católicos apenas nos momentos públicos e formais, como a missa de sétimo dia na matriz de S. Pedro, obrigatória para a burguesia soteropolitana.

O texto do *Testamento* foi redigido como era a praxe, conciso em informações pessoais, tanto que em alguns momentos assemelha-se as respostas de um formulário já estabelecido[353]. Não fala de sua cor, repete os chavões sobre religião e família. O Souto não abria a sua vida para estranhos. As pessoas só tinham acesso ao "personagem" público criado por ele: rebuscado no falar, contador de piadas,

---

353 Em nome de Deos Amem.
Eu Salustiano Ferreira Souto achando-me são de corpo / e no pleno gozo de minhas faculdades intelectuais, mas / considerando que é incerta a hora da morte .... / minha livre e espontanea vontade farei o presente / Testamento.
1º - Declaro que sou Cidadão Brasileiro, nascido em / Villa Nova da Rainha, desta Provincia, do maior / solteiro, residente nesta cidade e sigo a religião Catholica / apostólica romana, em cujo seio nasci, tenho vivido / com a graça de Deos, espero morrer.
2º - Declaro que meus ascendentes são fallecidos e não tenho / descendentes, pelo que posso dispor livremente dos próprios bens, que possuo, entre os quaes as Fazendas denominada Cumbe e Moco, sitas na Villa Nova da Rainha, que são / administradas com procuração minha, por D. Luisa / Barata, e hoje o são pelo Engenheiro Dr. Antônio Pinheiro Cangussu, em cujo poder se achão os títulos de / domínio ditas fazendas.
3º - Instituo por único e universal herdeiro de todos os / meos bens de qualquer espécie ao meo Amigo e Conselheiro / Cincinato Pinto da Silva.
4º - Nomeio por meos testamenteiros em 1º lugar a esse meo Amigo, em 2º ao Dr. Manuel Joaquim Liberato / de Matos e em 3º ao Engenheiro Dr. Antônio Pinheiro / Cangussu. /
Deixo em poder ao meo herdeiro e 1º testamenteiro / Conselheiro Cincinato Pinto da Silva uma / Carta de consciência, e de sua amizade e probidade / ....que cumprirá religiosamente quanto / ..... me recomendar. /
Por esta forma tenho concluído meo / Testamento e disposição de última vontade que é por mim escripto e assignado; revogo / .... qualquer outro que anteriormente tenha feito e peço a Justiça do Império que / façam cumprir inteiramente, como / .... de conter, supprimindo-lhe qualquer clausula / que por nenhuma ventura lhe falte de modo que, se .... / abertamente não poder valer, valha como codicillo. /
Bahia 6 de julho de 1886 /
Salustiano Ferreira Souto" - APBA: Testamento, 07/3257/06.

297

O MÉDICO DOS POBRES

mas extremamente reservado na vida pessoal. O Testamento era tão conciso e quase impessoal, que para cumpri-lo ele deixou em segredo uma *carta de consciência* fechada ao herdeiro Dr. Cincinato, com instruções puramente econômicas a serem seguidas após a sua morte[354]. Ele não viu o desfe-

---

354 "Bahia 6 de Junho de 1886

Deixo dentro do meo testamento, feito hoje esta carta ao meo honrado e estimado amigo, o Conselheiro Cincinato Pinto da Silva, pedindo-lhe para que elle distribua, se eu morrer antes de voltar a esta cidade do Rio de Janeiro para onde vou partir hoje, e antes de resolvida a minha demanda, que movo contra Antônio Roiz Mocho e outros herdeiros dos bens livres do ..... Major Jerônimo Sodré Pereira, os meus bens, mobílias e objetos pelo modo seguinte.

A minha afilhada [Dona Maroquinhas, esposa do Dr. Cincinato] *e sua filha Maria Constança* [Pinto da Silva, filha do casal e falecida aos dezessete anos] *o meu álbum de brilhantes e uma cama antiga e uma mesa quadrada pequena, que está em minha sala de visitas.*

1. *A minha afilhada Annita Souto Bandeira Dobbert = 4 bancos que estão nos 4 cantos da salla de visitas – 1 sopha e 12 cadeiras grandes antigas da mesma salla - e uma mesa de centro da mesma salla, q. fica em frente do quadrado.*

2. *Ao meo Amº o Conselheiro Cincinato um quadro de folhas naturaes do Pará e uma mesa que foi do Conde de Ponte e que me foi mandada de Portugal, e que esta coberta por um jarro vermelho com o meu nome.*

3. *Ao mº Dr. João Vaz de Carvalho Sodré o meo relógio chronometro, que foi deixado pelo Visconde de Pedra Branca.*

4. *Ao Dr. Manoel Joaquim Liberato de Mattos dará a minha .... e o meu relógio, tinteiro de prata que foi dado pelo Conde de Porto Alegre.*

5. *A minha afilhada, mulher do Mattos um par de jarros e duzentos mil réis.*

6. *Ao meo Amigo Jeronimo Sodré Pereira Conselheiro, um .... que tem uma pipa e um gomo e copos de vidro, que me foi dado por minha Commadre D. Adelaide Dobbert.*

7. *Ao Luiz Antonio Pereira da Silva uma mesa pequena e arredondada que está na salla ao lado da igreja dos Afflitos e um par de jarros.*

8. *A Ladislau quinhentos mil em uma apólice.*

9. *Ao Pedro outra de 400$000.*

10. *A mª Comm. D. Adelaide Dobbert jarro vermelho com o meu nome no centro e a corrente do meu Chronometro que tem o retrato da afilhada dentro de uma medalha de ouro com o meu nome em pequenos brilhantes.*

11. *Darei ao Dobbert as duas apólices que estão garantindo letra no Banco da Bahia, cuja amortização em fará com Sr. Fernando Dobbert, meo compadre, a sua mulher D. Maria Clementina* [o escrivão era desatento, aqui refere-se a Adelaide] *e minha muito prezada comadre dará 4 jarros e o retrato em cortiça do Palácio da Penha.*

Dará ao Silveira de .... uma caixa de botões verdes –

Dará ao Dr. Frederico Augusto de Almeida um par de botoens pretos com o meu nome em pérolas.

Ao seo filho delle Frederico – que se acha em Pernambuco, o meo alfinete do jeito, que tem uma letra com pequenas pérolas _

= C =

Todo o mais que fazer partes, se porá em leilão, menos o meo aparelho de louça, que tem o meo nome, louça de Servés (sic), p. que este ficará para o mesmo Amº Dr. Cincinato, todo o mais que deixar será vendido, de cujo producto o mesmo conselheiro Dr. Cincinato dará a minha Irmã Felismina 400$000 e o resto guardará em suas mãos para ir dando 30$000 por mez as minhas duas sobrinhas – Maria Joaquina e Zélia.

Peço-lhe se vencida a demanda e como que della resultar, pagar o que devo a Caixa Economica para delle receber então as minhas apólices, que estão garantindo a minha letra na mesma Caixa, apólices que ficaram para as minhas mesmas sobrinhas, mas tudo sendo dirigido pelo meo Amº Cincinato e pelo modo que determinei acima 30$000 mensaes a elas duas.

Bahia, 6 de julho de 1886".

CAPÍTULO 12 A CIDADELA DE MUITAS PORTAS

cho da demanda sobre os bens do Morgado do Sodré que só aconteceria já no século XX, com os "Sodrés brancos" dividindo entre si as propriedades brasileiras, enquanto as portuguesas se esvaíram sem saber para quem ficaram. O caso percorreu todas as instâncias judiciais patrocinado por advogados célebres; dentre eles um primo de Rui Barbosa, o Dr. Antônio Eusébio Gonçalves de Almeida (1841-1891), que deixou um texto sobre a sua visão de questão tão intrincada, onde se entrelaçam sexo, ganância, racismo e opulência, intitulado *"Razões finaes offerecidas por parte dos filhos naturaes reconhecidos do finado Major Jeronymo Sodré Pereira na ação que lhes propuzeram a D. Maria Clementina Sodré de Carvalho e Outros"* (1882).

Sete anos depois o Dr. Antônio Eusébio foi quem contou os votos dos deputados para a eleição indireta do primeiro presidente brasileiro, o marechal Manoel Deodoro da Fonseca (1827-1892), um dos "Sete Macabeus" como era jocosamente chamado por sua origem familiar e também por ter perdido três dos seis irmãos nos campos de sangue do Paraguai em defesa do Brasil.

Enquanto isto no Largo dos Aflitos nº 6, em Salvador, pouco mais de um ano depois da feitura do Testamento e de sua Carta de Consciência, o conselheiro Souto passava a língua pela boca e chocava com os dentes quebrados como estes fossem mandacarus submersos, a dor no lado fazia encolher a perna direita e arfava, uma fogueira se instalara no peito quando caminhava na frente da casa, sem arriscar-se a descer as ladeiras, tanto a esquerda ou a direita. O Passeio Público ao lado da casa tornara-se tão distante. Finalmente em 19 de novembro de 1887, as 22:30, o conselheiro Souto deixou de Ser, *"depois de atrozes dores, soffridas com a coragem mais firme e a serenidade mais estoica"* [355], na descrição jornalística, voltando assim para a semana da Criação e levando para sempre os segredos que apenas vislumbramos nesta biografia.

---

355 DIARIO DA BAHIA, 20 de novembro de 1887, p. 1.

BIBLIOGRAFIA

DOCUMENTOS

_____, *Livro de óbitos da matriz de Nossa Senhora do Rosário*, Cachoeira, 1850-1870.

_____, *"O Conselheiro Salustiano Souto"*. Em: DIÁRIO DA BAHIA, 20 de novembro de 1887, p. 1.

_____. *"Anúncio fúnebre – José Ferreira Souto"*. Em: DIÁRIO DO RIO DE JANEIRO, 23/02/1864, p. 3.

_____. *"Conselheiro Salustiano Souto – obituário"*. Em: GAZETA MÉDICA DA BAHIA, novembro de 1887, n° 5, pp. 227-8.

_____. *"Testamento"*. Em: O ESPIRITO SANTENSE, Vitória, 10/01/1875, p. 3.

_____. *Annaes do Parlamento Brazileiro, Câmara dos Srs deputados. Segundo anno da duodécima legislativa Sessão de 1864*. Tomo 1. Rio de Janeiro, J. Villeneuve, 1864.

_____. *Annaes do Parlamento Brazileiro. Câmara dos Srs. Deputados Segundo anno da duodécima legislativa sessão de 1864*. Tomo 4. Rio de Janeiro, J. Villeneuve, 1864.

_____. *Annaes do senado do Império do Brazil. Primeira sessão em 1869. Décima quarta legislatura. De 1 a 31 de julho*, volume III. Rio de Janeiro: Diário do Rio de Janeiro, 1869.

_____. *Consultas da secção da Fazenda do Conselho de Estado colligidas por ordem do Governo* – volume VIII, annos de 1874 a 1876. Rio de Janeiro: Typographia Nacional, 1876, pp. 181-6.

_____. *Escritura de débito, obrigação e hipoteca que faz José Ferreira Sacramento, ao major Antonio Ferreira Souto, por seu bastante procurador, o tenente coronel Dionizio Cerqueira Pinto, de um escravo de nome Anastácio, crioulo, idade de 12 anos, estimado em 450$000 réis, em segurança da dívida de 336$000 réis*. Em: Livro de Notas do 1° Ofício de Feira de Santana n° 2, 1840, fls. 5-8. Disponível em "Cativos às portas do Sertão. Fontes para a história da escravidão e das populações negras em Feira de Santana (1830-1885)", Faculdade Estadual de Feira de Santana: http://aquarios.uefs.br:8081/cativosdosertao/1836a1840p1.html (Visto em 25/01/2012).

_____. *Livro de actas de sessões da mesa da Santa Casa da Misericórdia da Bahia*, n° 21, pp. 35 e 35v.

_____. *Livro do registro de enterramentos do Campo Santo*, ref. 1327.

_____. *Ordens do Dia – Segundo volume (comprehendendo as de nº 97 a 171)*. *Exército em operações na República do Paraguay – Sob o commando em chefe de todas as forças de S. Ex. o Sr. Marechal de Exército Luiz Alves de Lima e Silva*, 1867.

_____. *Processo-crime de 30 de novembro de 1858*. Autuação de uma petição de queixa contra o Juiz Municipal Nicolao Afonso de Carvalho. Em: Os livres pobres sem patrão nas Minas do Rio das Contas/BA – Século XIX (1830-1870), de Nanci Patrícia Lima Sanches, dissertação de Mestrado, UFBA, 2008, p. 106 – AMRC, estante 17, caixa 11, folhas 01 a 05.

_____. *Relatório bienal da Santa Casa da Misericórdia da Bahia*, 1887/1888.

_____. *Requerimento encaminhado ao Ministério do Império, solicitando a Escola de Medicina da Bahia, que seja confirmada sua nomeação*. Em: Biblioteca Nacional, Rio de Janeiro, localização; C-0797, 060 nº 002, 1845.

_____. *Requerimento encaminhado ao Ministério do Império, solicitando dois meses de licença para tratar sua saúde, com vencimentos*. Em: Biblioteca Nacional, Rio de Janeiro, localização: c-0797, 060, nº 003, 1850.

_____. *Requerimento encaminhado ao Ministério do Império, solicitando seis meses de licença, com vencimentos, para tratar sua saúde*. Em: Biblioteca Nacional, Rio de Janeiro, localização: C-0797, 060 nº 001, 1849.

ALVARO TIBÉRIO, *Carta para o barão de Cotegipe*, 19 de fevereiro de 1857. Em: IHGB/Coleção Cotegipe, Lata 41, Pasta 62.

BARBOSA, Rui. *Carta a Maria Augusta Viana Bandeira*, 02/10/1876. Em: *Cartas à noiva*, Rio de Janeiro: FCRB/Civilização Brasileira, 1982, pp. 191-4.

BARBOSA, Rui. *Carta a Maria Augusta Viana Bandeira*, 03/11/1876. Em: *Cartas à noiva*, Rio de Janeiro: FCRB/Civilização Brasileira, 1982, pp. 221-2.

BARBOSA, Rui. *Carta a Maria Augusta Viana Bandeira*, 07/08/1876. Em: *Cartas à noiva*, Rio de Janeiro: FCRB/Civilização Brasileira, 1982, pp. 138-9.

BARBOSA, Rui. *Carta a Maria Augusta Viana Bandeira*, 08/07/1876. Em: *Cartas à noiva*, Rio de Janeiro: FCRB/Civilização Brasileira, 1982, pp. 112-3.

BARBOSA, Rui. *Carta a Maria Augusta Viana Bandeira*, 08/09/1876. Em: *Cartas à noiva*, Rio de Janeiro: FCRB/Civilização Brasileira, 1982, pp. 170-4.

BARBOSA, Rui. *Carta a Maria Augusta Viana Bandeira*, 08/10/1876. Em: *Cartas à noiva*, Rio de Janeiro: FCRB/Civilização Brasileira, 1982, 195-8.

BARBOSA, Rui. *Carta a Maria Augusta Viana Bandeira*, 09/09/1876. Em: *Cartas à noiva*, Rio de Janeiro: FCRB/Civilização Brasileira, 1982, pp. 175-6.

BARBOSA, Rui. *Carta a Maria Augusta Viana Bandeira*, 09/10/1876. Em: *Cartas à noiva*, Rio de Janeiro: FCRB/Civilização Brasileira, 1982, pp. 199-201.

BARBOSA, Rui. *Carta a Maria Augusta Viana Bandeira*, 12/06/1876. Em: *Cartas à noiva*, Rio de Janeiro: FCRB/Civilização Brasileira, 1982, pp. 85-8.

BARBOSA, Rui. *Carta a Maria Augusta Viana Bandeira*, 16/08/1876. Em: *Cartas à noiva*, Rio de Janeiro: FCRB/Civilização Brasileira, 1982, pp. 148-150.

BIBLIOGRAFIA A CIDADELA DE MUITAS PORTAS

BARBOSA, Rui. *Carta a Maria Augusta Viana Bandeira*, 18/09/1876. Em: *Cartas à noiva*, Rio de Janeiro: FCRB/Civilização Brasileira, 1982, pp. 182-4.

BARBOSA, Rui. *Carta a Maria Augusta Viana Bandeira*, 19/07/1876. Em: *Cartas à noiva*, Rio de Janeiro: FCRB/Civilização Brasileira, 1982, pp. 124-7.

BARBOSA, Rui. *Carta a Maria Augusta Viana Bandeira*, 19/10/1876. Em: *Cartas à noiva*, Rio de Janeiro: FCRB/Civilização Brasileira, 1982, pp. 210-3.

BARBOSA, Rui. *Carta a Maria Augusta Viana Bandeira*, 20/08/1876. Em: *Cartas à noiva*, Rio de Janeiro: FCRB/Civilização Brasileira, 1982, pp. 156-8.

BARBOSA, Rui. *Carta a Maria Augusta Viana Bandeira*, 20/09/1876. Em: *Cartas à noiva*, Rio de Janeiro: FCRB/Civilização Brasileira, 1982, pp. 185-8.

BARBOSA, Rui. *Carta a Maria Augusta Viana Bandeira*, 22/07/1876. Em: *Cartas à noiva*, Rio de Janeiro: FCRB/Civilização Brasileira, 1982, pp. 128-130.

BARBOSA, Rui. *Carta a Maria Augusta Viana Bandeira*, 23/08/1876. Em: *Cartas à noiva*, Rio de Janeiro: FCRB/Civilização Brasileira, 1982, pp. 159-160.

BARBOSA, Rui. *Carta a Maria Augusta Viana Bandeira*, 23/10/1876. Em: *Cartas à noiva*, Rio de Janeiro: FCRB/Civilização Brasileira, 1982, p. 214.

BARBOSA, Rui. *Carta a Maria Augusta Viana Bandeira*, 24/06/1876. Em: *Cartas à noiva*, Rio de Janeiro: FCRB/Civilização Brasileira, 1982, pp. 97-8.

BARBOSA, Rui. *Carta a Maria Augusta Viana Bandeira*, 27/05/1876. Em: *Cartas à noiva*, Rio de Janeiro: FCRB/Civilização Brasileira, 1982, pp. 69-70.

BARBOSA, Rui. *Carta a Maria Augusta Viana Bandeira*, 27/10/1876. Em: *Cartas à noiva*, Rio de Janeiro: FCRB/Civilização Brasileira, 1982, pp. 216-8.

BARBOSA, Rui. *Carta a Maria Augusta Viana Bandeira*, 28/08/1876. Em: *Cartas à noiva*, Rio de Janeiro: FCRB/Civilização Brasileira, 1982, pp. 161-4.

BARBOSA, Rui. *Carta a Maria Augusta Viana Bandeira*, 28/09/1876. Em: *Cartas à noiva*, Rio de Janeiro: FCRB/Civilização Brasileira, 1982, pp. 189-190.

BARBOSA, Rui. *Carta a Maria Augusta Viana Bandeira*, 29/05/1876. Em: *Cartas à noiva*, Rio de Janeiro: FCRB/Civilização Brasileira, 1982, pp. 72-4.

BARBOSA, Rui. *Carta a Maria Augusta Viana Bandeira*, 31/08/1876. Em: *Cartas à noiva*, Rio de Janeiro: FCRB/Civilização Brasileira, 1982, pp. 165-6.

BARBOSA, Rui. *Carta a Salustiano Ferreira Souto*, 05/12/1883. Em: Fundação Casa Rui Barbosa, 1245 (40).

BARBOSA, Rui. *Carta a Salustiano Ferreira Souto*, 23/11/1880. Em: Fundação Casa Rui Barbosa, 1245 (33).

BARBOSA, Rui. *Carta a Salustiano Ferreira Souto*, 28/04/1883. Em: Fundação Casa Rui Barbosa, 1245 (39).

BARRAL, Condessa de. Carta a D. Pedro II, ../../18... Em: *Cartas as suas majestades, 1859-1890*. Rio de Janeiro: Ministério da Justiça/Arquivo Nacional, 1977.

CAJAÍBA, Barão de. *Carta de apresentação de Salustiano Ferreira Souto ao Marquês de Olinda*, Salvador, 14/12/1863. Em: Biblioteca Nacional, 63-03-004, n° 8.

O MÉDICO DOS POBRES

DANTAS, Manoel. *Relatório apresentado à Assembléa Legislativa Provincial da Bahia pelo Excellentissimo Presidente da Provincia o commendador Manuel Pinto de Sousa Dantas no dia 1º de março de 1866*. Bahia: Typografia de Tourinho, 1866.

FREIRE, Felisbelo. *História territorial do Brazil: Bahia, Sergipe e Espírito Santo*. Salvador: Governo do Estado da Bahia/Secretaria da Cultura e Turismo/IGHba (edição fac-similar), 1998.

ISABEL (Princesa). *Carta a D. Pedro II*, 22/02/1869. Em: Celestino, Elvira. *"Princeza Izabel"*, REVISTA DO IGHBAHIA nº 73, 1946, pp. 209-245.

MACEDO, Joaquim Manoel. *"José Ferreira Souto"*. Em: REVISTA DO INSTITUTO HISTÓRICO E GEOGRÁFICO BRASILEIRO, 1864, tomo 27, v. 29, pp. 409-11.

MIRANDA, Manoel Felix de. Óbito, 01 de julho de 1842. Em: *Livro de óbitos de Cachoeira, 1834-1845*, p. 178v.

PEDRO II (D.). *Diário da viagem ao Norte do Brasil*. Bahia: Universidade da Bahia, 1959.

SOUTO, Antônio Ferreira. *Inventário e partilha, 1859-1860*. Em: Arquivo Público Municipal de Cachoeira, processo nº 1478/9, estante 02, caixa 149.

SOUTO, Elias Antonio Ferreira. *"O conselheiro Souto"*. Em: O MACAUENSE. ORGÃO DOS INTERESSES SOCIAES, Macau do Assu, RN, 16/03/1888, pp. 2-3.

SOUTO, Elias Antônio Ferreira. *"Passamentos"*. Em: O MACAUENSE. ORGÃO DOS INTERESSES SOCIAES, Macau do Assu, RN, 19/01/1888, p. 1.

SOUTO, Salustiano Ferreira, *Carta ao Barão de Cotegipe*, 12 de setembro de 1858. Em: IHGB/Coleção Cotegipe, Lata 41, Pasta 62.

SOUTO, Salustiano Ferreira. *"Allocução feita pelo Dr. Salustiano Ferreira Souto na abertura do curso de Chimica Organica aos estudantes do 3º anno, e por estes pedida, e dada a imprensa"*. Em: O PRISMA – Jornal Scientifico e Litterario da Escola de Medicina da Bahia" nº 5, 2ª série, julho de 1854, pp. 242-245.

SOUTO, Salustiano Ferreira. *Carta a destinatário não-identificado*, Buenos Aires, 23/10/1866 (?). Em: CARNEIRO, Zenaide de Oliveira Novais. *"Cartas brasileiras (1809-1904): um estudo lingüístico-filológico"*. Tese de Doutorado. IEL-UNICAMP, 2005, p. 777.

SOUTO, Salustiano Ferreira. *Carta a destinatário não-identificado*, sem data (1866?). Em: CARNEIRO, Zenaide de Oliveira Novais. *"Cartas brasileiras (1809-1904): um estudo lingüístico-filológico"*. Tese de Doutorado. IEL-UNICAMP, 2005, p. 781.

SOUTO, Salustiano Ferreira. *Carta a Rui Barbosa*, 01/02/1885. Em: Fundação Casa Rui Barbosa, 1245 (44).

SOUTO, Salustiano Ferreira. *Carta a Rui Barbosa*, 06/06/1880. Em: Fundação Casa Rui Barbosa, 1245 (30).

SOUTO, Salustiano Ferreira. *Carta a Rui Barbosa*, 08/../1876. Em: Fundação Casa Rui Barbosa, 1245 (18).

BIBLIOGRAFIA A CIDADELA DE MUITAS PORTAS

SOUTO, Salustiano Ferreira. *Carta a Rui Barbosa*, 11/04/1885. Em: Fundação Casa Rui Barbosa, 1245 (46).

SOUTO, Salustiano Ferreira. *Carta a Rui Barbosa*, 11/11/1876. Em: Fundação Casa Rui Barbosa, 1245 (25).

SOUTO, Salustiano Ferreira. *Carta a Rui Barbosa*, 12/03/1886. Em: Fundação Casa Rui Barbosa, 1245 (48).

SOUTO, Salustiano Ferreira. *Carta a Rui Barbosa*, 12/11/1876. Em: Fundação Casa Rui Barbosa, 1245 (19)

SOUTO, Salustiano Ferreira. *Carta a Rui Barbosa*, 12/12/1876. Em: Fundação Casa Rui Barbosa, 1245 (24).

SOUTO, Salustiano Ferreira. *Carta a Rui Barbosa*, 13/12/1880. Em: Fundação Casa Rui Barbosa, 1245 (35).

SOUTO, Salustiano Ferreira. *Carta a Rui Barbosa*, 16/06/1876. Em: Fundação Casa Rui Barbosa, 1245 (13).

SOUTO, Salustiano Ferreira. *Carta a Rui Barbosa*, 16/11/1876. Em: Fundação Casa Rui Barbosa, 1245 (21).

SOUTO, Salustiano Ferreira. *Carta a Rui Barbosa*, 18/05/1885. Em: Fundação Casa Rui Barbosa, 1245 (46).

SOUTO, Salustiano Ferreira. *Carta a Rui Barbosa*, 23/../1883. Em: Fundação Casa Rui Barbosa, 1245 (42)

SOUTO, Salustiano Ferreira. *Carta a Rui Barbosa*, 24/04/1879. Em: Fundação Casa Rui Barbosa, 1245 (26).

SOUTO, Salustiano Ferreira. *Carta a Rui Barbosa*, 28/08/1886. Em: Fundação Casa Rui Barbosa, 1245 (43).

SOUTO, Salustiano Ferreira. *Carta a Rui Barbosa*, 29/11/1876. Em: Fundação Casa Rui Barbosa, 1245 (20).

SOUTO, Salustiano Ferreira. *Carta ao Marquês de Paranaguá*, 08 de dezembro de 1867. Em: IHGB/Coleção Paranaguá, Lata 313, Pasta 24-II.

SOUTO, Salustiano Ferreira. *Carta ao Marquês de Paranaguá*, 13 de janeiro de 1868. Em: IHGB/Coleção Paranaguá, Lata 313, Pasta 24-IX.

SOUTO, Salustiano Ferreira. *Carta ao Marquês de Paranaguá*, 19 de dezembro de 1867. Em: IHGB/Coleção Paranaguá, Lata 313, Pasta 24-VII.

SOUTO, Salustiano Ferreira. *Inventário*, 1887-9. Em: Arquivo Público da Bahia, Seção Judiciária, 07/3196/21.

SOUTO, Salustiano Ferreira. *Recibo de pagamento*, 01/05/1886. Em: Fundação Casa Rui Barbosa, 1245 (47)1.

SOUTO, Salustiano Ferreira. *Recibo de pagamento*, 30/06/1885. Em: Fundação Casa Rui Barbosa, 1245 (48).

SOUTO, Salustiano Ferreira. *Testamento*, 07/07/1886. Em: Arquivo Público da Bahia, Seção Judiciária, 07/3257/06.

O MÉDICO DOS POBRES

TESES, LIVROS, JORNAIS E REVISTAS

_____, "Obituary: Mildred Loving, law-charger, died on May 2nd, aged 68". Em: The Economist, 17 de maio de 2008, p. 105.

_____, ALCORÃO (Parte I). Introdução e notas do Dr. Suleiman Valy Mamede, presidente do Conselho Diretivo do Centro Português de Estudos Islâmicos. Portugal: Publicações Europa-América, 1989.

_____. "Lançada solenemente nesta Capital, a pedra fundamental do primeiro templo muçulmano da América Latina. A Mesquita "Brasil" vai ser erigida na Avenida do estado – Compareceram representantes de altas autoridades – Discursos pronunciados". Em: FOLHA DA MANHÃ, 11 de janeiro de 1942, p. 1.

_____. Exposição Castro Alves. Centenário do nascimento de Castro Alves, 1847-1947. Rio de Janeiro: INL/MEC, 1958.

_____. Exposição Castro Alves. Centenário do nascimento de Castro Alves, 1847-1947. Rio de Janeiro: INL/MEC, 1958.

_____. O LIBERAL, Recife, 06/10/1870, p. 1.

AFFONSO CELSO. Oito annos de Parlamento. Poder pessoal de D. Pedro II. Reminiscências e notas. S. Paulo: Melhoramentos, s/d.

ALBUQUERQUE, Wlamyra Ribeiro de. "Esperanças de Boaventuras: construções da África e africanismos na Bahia (1887-1910)". Em: ESTUDOS AFRO-ASIÁTICOS, vol. n° 24, n° 2, pp. 215-245, Rio de Janeiro.

ALMEIDA, Norma Silveira Castro de; TANAJURA, Amanda Rodrigues Lima. José Antonio da Silva Castro. O Periquitão. Salvador: EGBA, 2003.

ALVES, Isaías. Matas do Sertão de baixo. Rio de Janeiro: Reper: 1967.

AMADO, Jorge. ABC de Castro Alves: louvações. S. Paulo: Martins Editora, 1941.

AMARAL, Sharyse Piroupo. Escravidão, liberdade e resistência em Sergipe: Cotinguiba, 1860-1888, Tese de Doutorado, Salvador: UFBA, 2007.

ARAÚJO, Ricardo Teles. Genealogia sergipana, I. Aracaju, Typografia Editorial, 2010.

BACELAR, Jeferson. A hierarquia das raças: negros e brancos em Salvador. Rio de Janeiro: Pallas, 2001.

BARATA, Carlos Eduardo. Presidentes do Senado no Império. Uma radiografia diplomática, genealógica, histórica, política e social do Brasil Imperial. Brasília: Distrito Federal, 1977.

BARBOSA, Francisco de Assis. Retratos de família. Rio de Janeiro: José Olympio, 1968.

BARRETO, Maria Renilda Nery. "A Bahia e a instituição da medicina acadêmica no Século XIX". Em: Paradigmas, culturas y saberes. La transmisión del conocimiento científico a Latinoamérica, organizado por Natália Priego e Sônia Lozano. Madrid: AHILA/Veruuert, 2007.

BARRETTO, Francisco Moniz. Clássicos e românticos: exercícios poéticos. Bahia: Typ. Camillo de Lellis Masson, 1855.

BIBLIOGRAFIA A CIDADELA DE MUITAS PORTAS

BARRETTO, Rozendo Moniz. *Cantos d´Aurora*. Rio de Janeiro: Eduardo e Henrique Laemmert, 1868.

BITTENCOURT, Ana Ribeiro de Goes. *Longos Serões do Campo*, volume 1. Rio de Janeiro: Nova Fronteira, 1992.

BOAVENTURA, Eurico Alves. *Fidalgos e vaqueiros*. Salvador, Centro Editorial e Didático da UFBA, 1989.

BORGES, Dan E. *The family in Bahia, Brazil, 1870-1945*. Stanford: Stanford University, 1992.

BRAGA, Júlio Santana. *Sociedade Protetora dos Desvalidos. Uma irmandade de cor*. Salvador, Ianamá, 1967.

BRAGA, Nilza Lícia Xavier Silveira. *Entre negócios e vassalagem na corte joanina: a trajetória do homem de negócio, comendador da Ordem de Cristo e deputado da Real Junta de Comércio Elias Antônio Lopes (c.1770-1815)*. Niterói: UFF, 2013.

BULCÃO SOBRINHO. *"Famílias Bahianas – Bandeira (ramo José Ferreira Bandeira)"*. Em: *Revista do Instituto Genealógico da Bahia* nº 8, 1953, pp. 21-35.

CALMON, Pedro. *História de D. Pedro II. Tomo segundo. Cultura e Política. Paz e Guerra. 1853-1870*. Rio de Janeiro/Brasília: INL/MEC, 1975.

CAMPOS, J. da Silva. *"Tradições bahianas"*. Em: REVISTA DO IGHBA nº 56, 1930.

CARVALHO, José Murilo; GASPARI, Elio; SCHWARCZ, Lilian. *D. Pedro II*. S. Paulo: Editora Schwarcz, 2007.

CASANOVA, Mario Leônidas. *Ioiô Pequeno da Várzea Nova*. S. Paulo: Clube do Livro, 1979.

CASTELUCCI, Aldrin A.S. *Trabalhadores, máquina política e eleições na primeira república*. Tese de doutorado, FFCH-UFBA, Salvador, 2008.

CERQUEIRA, Dionísio. *Reminiscências da campanha do Paraguai*. Rio de Janeiro: Biblioteca do Exército, 1980.

COSTA, Afonso. *"Achegas genealógicas / segundo Jaboatão e outros linhagistas e documentos fiéis"*. Em: *REVISTA DO INSTITUTO HISTÓRICO GENEALÓGICO DA BAHIA* nº 61, 1935.

COSTA, Emília Viotti da. *Da monarquia à república: momentos decisivos*. S. Paulo: UNESP, 2007.

COSTA, Paulo Segundo da. *Campo Santo: Resumo histórico*. Salvador: Contexto, 2003.

CUNHA, Marianno Carneiro da; Cunha, Manuela Carneiro da; Verger, Pierre. *Da senzala ao sobrado. Arquitetura brasileira na Nigéria e na República Popular do Benim*. S. Paulo: Nobel/Edusp, 1985.

DANTAS JUNIOR, J. C. Pinto. *"O capitão-mór João d´Antas e sua descendência"*. Em: REVISTA GENEALÓGICA BRASILEIRA nº 2, segundo semestre de 1940, pp. 379-419.

DANTAS, Mônica Duarte. *Fronteiras movediças: a comarca de Itapicuru e a formação do arraial de Canudos (Relações sociais na Bahia do século XIX)*. S. Paulo: Editora HUCITEC/Fapesp, 2007.

307

O MÉDICO DOS POBRES

DANTAS, Rodolfo. *Correspondência de Rodolfo Epifânio de Sousa Dantas*. Rio de Janeiro: Casa de Rui Barbosa, 1973.

DAVID, Onildo Reis. *O inimigo invisível: a epidemia do cólera na Bahia em 1855-6*. Dissertação de mestrado, UFBA, Salvador, 1993.

DORIA, Francisco Antônio [et all]. *Os herdeiros do poder*. Rio de Janeiro: Revan, 1995.

FAINGOLD, Reuven. *D. Pedro II na Terra Santa: Diário de viagem, 1876*. S. Paulo: Sefer, 1999.

FARAH, Paulo Daniel Elias. *Deleite do estrangeiro em tudo o que é espantoso e maravilhoso: estudo de um relato de viagem bagdali*. Rio de Janeiro: Biblioteca Nacional, 2007.

FIGUEIREDO, Ariosvaldo. *História política de Sergipe (do Golpe de 15-11-1889 ao Golpe de 31-3-1964)*, 1º volume. Sergipe: edição do autor, 1986.

FLORENTINO, Manolo. *"No rastro de uma barba: aspectos da comunidade islamita negra do Rio de Janeiro oitocentista"*. Em: DICTA & CONTRADICTA nº 10. Rio de Janeiro: Civilização Brasileira; S. Paulo, IFE, 2013.

FLUSSER, Vilém. *Bodenlos: uma biografia filosófica*. S. Paulo: Annablume, 2007.

GALVÃO, Fernando Abbott. *O diário de Jonathas Abbott*. Rio de Janeiro: Livraria Francisco Alves, 2007.

GREIBER, Betty Loeb; MALUF, Lina Saigh; MATTAR, Vera Cattini. *Memórias da imigração: libaneses e sírios em S. Paulo*. S. Paulo: Discurso Editorial, 1998.

GRISARD, Iza Vieira da Rosa. *Carta genealógica de famílias tradicionais de Santa Catarina, 1419-1986*. Florianópolis: FCC, 1988.

GUERRA, Luís de Bivar. *"O Morgado do Papo de Perdiz"*. Separata da *"Colectânea de Estudos em honra do Prof. Doutor Damião Peres"*, pp. 511-534.

GURAN, Mílton. *Agudás: os "brasileiros" do Benin*. Rio de Janeiro: Nova Fronteira, 2000.

HORA, Philomeno de Vasconcellos Dantas. Memórias. *Meu pai, meu queridíssimo amigo*. Rio de Janeiro: edição do autor, 1975.

JACOBINA, Alberto. *Memorial de Família. Região notável do Planalto Central baiano. Famílias portadoras do nome Jacobina*. Rio de Janeiro: Edição do autor, 1947.

JACOBINA, Ronaldo R.; CASTELUCCI, José; PINTO, Emerson; MELO, Eliane Maria Noronha. *"Os acadêmicos de medicina e os 200 anos da Faculdade de Medicina da Bahia (I): da criação da Escola em 1808 à participação na Guerra do Paraguai (1864-70)*. Em: GMB 2008:78: 1 (Jan-Jun):11-23.

JESUS, Aloiza Delurde Reali de. *De porta adentro a porta afora: trabalho escravo nas freguesias do Espírito Santo (1850-1871)*. Dissertação de mestrado. CCHN-UFES, Vitória, 2009.

KRAAY, Hendrik. *"Patriotic mobilization in Brazil"*. Em: KRAAY, Hendrik; WHIGHAM, Thomas L. *I die with my country. Perspectives on the Paraguayan War, 1864-1870*. Lincoln: University of Nebraska, 2004.

BIBLIOGRAFIA A CIDADELA DE MUITAS PORTAS

LAMPEDUSA, Giuseppe Tomasi di. *Il Gattopardo*. Milão: Feltrinelli, 1994.

LEÃO, Polycarpo Lopes de. *Como pensa sobre o Elemento Servil o Dr. Polycarpo Lopes de Leão natural da capital da Província do Brasil e Desembargador da Relação do Rio de Janeiro*. Rio de Janeiro: Perseverança, 1870.

LEITE, Risério. *"Famílias sertanejas: os Mouras"*. Em: REVISTA DO INSTITUTO GENEALÓGICO DA BAHIA nº 8, 1953, pp. 41-57.

LIMA, A. Rodrigues. *"Tratamento do Beriberi pelos banhos galvânicos e duchas frias"*. Em: GAZETA MEDICA DA BAHIA nº 11, maio de 1881, pp. 498-503.

LIMA, Antônio Rodrigues. *"Tratamento do beribéri pelos banhos galvânicos e duchas frias"*. Em: GAZETA MÉDICA DA BAHIA, maio de 1881, nº 11, pp. 498-503.

LOPES, Nei. *Dicionário Escolar Afro-Brasileiro*. S. Paulo: Selo Negro, 2006.

LOPES, Nei. *Sambeabá: o samba que não se aprende na escola*. Rio de Janeiro: Casa da Palavra, 2003.

MARQUES, Nonato. *Santo Antônio das Queimadas*. Salvador: Edição do autor, 1984.

MARTIUS, Carl Friedrich v. *"Caminho de tropas"*. Em: *Coqueirais e Chapadões. Sergipe e Bahia*. S. Paulo: Editora Cultrix, 1959, pp. 81-101.

MASSA (organizador), Jean-Michel. *Dispersos de Machado de Assis*. Rio de Janeiro: INL, 1965.

MATTOS, Waldemar. *História do palacete das Mercês. Aspectos da vida social e política da Bahia dos fins do Império e começo da República*. Salvador: FIEB, 1983.

MELLO MORAES FILHO. *Artistas do meu tempo. Seguidos de um estudo sobre Laurindo Rabello*. Rio de Janeiro: Garnier, 1905.

MELLO MORAES FILHO. *Os ciganos no Brasil e cancioneiro dos ciganos*. S. Paulo: Itatiaia, 1981.

MELLO, Evaldo Cabral de. *O nome e o sangue. Uma fraude genealógica no Pernambuco Colonial*. S. Paulo: Companhia das Letras, 1989.

MELLO, Marco Antônio da Silva; e outros. *"Os ciganos do Catumbi: de "andadores do Rei" e comerciantes de escravos a oficiais de justiça na cidade do Rio de Janeiro"*. Em: CIDADES, COMUNIDADES E TERRITÓRIOS nº 18, junho de 2009. Lisboa: CET-ISCTE, pp. 79-92.

MIRANDA, Carmélia Aparecida Silva. *Vestígios recuperados: Experiências da comunidade negra rural de Tijuaçu – BA*. Tese de Doutorado, PUC-S. Paulo, 2006.

MONIZ, Fábio Frohwein de Salles. *Obras poéticas de Laurindo Rabello. Edição crítica*, vol. 1. Tese de Doutorado em Letras Vernáculas. Rio de Janeiro: UFRJ, 2010.

MONTEIRO, Antônio. *Notas sobre negros Malês na Bahia*. Salvador: Ianamá, 1987.

MOTT, Luiz. *"Quatro mandigueiros de Jacobina na Inquisição de Lisboa"*. Em: REVISTA DO CENTRO DE ESTUDOS AFRO-ORIENTAIS, dezembro de 1995, nº 16, pp. 148-60.

MOURÃO, Gerardo Mello. *Oi paianes – os peãs*. S. Paulo: GRD/INL, 1980.

O MÉDICO DOS POBRES

MUNIZ SODRÉ; LIMA, Luís Filipe de. *Um vento sagrado. História de vida de um advinho da tradição nagô-ketu brasileira*. Rio de Janeiro: Mauad, 1996.

NABUCO, Joaquim. *Um estadista do Império. Nabuco de Araújo. Sua vida, suas opiniões, sua época por seu filho, II, 1857-1866*. Rio de Janeiro: Garnier, 1897.

NANTES, frei Martinho de. *Relação de uma missão no Rio São Francisco: relação sucinta e sincera da missão do padre Martinho de Nantes, pregador capuchinho, missionário apostólico no Brasil entre os índios chamados cariris*. Rio de Janeiro: INL, 1979.

NASCIMENTO, Luiz Cláudio Dias do. *"Terra de Macumbeiros". Redes de Sociabilidades Africanas na Formação do Candomblé Jeje-Nagô em Cachoeira e S. Felix--Bahia*. Dissertação de mestrado em Antropologia, UFBA, Salvador, 2007.

NOGUEIRA, Oracy. *Negro político, político negro: a vida do doutor Alfredo Casemiro da Rocha*. S. Paulo, EDUSP, 1992.

PACE, Tácito. *Biografia onomástica de Castro Alves*. Belo Horizonte/Brasília: Comunicação/INL, 1980.

PACHECO, Maria Thereza de Medeiros. "A medicina legal na Bahia. Início e evolução do ensino". Em: GAZETA MÉDICA DA BAHIA, 2007:77: 2 (jul-dez):139-157.

PANG, Eul-Soo. *O Engenho Central do Bom Jardim na Economia Baiana. Alguns aspectos de sua história, 1875-1891*. Rio de Janeiro: Ministério da Justiça, Arquivo Nacional, IHGB: 1979.

PESSOA, Ângelo Emílio da Silva. *"As ruínas da tradição: A Casa da Torre de Garcia D'Avila - família e propriedade no nordeste colonial"*. Tese de doutorado, FFLCH-USP, 2003.

PINHO, Wanderley. *Cotegipe e seu tempo. Primeira phase 1815-1867*. S. Paulo: Companhia Editora Nacional, 1937.

PINHO, Wanderley. *História de um engenho do Recôncavo: Matoim, Novo Caboto, Freguesia: 1552-1944*. S. Paulo: Nacional; Brasília; INL, Fundação Nacional Pró-Memória, 1982.

PINHO, Wanderley. *Salões e damas do Segundo Reinado*. S. Paulo: Martins Editora, 1942.

QUERINO, Manuel. *A raça africana*. Salvador: Livraria Progresso, 1955.

QUIRING-ZOCHE, Rosemarie. *"Luta religiosa ou luta política? O levante dos malês da Bahia segundo uma fonte islâmica"*. Em: AFRO-ÁSIA nº 19/20 (1997), pp. 229-238.

RABELO, Laurindo. *Poesias completas*. Rio de Janeiro: INL/MEC, 1963.

REBOUÇAS, André. *Diário e Notas Autobiográficas. Texto escolhido e anotações por Ana Flora e Inácio Veríssimo*. Rio de Janeiro: José Olympio, 1938.

REBOUÇAS, Antônio Pereira. *Recordações patrióticas (1821-1889)*. Rio de Janeiro: G. Leuzinger & Filhos, 1870.

REIS, João José. *"Domingos Sodré: um sacerdote africano na Bahia oitocentista"*. Em AFRO-ASIA, 34 (2006), pp. 237-313.

REIS, João José. *Domingos Sodré. Um sacerdote africano. Escravidão, liberdade e candomblé na Bahia do século XIX.* S. Paulo: Companhia das Letras, 2008.

REIS, João José. *Rebelião escrava no Brasil. A história do Levante dos Malês em 1835.* S. Paulo: Companhia das Letras, 2003.

RISÉRIO, Antônio. *Uma história da cidade da Bahia.* Rio de Janeiro: Versal, 2004.

RODRIGUES, Raimundo Nina. "Os negros maometanos no Brasil". Em: *Os africanos no Brasil.* S. Paulo: Madras, 2008, pp. 46-71.

SAMPAIO, Consuelo Novais. *50 anos de urbanização. Salvador da Bahia no século XIX.* Rio de Janeiro: Versal, 2005.

SANT'ANNA, Mara Rúbia. *Aparência e poder: novas sociabilidades urbanas, em Florianópolis, de 1950 a 1970.* Tese de doutorado. IFCH-UFS, 2005.

SANTANA, Marcos Roberto de. *Jorge Amado e os ritos de Baianidade: um estudo em Tendas do Milagres.* Dissertação de Mestrado, DCH/UEB, Salvador, 2008.

SANTOS (Filho), Licurgo de Castro. *Uma comunidade rural do Brasil Antigo. Aspectos da vida patriarcal no sertão da Bahia nos seculos XVIII e XIX.* S. Paulo: Companhia Editora Nacional, 1956.

SENA, Consuelo Pondé de. *Introdução ao estudo de uma comunidade do Agreste Baiano. Itapicuru 1830/1892.* Salvador: Fundação Cultural do Estado da Bahia, 1979.

SHOBBAR, Seyyed Abdallah. *A medicina dos imames.* S. Paulo: Centro Islâmico no Brasil, 2010.

SILVA, Adolpho. *Bonfim, terra do bom começo.* Salvador: Mensageiro da Fé, 1971.

SILVA, Alberto da Costa e. *Castro Alves: um poeta sempre jovem.* S. Paulo: Companhia das Letras, 2006.

SILVA, Alberto da Costa e. *Francisco Félix de Souza, mercador de escravos.* Rio de Janeiro: Nova Fronteira/EDUERJ, 2004.

SILVA, Eduardo. *Dom Obá d'África, o Príncipe do Povo: vida, tempo e pensamento de um homem livre de cor.* S. Paulo: Companhia das Letras, 1997.

SILVA, Yara. *Tia Carmém: negra tradição da Praça Onze.* Rio de Janeiro: Garamond, 2009.

SOUZA (Júnior), Vilson Caetano de. *A nação de ancestrais itinerantes.* Salvador: Fundação Cultural Palmares e UNEB, 2005.

SOUZA-SYLVA, J. Norberto. *Obras poéticas de Laurindo José da Silva Rabello colligidas, annotadas precedidas do juízo crítico de escriptores nacionaes e de uma notícia sobre o auctor e suas obras.* Rio de Janeiro, Garnier, 1870.

SOUZA, Antônio Moniz de. *Viagens e observações de hum Brasileiro, que desejando ser útil a sua Patria se dedicou a estudar os usos e costumes dos seus Patricios, e os três reinos da natureza, em vários lugares e sertões do Brasil* (1834). Em: REVISTA DO INSTITUTO GEOGRÁFICO E HISTÓRICO DA BAHIA, n° 72, 1945.

SPITZER, Leo. *Vidas de entremeio: assimilação e marginalização na Áustria, no Brasil e na África Ocidental, 1780-1945.* Rio de Janeiro: EDUERJ, 2001.

TEIXEIRA, Rodolfo. *Memória histórica da Faculdade de Medicina do Terreiro de Jesus (1943-1995). Salvador:* EUFBA, 2001.

TITO LIVIO. *Os produbrutantes.* Rio de Janeiro: José Olympio, s/d..

TORRES, Mario. *"Os Morgados do Sodré".* Em: REVISTA DO INSTITUTO GENEALÓGICO DA BAHIA n° 6, 1951, pp. 9-34.

TORRES, Mario. *"Os Sodrés".* Em: REVISTA DO INSTITUTO GENEALÓGICO DA BAHIA n° 7, 1952, pp. 89-149.

VALADARES, Paulo. *"Centenário do nascimento do romancista baiano Jorge Amado e a genealogia judaica".* Em: BOLETIM DO ARQUIVO HISTÓRICO JUDAICO BRASILEIRO n° 47, outubro de 2012, pp. 28-30.

VALADARES, Paulo. *"Consanguinidade próxima ao Dr. Ribeiro Sanches (1699-1783)".* Em: REVISTA DA ASBRAP – ASSOCIAÇÃO BRASILEIRA DE PESQUISADORES DE HISTÓRIA E GENEALOGIA n° 19, 2012, pp. 259-282.

VALADARES, Paulo. *"Qual a família judia mais antiga de S. Paulo?".* Em: REVISTA DA ASBRAP – ASSOCIAÇÃO BRASILEIRA DE PESQUISADORES DE HISTÓRIA E GENEALOGIA n° 13, 2007, pp. 277-288.

VALLADARES, José Antônio do Prado, *Bêaba da Bahia: guia turístico.* Salvador: Livraria Turista, 1951.

VALLADARES, Kátia do Prado. *O acendedor de lampiões. Roteiro para uma leitura da vida e obra de Clarival do Prado Valladares – um educador.* Dissertação de Mestrado em Educação. Rio de Janeiro: FGV, 1985.

VARGENS, João Baptista M.; LOPES, Nei. *Islamismo e negritude. Da África ao Brasil, da Idade Média aos nossos dias.* Rio de Janeiro: Setor de Estudos Árabes da FL/UFRJ, 1982.

VENÂNCIO, Renato Pinto. *Famílias abandonadas. Assistência a criança de camadas populares no Rio de Janeiro e em Salvador. Séculos XVIII e XIX.* Campinas, Papirus, 199.

VERGER, Pierre. *Fluxo e refluxo. Do tráfico de escravos entre o golfo de Benim e a Bahia de todos os Santos. Dos séculos XVII a XIX.* S. Paulo: Corrupio, 1987.

VERGER, Pierre. *Notícias da Bahia.* Salvador: Corrupio, 1981.

VERGER, Pierre. *Os libertos. Sete caminhos na liberdade de escravos da Bahia no século XIX.* S. Paulo: Corrupio, 1992.

VIEIRA (filho), Raphael Rodrigues. *Os negros em Jacobina (Bahia) no século XIX.* S. Paulo: Annablume, 2009.

O AUTOR

Acordo nas madrugadas da velhice em Campinas e ouço na escuridão os trinados dos pássaros brancos nas margens do rio egípcio - sou o insone do Nilo. Às vezes olho o espelho e me sinto um impostor: Hei, *habib*, cadê o seu *tarbush* (chapéu cilíndrico)? Por que não aprendi a jogar *sheshbesh* (gamão)? Enquanto escrevo sobre as peripécias dos filhos de Abraão, o pecuarista de Ur e nosso ancestral, em livros, artigos e numa coluna eletrônica de divulgação histórica no Facebook. Sou Licenciado em História pela PUC-Campinas e Mestre em História Social pela USP. A fotografia na Igreja da Lapinha, em Salvador, aquela onde está em árabe uma frase bíblica, mostra-me em pé junto a dois companheiros de viagem, Edson e Marli pelo Brasil.

No sururu acima começou a carreira política de um médico vindo do Sertão baiano. Durante a revolta da *"carne sem osso, farinha sem caroço"* em 1858 ele foi nomeado administrador do Passeio Público pelo Visconde de Sinimbu e assim se inseriu na vida pública brasileira. Pouco lhe foi estranho: na ciência, como professor de medicina; na política, como deputado e soldado e até na religião, como Imame secreto dos *Muçurumins*. Protagonista em dois grandes eventos nacionais, como líder abolicionista, lutando pela libertação dos escravos; e voluntário na guerra do Paraguai, depois de conscrever um batalhão de Zuavos. Simultânea a estas atividades cultivou a amizade com gente muita conhecida dos manuais de história do Brasil: foi amigo da Condessa de Barral (Joaquim Nabuco afirma que foi o pai do filho da condessa), do poeta Francisco Moniz Barreto, dos Rebouças, de Castro Alves, de Laurindo Rabelo, do conselheiro Dantas, do monsenhor Pinto de Campos, de Rui Barbosa. Esta é a primeira vez que se conta a história deste *homem invisível* e suas aventuras na vida brasileira.

Composto em FreightText Pro
pela Officio para a Almedina Brasil.
Sul da Ilha de Santa Catarina,
junho de 2023.